EVOLUÇÃO DA CRISE BRASILEIRA

Afonso Arinos de Melo Franco

EVOLUÇÃO DA CRISE BRASILEIRA

2ª edição

PREFÁCIO
José Sarney

INTRODUÇÃO
Wanderley Guilherme dos Santos

Copyright © 2005 Espólio de Afonso Arinos de Melo Franco
1ª edição: 1965

Direitos de edição da obra em língua portuguesa no Brasil adquiridos pela TOPBOOKS EDITORA. Todos os direitos reservados. Nenhuma parte desta obra pode ser apropriada e estocada em sistema de banco de dados ou processo similar, em qualquer forma ou meio, seja eletrônico, de fotocópia, gravação etc., sem a permissão do detentor do copyright.

Editor
José Mario Pereira

Editora-assistente
Christine Ajuz

Revisão
Clara Diament

Capa
Adriana Moreno

Diagramação
Arte das Letras

TODOS OS DIREITOS RESERVADOS POR
Topbooks Editora e Distribuidora de Livros Ltda.
Rua Visconde de Inhaúma, 58 / gr. 203 – Centro
Rio de Janeiro – CEP: 20091-000
Telefax: (21) 2233-8718 e 2283-1039
E-mail: topbooks@topbooks.com.br

Visite o site da editora para mais informações
www.topbooks.com.br

Sumário

Prefácio – *José Sarney* 9
Afonso Arinos e a transcendência
do imediato – *Wanderley Guilherme dos Santos* 15
Explicação (do autor)...23

PARTE I

POLÍTICA INTERNA PRÉ-REVOLUCIONÁRIA

1 – A crise brasileira 27
2 – Coexistência interna 35
3 – Bases da coexistência 46
4 – Ordem e movimento 55
5 – Corrupção, partidos e governo 63
6 – Democracia e moralização 71
7 – Comunismo: mito e realidade 79
8 – A crise e o Poder Legislativo 88
9 – A crise e o Poder Executivo 96
10 – Reformas e Constituição 105
11 – A Revolução Brasileira – 1930....................................113
12 – A Revolução Brasileira – 1937....................................121
13 – A Revolução Brasileira – 1960/1965 129
14 – O dever das elites..138
15 – Ainda as elites...145
16 – A voz de Minas 153
17 – O comício e o Senado...161

PARTE II

POLÍTICA INTERNA PÓS-REVOLUCIONÁRIA

1 – Volta à legalidade 173
2 – Sobre a reforma constitucional 181
3 – Democracia e planejamento 188
4 – Perspectivas para o futuro 195
5 – Novos argumentos 203
6 – O presidencialismo brasileiro – I 210
7 – O presidencialismo brasileiro – II 219
8 – O presidencialismo brasileiro – III 229
9 – Solidarismo cristão 235
10 – Sobre as reformas políticas 242
11 – A grande opção 249
12 – Aparência e verdade 257
13 – Aspectos da realidade brasileira 263
14 – Revolução e Direito 270

PARTE III

POLÍTICA EXTERNA

1 – Brasil – França 281
2 – O espírito e o tempo 289
3 – De Genebra a Nova York 297
4 – A incessante conquista 305
5 – Viagem à Argélia 313
6 – Racismo e nacionalismo 321
7 – Política externa – I 329
8 – Política externa – II 339

Índice onomástico 349

PREFÁCIO

José Sarney

Ao chegar ao Rio de Janeiro no começo da década de 1950, encontrei um homem que se destacava tanto no cenário intelectual quanto no cenário político do Brasil: Afonso Arinos. Ao longo dos anos tive o privilégio de acompanhar de perto sua carreira, de líder da oposição, catedrático de Direito Constitucional em duas das mais importantes universidades brasileiras e autor de obras definitivas de nossa literatura histórica e política. Mas eu o acompanhei também em sua afirmação como o mais importante pensador político brasileiro de seu tempo e como estadista que redefiniu as relações exteriores do Brasil.

A grande vertente da amizade, central na vida de Afonso, foi marcada desde a escola pelas figuras de Prudente de Morais, neto, e Pedro Nava. A eles juntemos Drummond, Bandeira e Odylo Costa, filho, seu primo Rodrigo M. F. de Andrade e seu cunhado Carlos Chagas para simbolizar a imensa fraternidade da casa da rua D. Mariana, em Botafogo.

Ali, em meio a sua grande biblioteca, Afonso construiu uma obra literária que se estendeu aos mais diversos domínios. Foi o pioneiro do estudo da civilização brasileira, o mestre da crítica literária, o pesquisador de Gonzaga, de Dirceu e Marília, o guia lírico de Ouro Preto, o memorialista que escreveu as biografias de Rodrigues Alves e Afrânio de Melo Franco — biografias em que reuniu a situação privilegiada de familiar com o discernimento do historiador e a visão do estadista —, o ensaísta de *O Índio Brasileiro e a Revolução Francesa*, o estudioso da história, inclusive econômica.

Por um breve período ocupou a pasta do pai no Ministério das Relações Exteriores. Foi o suficiente para reafirmar a política externa brasileira, na tradição dos dois Rio Branco e de Nabuco, como uma política independente, relançando nossos laços com a América Latina, com o terceiro mundo, e resgatando a defesa de nossos interesses concretos, permanentes, que não deviam depender das jogadas entre os dois pólos da guerra fria em que o mundo estava dividido.

A tudo isto junta-se a obra do mestre do direito, do grande constitucionalista. Tive o prazer e o dever de indicá-lo para presidir a Comissão Provisória de Estudos Constitucionais da Nova República, como Afrânio de Melo Franco presidira a de 1932/33. Mas a influência de Afonso como constitucionalista teve a vertente de suas cátedras e a de sua obra escrita, inclusive no sentido do conceito mais amplo, da teoria do Estado, que encerra sua defesa do Presidencialismo contra o Parlamentarismo de Raul Pilla.

No Congresso Nacional Afonso Arinos teve sua presença mais intensa. Foi eleito deputado por Minas Gerais em 1946. Fez-se líder da Minoria naturalmente, falando sempre, combativo e ágil, uma máquina demolidora. O grande senador pelo Rio de Janeiro apresentaria uma outra face, mais serena. Mas sempre o discurso surgia espontâneo, com a facilidade que o fez o mais completo orador de nossa história parlamentar. Odylo Costa, filho, listava: "força equilibrada da verdadeira eloqüência, perfumada de invenção e de imagem, de lógica e de ímpeto, de seguro saber jurídico e de largo saber geral, de ironia sem amargor e de idealismo sem mesquinhez, de violência e de ternura".

Tenho grande orgulho de ter sido indicado por Afonso para vice-líder da UDN. Eu era um jovem chegado da província, literato e me iniciando na política. Tornamo-nos amigos.

Impressionou-me sempre por suas qualidades. Sua combatividade. Sua limpidez de caráter. Sua inteligência. Seu gosto literário. Seu conhecimento de todos os assuntos.

Em 1963 o Brasil atravessava uma das mais graves crises de sua história. O Parlamentarismo, que fora negociado para viabilizar a posse de João Goulart, fora um pacto entre políticos, não um pacto nacional, e fora derrubado sem verdadeiramente ser testado. Exacerbavam-se as paixões políticas, com a tentação dos regimes populares, com o sonho do patrocínio da União Soviética a Cuba, com a promoção da revolução socialista por Che Guevara, enquanto do outro lado da guerra fria os americanos promoviam grupos de apoio financeiro a sua causa. A corrupção parecia dominar o país.

Neste clima, Afonso escreveu, para o *Jornal do Brasil*, de julho de 1963 a setembro de 1965, uma série de longos artigos que acompanharam, previram e discutiram o momento fundamental da transição para o regime militar. Reunidos como *Evolução da Crise Brasileira*, os artigos tornaram-se um dos mais lúcidos retratos não só daquela crise mas de toda a histórica crise de nosso sistema político e de nosso sistema eleitoral.

Afonso Arinos passara por uma fase em que diria que "argumentos ... mudaram [seu] voto, sem alterar substancialmente [sua] opinião [favorável ao Presidencialismo]". Num de seus primeiros debates com Raul Pilla lançara a idéia de que "o problema é muito mais do sistema eleitoral do que do sistema governamental". No prefácio a seus debates com o velho Pilla, publicados como *Parlamentarismo ou Presidencialismo*, já dizia ter mudado de idéia. Quando do Ato Adicional de 1961 defendera o Parlamentarismo pelo que chamava de "conveniência política". Daí evoluiria para no fim da vida considerar o Parlamentarismo como a causa que justificava seu último mandato de Constituinte. Em *Evolução da Crise Brasileira*, Afonso já faz um retrato definitivo da inviabilidade do Presidencialismo no Brasil.

Assinalava, para começar, os que mudaram de campo — como ele mudou e, mais tarde, eu mudei —, começando por Artur Bernardes, passando por Agamenon Magalhães, Milton Campos, Artur Santos. A eleição presidencial era um regime exclusivamente viável nos Estados Unidos, em razão do papel especialíssimo da Suprema Corte daquele país e de sua tradição jurídica e constitucional. Quanto ao nosso sistema, dizia, que "já sofreu tantas adaptações e corrigendas, mostra-se cada vez mais inadequado". (206) E prosseguia, numa crítica que continua válida ainda hoje: "o mais grave é que os retoques sofridos, colhidos na inspiração parlamentarista, nada mais fizeram do que desvirtuar os dois tipos de governo, fundindo-os num amálgama burlesco e inviável". "O vício central do presidencialismo brasileiro é o poder irresponsável do chefe de Estado. Sobranceiro aos partidos inexistentes no Congresso, dominando a Constituição que não encontra raízes na alma do povo, o presidente só tinha um limite verdadeiro ao seu poder, e este era o termo cronológico do período presidencial." (207)

Veja-se a atualidade da crítica de Afonso Arinos, atualidade mantida pela perpetuação da forma de governo, agravada com o instituto da reeleição. Avisava, já em 1963: "Os formidáveis interesses hoje investidos na eleição de um só homem, detentor de todo o poder, fazem com que a eleição, se direta e livre, se transforme numa gigantesca montagem, enormemente cara, de histeria e falsidade". "O líder capaz de se eleger presidente emerge à tona empurrado por uma vaga imensa de paixão. Sua vitória é devida à concentração de desesperos e esperanças irracionais de uma massa orgânica de milhões de seres humanos…" (208) "O presidente se elege em função de uma campanha cheia de promessas que ele pode estar disposto a esquecer, mas que não serão esquecidas pela grande maioria dos seus milhões de eleitores." (209)

Evolução da Crise Brasileira é leitura essencial para a compreensão das crises do começo dos anos 60, e é também leitura fundamental para quem quer compreender as razões da crise atual. Afonso, o grande historiador, reconta a história da república, a história de nossos sistemas eleitorais. O constitucionalista analisa os erros e as alternativas para um regime — o parlamentarista — que possa atender às exigências de governo do Estado brasileiro. O legislador indica a necessidade do sistema de voto distrital para superar o equívoco do voto proporcional. O escritor primoroso constrói um livro que prende o leitor em sua arquitetura, em sua linguagem, em sua forma. O jornalista acompanha os fatos com a atenção de quem tem a visão do momento mas a esta põe no contexto dos tempos.

Tive a iniciativa de dar partida às comemorações de seu centenário no Senado Federal, que era a casa natural de Afonso Arinos, a casa que herdou a missão do Senado do Império de recolher os grandes nomes da política brasileira no apogeu de seu prestígio. Estas comemorações fixam, não a memória de Afonso, que é saudade que atravessa o tempo, mas sua presença permanente na vida nacional, a presença do grande brasileiro que ensinou, por sua obra e por sua vida, como se deve fazer política.

Brasília, outubro de 2005.

AFONSO ARINOS E A TRANSCENDÊNCIA DO IMEDIATO

Wanderley Guilherme dos Santos

Livro reeditado é livro contemporâneo. Convite a múltiplas interpretações porque enriquecido de possíveis futuros, ao contrário das obras adormecidas no passado à espera de rejuvenescimento. Uma coleta de artigos escritos entre julho de 1963 e setembro de 1965, *Evolução da Crise Brasileira* é reintroduzida na vida intelectual e política do país cinqüenta anos depois de sua primeira edição. São outros os tempos e outros os problemas imediatos, sem dúvida, e nem está à vista uma crise como a que chegaria a seu desfecho em março e abril de 1964. Os personagens são diferentes, bem como as siglas partidárias, a moeda, agora com outra denominação, e a cidade do Rio de Janeiro, que se degradou. Afonso Arinos deixou declarado, em livro, seu *Amor a Roma*, mas habitava e morreu no coração do machadiano bairro de Botafogo, à rua Dona Mariana, hoje agredido pela poluição de sons e fumos e concreto e furtos. Dali saía o político para os embates partidários e ali eram redigidos os estudos, as biografias e as análises a horas que só os atormentados pela agonia intelectual conseguem inventar.

O político Afonso Arinos, precoce na disputa política, associou-a ao estudo das teorias que buscavam esclarecer a ostensiva paixão dos partidos pela razão latente dos acontecimentos. É pela evolução do entendimento que Arinos, de uma tendência direitista visível em seus primeiros livros, dela se afastará rapidamente em direção a um tipo de liberalismo do qual só irá reter o núcleo de valores libertários. Comprometido com o radicalismo antivarguista, participa da grande mobilização parlamentar que, em 1954, reduz a saída para a crise institucional à renúncia de Vargas. Getúlio renunciou, finalmente, mas foi ao inicial pedido de licença da Presidência da República, suicídio político, optando pelo tiro no próprio peito – suicídio físico, mas consagração histórica. Não é despropositado supor que o gesto terá acabado de consolidar a aversão ao radicalismo que Arinos manifestará durante toda a sua vida política madura. Libertário constitucional e atento antidogmático, ele não hesitará em abdicar de sectarismos partidários ou de tratados jurídicos obsoletos sempre que a boa razão recomende. Espantou à direita e à esquerda do espectro político.

Talvez em parte por rejeição do radicalismo, em parte por convicta adesão à política constitucional, fez-se de desentendido ao ser sondado por Jânio Quadros sobre a possibilidade de um autogolpe em 1961. É o que ficou registrado em suas memórias, elucidando um dos tópicos preferidos dos enxadristas da política brasileira: estaria Jânio tentando ou não um golpe em 1961? Estava, revela Arinos. (Consulte *Planalto – Memórias*, Rio de Janeiro, José Olympio Editora, 1968, pp. 160-162.)

Em geral, os livros de Afonso Arinos desdobram-se em partituras distintas, embora coopresentes: o temporal imediato, o passado restabelecido e o futuro sob o disfarce dos possíveis. É instrutivo ler *O Índio Brasileiro e a Revolução Francesa*, *Preparação ao Nacionalismo*, *Um Estadista da República* ou *Evolução da Crise Brasileira* como documentos históricos, como narrativa histórica ou como memorialística. Em cada andamento o leitor encontrará material para se ilustrar, pois estão inscritos no passado em que tiveram origem, no passado sobre que falaram e no registro da evocação existencial. Mas não se esgotam aí. Trazem também, vindo a propósito o oxímoro, reminiscências do presente.

Evolução transcende o fugaz. O Autor observa a história como resultado de escolhas contingentes em face de um repertório de necessidades conceituais, remetendo os participantes a um tenso entreato em que o livre-arbítrio escolhe o necessário. Ao contrário das crônicas subservientes à mímica dos intérpretes, as análises de Afonso Arinos rejeitam a aparência da conjuntura política e a revelam como séria disputa entre concepções que se repelem, desinibidas pela competição entre políticos, os verdadeiros demiurgos, estes, da realidade sempre renovada. Nenhum determinismo na ação política, claro, até porque o que lhe dá nobreza é a busca da liberdade e a inventividade do improviso.

Mas, compensações dialéticas, o exercício do livre-arbítrio é contido ao conjunto de um número finito de opções. Se a humanidade não está predestinada a fazer alguma coisa em particular, não quer dizer que possa agir como bem entender. Os políticos fazem sua própria história, sim, mas segundo as limitações conceituais de sua existência. Isoladamente, nem a esterilidade dos conceitos nem a caótica efervescência das impressões particulares respondem pelo ritmo e direção dos acontecimentos, reitera a metafísica histórica de Afonso Arinos. Nada de mais contemporâneo. Por isso *Evolução da Crise Brasileira* é um registro de história e um breviário de análise política. Indispensável em ambas as versões e estímulo a versões de terceiros. Exponho a minha.

Ao examinar os problemas, Arinos recupera a história e a teoria cabíveis, torna-as vivas pela mediação das peculiaridades do momento nacional e antecipa conseqüências, pendentes, contingentemente, das ações adotadas pelos participantes. Parte considerável da labuta política é constituída por símbolos estéreis. Não porque os símbolos sejam inócuos, mas porque até fatos materiais de grande peso podem ser improdutivos. Contrariamente, eventos minúsculos podem carregar explosivo potencial de conseqüências. Assim, mesmo a inação política é capaz de se tornar equivalente a uma espoleta ou a um obstáculo com discernível eficácia causal na história. Na verdade, um tipo especial de omissão do então Presidente João Goulart desempenhará, segundo Arinos, importante papel no desenrolar e cenas finais da crise brasileira em sua versão de 1964.

Mas, atenção. A crise a que Afonso Arinos se refere teve início antes mesmo do confuso período do presidente Jânio Quadros, com quem trabalhou, e continuará depois da derrubada de João Goulart. Trata-se de uma crise de transformação, seqüela da subversão democrática da vida brasileira. Ela se traduz "pelo alargamento das bases populares da democracia, ou, em palavras mais diretas, pela participação de camadas mais amplas da população nas áreas de decisão política e de fruição dos benefícios da produção econômica" (p. 31). Eis por que as elites se inquietam, "porque não se dispõem à diminuição dos privilégios, diminuição que é o resultado fatal do alargamento da partilha de oportunidades" (ver p. 32, entre outras passagens). Sem que fosse registrado pela crítica, este também era o diagnóstico das "esquerdas", à época, sendo compartilhado, no caso, por um senador da União Democrática Nacional, castelo de parte da elite e das classes médias conservadoras.

Repetia-se no Brasil a trajetória histórica da democracia eleitoral, lembrava Afonso Arinos, em que o fim dos obstáculos de renda e educação abalou os fundamentos do Estado Liberal não-intervencionista, dando lugar ao Estado de Bem-Estar e, este, à corrupção. E se na associação entre Estado de Bem-Estar e práticas corruptas concordava com a avaliação dos antitrabalhistas, deles discordava, todavia, quanto aos principais beneficiários da corrupção instalada. É às oligarquias econômicas que Arinos atribui a prática de corrupção, tendo por objetivo garantir a eleição de seus representantes e assegurar a aprovação de políticas públicas em seu favor. Outra vez, não se deu atenção ao fato de um tradicional político de oposição ao trabalhismo do Presidente Goulart estar acusando a oligarquia política e econômica brasileira de valer-se da corrupção, a qual "se manifesta pela presença do dinheiro público ou particular decidindo ou influindo na decisão dos pleitos." (p. 74)

As mudanças democratizantes e o nervosismo político por elas provocado não o assustavam. A inquietação das elites associada ao alargamento da participação costuma gerar uma instabilidade natural, entendia ele, exigindo capacidade governativa e novo estilo de relacionamento entre governo e oposição. A fundamental característica da democracia é justamente esta: um regime em que o governo se funda na expressão eleitoral que constitui, simultaneamente, a maioria e a minoria, definida esta como oposição. É importante atentar para a insistência no caráter legítimo da oposição tanto quanto o do governo, posto que gerados pelo mesmo instrumento – o voto livre. Não é do beneplácito do governo que flui a autoridade da oposição, mas da fonte que gera igualmente a autoridade do primeiro. Não obstante, o mandato democrático exige que o governo atenda aos reclamos da maioria que o constituiu, o que implica constranger a minoria oposicionista a aceitar a orientação geral da política do governo. Um governo democrático garante as liberdades políticas e civis de todas as correntes, exceto a liberdade de contrariar a vontade da maioria. Ao tratar da crise da transformação brasileira, Afonso Arinos aborda um dos problemas nucleares da teoria democrática contemporânea – o da relação entre maioria e minoria.

O bem-estar do maior número obriga o governo a fazer restrições às preferências do menor número – eis o paradoxo da tolerância. Não há nada óbvio ou mecânico no funcionamento do regime democrático. Ao contrário, ele exige constante atenção à tensa e oscilante fronteira que separa a coerção ilegítima das minorias do aceitável grau de repressão delas no exercício da tolerância democrática. Do mesmo modo, também é flutuante o limite da oposição legítima, que deve estacionar precisamente aquém da mácula golpista. Em conseqüência, a crise da democracia brasileira não deve ser creditada ao governo, por pretender atender às demandas da maioria, nem à oposição, por garantir à minoria igual direito de audiência e de sobrevivência. À incapacidade governativa, sim, se pode imputar a erosão da autoridade do governo: "A autoridade decorre da confiança, e o governo não tem sabido inspirar confiança." (p. 34) Por isso, embora não estejam em desagregação, "é possível, no Brasil, que as instituições constitucionais soçobrem, principalmente se continuarem a ocorrer a mesma ausência de coordenação governativa, a mesma imoderação dos comandos sindicais, a mesma paralisia discursiva do Congresso." (30)

O fundamento da autoridade do Executivo é a confiança que decorre do sentimento do maior número, bem distante dos extremos políticos. No Brasil, contudo, a radicalização da política cala a voz da maioria social, com graves conseqüências para a democracia. "Considerada nas suas condições atuais (início de 64, WGS) a sorte da democracia brasileira é muito sombria, praticamente sem saída normal, em virtude da conjuntura que podemos sintetizar no seguinte dilema: com as esquerdas não se pode governar, sem as esquerdas não se pode eleger o governo" (p. 141). A esquerda urbana se convertera em minoria pivotal, isto é, naquela minoria que, ao se inclinar, determina o lado vitorioso. A violação das normas democráticas se dá quando a esquerda pivotal se acredita maioria operacional. Eis as razões do golpe que se aproximava.

É a perspectiva teórica de longo prazo que leva Arinos a ocupar-se com a formação brasileira, com o pano de fundo do histórico internacional da democracia, com a transformação da política oligárquica em política de massas e a oportunidade para o surgimento da corrupção como variável política, justamente porque o "Legislativo passou a ser uma fonte de despesas e não um guardião da receita" (p. 179). A relevância da capacidade governativa do Executivo aparece aí com papel crucial na administração dos naturais conflitos entre uma população que recém adquiriu direitos e uma elite oligárquica resistente à vontade da maioria. Ao mal interpretar o peso relativo das esquerdas na composição da maioria social e política, e ao omitir-se na condução dos conflitos, o Governo João Goulart teria violado a concepção moderna de tolerância democrática e desentendido a função do governo em países em vias de desenvolvimento: a de governar com a maioria contra os extremos políticos. Com isso foi perdendo a confiança da população e a autoridade que nela se sustenta. O desenlace seria a ruptura da legalidade democrática. Como foi.

A análise conceitual aqui atribuída a Afonso Arinos, abordando vários tópicos da teoria política contemporânea – o conceito de oposição, confiança como fundamento da autoridade, minorias pivotais, crise e radicalismo político –, está, no texto original, embebida em comentários da história vivida naqueles meses, sem que o Autor perdesse o fio da racionalidade contingente no caleidoscópio emaranhado do cotidiano. Ele percebia e extraía do acontecimento fugidio as linhas de causalidade que circunscreviam o horizonte dos possíveis, ora aumentando-o, ora reduzindo-o, e, ao mesmo tempo, entregava ao livre-arbítrio dos atores a senha do futuro próximo.

O leitor, no entanto, pode estar seguro de que terá oportunidade para operar mudanças na versão aqui apresentada, recuperando outras vias de análise, algo que possivelmente também virei a fazer depois de nova leitura, em novo contexto. O que faz com que *Evolução da Crise Brasileira* continue a ser um livro contemporâneo.

Rio de Janeiro, setembro de 2005.

EXPLICAÇÃO

Este livro reúne artigos publicados no *Jornal do Brasil* entre julho de 1963 e setembro do corrente ano. Compostos sob a impressão dos acontecimentos, hão de se ressentir do imediatismo inerente aos escritos desse tipo. Por outro lado, como a tendência natural do meu espírito é a de apreciar sempre os fatos no plano das idéias, confio em que, por sobre o particularismo dos acontecimentos e das observações, sempre restará algo de mais permanente, ou de mais geral. Qualquer coisa que possa valer como julgamento de atitudes ou sugestões de conduta. Devo dizer ao leitor que não alterei nenhum dos artigos ora transformados em capítulos deste livro. Limitei-me, atendendo à matéria dos assuntos tratados, a reagrupá-los em ordem diferente daquela em que foram publicados. Imagino que repetições e, talvez, contradições se hajam insinuado no conjunto. Repetições devidas à insistência nas idéias que me preocupam e contradições motivadas pela maneira, às vezes diferente, com que qualquer de nós pode reagir diante de fatos semelhantes. Tais contradições não são mais do que o processo vivo da evolução de um pensamento, em face de um meio em rápida mutação.

Agradeço ao *Jornal do Brasil* a permissão dada para a impressão deste livro; à Companhia Editora Nacional, a sua boa vontade em dar mais duração a esparsos ensaios; e ao meu caro amigo Antônio Gontijo de Carvalho, pela tarefa que assumiu de representar o autor em todo o trabalho da edição.

A. A. M. F.

PARTE I

POLÍTICA INTERNA PRÉ-REVOLUCIONÁRIA

I
A CRISE BRASILEIRA

SEGUNDO a opinião provavelmente unânime dos brasileiros e dos estrangeiros que nos observam, nosso país está em crise, sendo que muitos se acham convencidos de que ela é a mais grave crise de toda a nossa história. Crise social, moral, política, econômica, financeira, monetária, educativa, militar, administrativa, em uma palavra, crise nacional. Dentro da tormenta, as elites, seja por se sentirem mais culpadas, seja por terem mais consciência dos riscos, se agitam ou se apavoram, enquanto as massas populares se mantêm muito mais tranqüilas. O quadro geral é confuso e ameaçador, tanto para os que nos observam de fora quanto para nós mesmos. Acontece, porém, que se a nossa crise é para eles apenas um assunto, para nós é um problema. É, mesmo, o único problema que se impõe à nossa geração.

Para cumprir o dever de enfrentá-lo, algumas condições básicas são indispensáveis. A primeira delas é a existência de um verdadeiro governo, isto é, de um grupo de pessoas cujas funções sejam providas de força e capacidade de ação e que tenham sobre a crise brasileira, suas causas e soluções, idéias justas, exatas e, tanto quanto possível, aproximadas.

Eu não pertenço ao Governo, isto é, não faço parte do grupo de homens cujas funções são providas legalmente da força e da autoridade necessárias à ação política. Mas, na minha condição de velho estudioso e observador das coisas brasileiras, e ainda valendo-me da experiência acumulada em muitos anos de vida pública, tenho sobre a crise brasileira algumas idéias fundadas naquelas mesmas experiência e observação. E aqui as vou lançando nestes papéis, sem nenhum outro interesse senão o de colaborar, ainda que em mínima porção, para as soluções cuja procura a nossa crise impõe.

Hoje gostaria de falar sobre a crise, ela mesma, porque em nenhum estado mórbido parece possível a aplicação dos remédios sem o conhecimento prévio de um diagnóstico exato.

O primeiro aspecto no qual nos devemos deter é sobre a natureza da crise brasileira, considerada nas suas causas. Não se trata de um exercício acadêmico, mas do assentamento de uma base útil ao desenvolvimento de todo o raciocínio posterior.

A pergunta é esta: o Brasil atravessa uma crise de decadência histórica, de dissolução do Estado, de mudança de regime ou de transformação geral?

As nacionalidades, nos seus variados destinos, têm sofrido todos esses gêneros de crises nacionais, às vezes acumulando mais de um deles em uma só crise.

A decadência histórica é uma fatalidade que parece inevitável no ciclo sucessivo das grandes nacionalidades. Historiadores como Gibbon ou como Toynbee traçaram painéis impressionantes de alguns exemplos; sociólogos como Spengler fazem da decadência histórica das nações o plano, às vezes não muito fundado, de enormes construções teóricas. A verdade é que exemplos de decadência histórica não nos faltam. São como o desaparecimento, o envelhecimento fatal das nacionalidades e têm, por isto mesmo, levado certas escolas jurídicas ao erro de comparar o Estado com os organismos vivos. A decadência de Roma, na antigüidade; das potências ibéricas, depois do Renascimento; do Império Otomano, no século XIX; do Império Britânico, no século XX, são exemplos que se encontram nos manuais. Recordando tais exemplos vemos logo que o Brasil não atravessa uma crise semelhante ou comparável. Nenhum dos sintomas conhecidos se insere no quadro da nossa crise, e, mesmo, se poderia dizer que todos os sintomas da nossa crise são contrários aos da decadência histórica.

Crise de dissolução do Estado também não é nossa. Ela se daria, no Brasil, se o Estado federativo se estivesse desagregando, ou se forças anárquicas insuperáveis estivessem dissolvendo as instituições. Exemplo clássico de crise de dissolução federativa foi a Guerra de Secessão nos Estados Unidos. A nacionalidade americana atravessou um risco mortal naquele conflito, que foi o mais sangrento até então conhecido na História. Caso de naufrágio do Estado na anarquia pode ser encontrado na China do princípio deste século, principalmente depois que a vitória na guerra russo-japonesa deu ao Japão uma solidez concentrada e uma expansão agressiva que se cevou na massa amorfa do povo chinês. Outro caso de dissolução anárquica do Estado foi a do regime czarista russo, depois da derrota infligida pelos exércitos alemães, na Primeira Guerra Mundial. A descrição daquele desabamento geral foi feita no tão famoso quanto impressionante livro do americano John Reed.

Se examinarmos a situação brasileira, ainda que com a mais imparcial severidade, não encontraremos sinais efetivos de crise de dissolução do Estado, nem territorial nem institucional. A integridade territorial do País esteve em risco outras vezes, mas não agora. Antes da República federativa, ainda ao tempo do Império unitário, nossa união nacional se abalou com a Revolução Farroupilha. Mais recentemente, embora em menor escala, ela sofreu um impacto com a Revolução Paulista. Hoje, tudo isso são coisas do passado. A situação do Nordeste, tantas vezes indicada superficialmente (mais amiúde fora do Brasil) como um indício de dissolução do Estado nacional, não autoriza tão sombrias presunções. O Nordeste é, hoje, área em recuperação mais próxima e segura do que outras regiões do País, como Minas, por exemplo, e a verdade consoladora é que, no mais fundo da crise nordestina, nunca se fizeram sentir ali sintomas reais de separatismo.

Quanto às instituições políticas nacionais, não há dúvida que elas sofrem agudamente os efeitos da crise geral, mas não se pode absolutamente dizer que na mesma medida e com resultados parecidos aos verificados na China dos generais ou na Rússia de Kerenski. É possível, no Brasil, que as instituições constitucionais soçobrem, principalmente se continuarem a ocorrer a mesma ausência de coordenação governativa, a mesma imoderação dos comandos sindicais, a mesma paralisia discursiva do Congresso. Mas, segundo as mais fortes probabilidades, o soçobro da Constituição não significará o soçobro do Estado, que manterá a sua continuidade com o expediente habitual da América Latina, ou seja, o domínio, pelo menos temporário, das instituições pelas Forças Armadas. Ao prever esta hipótese, devo logo acentuar que não a desejo, e que tudo faria, se pudesse, para evitá-la. Estou apenas chegando a uma conclusão forçada pela observação da experiência nacional e continental. Em todo caso, o que cumpre acentuar é que a crise brasileira não parece, também, conduzir, no campo institucional, à dissolução do Estado. Este risco se acha tão afastado quanto o da secessão territorial. O máximo a que poderiam chegar, na minha opinião, seria ao colapso da legalidade constitucional e à implantação temporária de uma ditadura militar.

Crise de mudança de regime parece-me que também não há à vista, e não vai aí nenhuma contradição com o que acabo de dizer sobre um possível colapso constitucional. Mudança de regime haveria no caso em que as forças mais vivas da crise atuassem no sentido de um retorno ao sistema imperial (como se deu com a França de Napoleão III), ou da adoção do sistema diretorial, como se verificou no Uruguai do tempo de Battle y Ordoñez. Em certo sentido, o movimento parlamentarista poderia ser apresentado, modernamente, como o resultado de uma crise de mudança de regime, entre nós, embora fosse ele mais um movimento de elite do que propriamente popular. A adoção da emenda parlamentar em seguida à renúncia de Jânio foi, ao contrário do que agora se costuma dizer, uma providência muito acertada, porque evitou a guerra civil. Nós, que estivemos na batalha do Congresso naqueles dias e noites, é que podemos dizer. A prova do que afirmo é que muitos presidencialistas votaram pela emenda e mesmo os radicais, que a ela se opuseram pelo voto, não levaram seu combate ao ponto de prejudicar, de fato, a sua aprovação. A votação do plebiscito provou, apenas, que a maioria do povo era contra o regime parlamentar, isto é, provou que a mudança era preferida só pelas correntes de opinião mais politizadas e desanimadas da correção dos vícios do nosso presidencialismo. Mas a votação do plebiscito não prova nada contra o acerto da medida política adotada pelo Congresso, no momento e com as finalidades da sua adoção. A única prova real é que guerra civil não houve. Ninguém pode provar que não haveria. De qualquer forma, o que desejo salientar, neste ponto, é que não existe nenhuma relação entre a crise brasileira e pressão nacional pela mudança de regime de governo, tal como se dava, sem dúvida, ao tempo da propaganda republicana. Na verdade não existe qualquer pressão nacional pela mudança do regime.

Se, como parece certo, de acordo com os fatos e argumentos anteriores, a nossa crise não é nem de decadência histórica; nem de dissolução do Estado, em qualquer das suas modalidades; nem de mudança de regime, então só nos resta a última hipótese referida a considerar, ou seja, a de que a crise brasileira é de transformação. Nesta hipótese vamos nos deter, porque estou convencido de que é aquela que corresponde à realidade.

Para começar é extremamente sintomático que a crise que atravessamos alarme e intimide muito mais às elites (pelo menos aos setores mais numerosos das elites) do que ao povo. Por que isto? A meu ver, precisamente pela razão muito simples de que se trata de uma crise de transformação. Esta transformação é de natureza socioeconômica e se traduz especificamente pelo alargamento das bases populares da democracia, ou, em palavras mais diretas, pela participação de camadas mais amplas da população nas áreas de decisão política e de fruição dos benefícios da produção econômica. Portanto, esta transformação não é de molde a inquietar as massas, que sentem confusamente, mas fortemente, que o resultado lhes é benéfico. Mas inquieta profundamente aqueles setores que não se dispõem à diminuição dos privilégios, diminuição que é o resultado fatal do alargamento da partilha de oportunidades. Assim, a cega inquietação das elites, ao lado da calma relativa e da confiança das massas, é traço que caracteriza bem, a meu ver, a nossa crise como sendo de transformação.

Mais adiante, nos artigos sucessivos em que pretendo desenvolver o tema da crise brasileira, procurarei, na medida das minhas limitações, chamar a atenção das elites brasileiras para o seu dever de compreender a transformação nacional em vez de ter medo dela, e também procederei à indicação dos caminhos básicos pelos quais os três poderes da República devem proceder à avaliação da crise de transformações que atravessamos.

O aspecto mais grave da crise de transformação que atravessamos é, sem dúvida, que ela se insere em outra crise paralela, que é a de Governo. As observações e reflexões mais detalhadas sobre este ponto caberão melhor nos artigos seguintes, que planejo dedicar sucessivamente à crise do Legislativo, à crise do Executivo e à crise do Judiciário, no momento atual. Mas, antes de analisar em particular a ação dos três chamados poderes, na ordem em que a Constituição os apresenta, convém estabelecermos, aqui, certos conceitos gerais, a fim de fixarmos noções que devem ser desenvolvidas nos escritos posteriores. Sem que me anime qualquer propósito didático ou acadêmico, desejo tão-somente balizar o meu terreno e traçar um quadro geral do panorama político sobre o qual a crise brasileira de transformação e de Governo está incidindo.

Desde logo me disponho a pôr o máximo de ênfase neste ponto: crise de transformação e crise de Governo constituem um todo único e inseparável. Não se deve concluir, desta preliminar, que a cessação da crise de Governo depende das soluções trazidas aos diversos aspectos da crise de transformação. Isto seria errado, por dois motivos: primeiro porque tais soluções demandam tempo, e o regime não resiste a uma longa espera para a crise de Governo; segundo porque, para que sejam atacadas as soluções necessárias à crise de transformação, é indispensável um Governo atuante, o que não se compõe com a idéia de Governo em crise. Seria um círculo vicioso.

Quando chamei a atenção para a solidariedade entre crise de Governo e crise de transformação, foi para chegar a esta outra conclusão, que me parece indiscutível: a crise de Governo só cessará, no Brasil, no dia em que ele, Governo, for constituído por um grupo de pessoas que tenham: a) a firme intenção de avaliar de forma global os diversos fatores da crise de transformação; b) que tenham sobre esta crise pontos de vista aproximados, que permitam uma ação comum; c) que coloquem a moralização como elemento intrínseco de toda ação governativa; d) que disponham de autoridade política e força material para agir. Portanto não é preciso esperar que se acabe a crise de transformação para que seja liquidada a crise de Governo. O que é preciso é que se componha um Governo à altura da crise brasileira. E é notório que este Governo, desde a renúncia de Jânio Quadros, ainda não foi ou não pôde ser constituído, nem no regime parlamentar, nem no presidencial restaurado.

Penso que as responsabilidades na falta de formação, entre nós, de um Governo capaz de enfrentar a crise não cabem somente ao Poder Executivo, ou antes, ao Presidente da República, que é o seu chefe, pela Constituição. Embora a parte dele seja grande, e talvez a maior, tais responsabilidades são também partilhadas pelo Congresso, ou antes, pelo procedimento dos partidos no Congresso. Isto será melhor dito a seu tempo, quando tratarmos da situação especial de cada poder, dentro da crise.

Mas a verdade enunciada permanece de pé. Sem Governo eficaz a crise nacional não será enfrentada. E para a formação de um Governo eficaz aquelas condições mínimas são indispensáveis.

Nossa Constituição diz que "todo poder emana do povo e em seu nome será exercido". Vejamos o que isto quer dizer. Em primeiro lugar, o que é povo? Os constitucionalistas não hesitam. Povo, no sentido jurídico, não é o mesmo que população, no sentido demográfico. Povo é aquela parte da população capaz de participar, através de eleições, do processo democrático, dentro de um sistema variável de limitações que depende de cada país, e de cada época. Visivelmente, no nosso País e na época atual, certas limitações impostas pela Constituição de 1946 estão obsoletas. Por exemplo, no caso dos sargentos. Daqui a algum tempo é possível que outras limitações precisem desaparecer, como, por exemplo, a dos analfabetos, que votam em países como a Itália e que já votaram no Brasil imperial. Mas concordo em que isto não é assunto para o momento. Já vimos o que é povo. Devemos agora ver o que é o poder, que dele emana, e quem o exerce em nome do povo, como diz a Constituição. Juridicamente o poder é a faculdade de tomar decisões em nome da coletividade; é, em suma, a faculdade de governar. Mas, historicamente, o poder é o grupo de homens que exerce aquela faculdade: historicamente o poder é o próprio Governo. Podemos assim dizer que, tanto jurídica quanto historicamente, o Governo é o grupo de homens escolhidos pelo povo para exercer o poder em seu nome.

Para exercer o poder o Governo dispõe de dois instrumentos, sempre presentes em todo o longo e variável decurso da História humana: a autoridade e a força. A autoridade se baseia no livre consentimento e na colaboração dos governados para com o Governo. A força é o elemento de coerção material que o Governo exerce quando há resistências ao seu poder. Nas democracias — e esta é a superioridade admirável do regime democrático sobre qualquer outro — tanto a autoridade quanto a força estão subordinadas à lei.

Não faço nenhuma injúria aos homens do Governo (creio que o próprio Presidente estará convencido desta verdade que salta aos olhos), não faço injúria a ninguém ao dizer que o Governo presidencial, depois da formidável outorga de poder que foi o resultado do plebiscito, decepciona a nação pela sua falta de autoridade e pela sua falta de poder. Autoridade decorre da confiança, e o Governo não tem sabido inspirar confiança. Força depende da disciplina nos instrumentos de coerção, e é evidente que a indisciplina lavra, como fogo escondido, nos três setores das Forças Armadas. As classes conservadoras só se emocionam quando a indisciplina eclode entre os inferiores e soldados, como agora em Brasília. Mas não percebem que a indisciplina nos altos escalões (a qual as mesmas classes conservadoras estimulam, com secretas esperanças golpistas) é que torna inevitável a propagação infecciosa para os níveis menos graduados da hierarquia. A rebelião dos sargentos foi ato de indisciplina revoltante. Mas que dizer do incrível impasse entre os altos escalões, no caso da aviação embarcada? Se considerarmos as razões das duas situações, então veremos que a segunda é ainda menos compreensível que a primeira.

O Governo precisa estar à altura de exercer, em nome do povo, o Poder emanado pela votação do plebiscito.

Precisa criar autoridade, o que só fará restaurando a confiança, e confiança pode existir mesmo entre os que divergem das soluções. Precisa consolidar a sua força, o que só conseguirá restaurando a disciplina, sem esquecer que a restauração da disciplina depende, por sua vez, da aquisição da autoridade.

Tudo isto pode ser atingido desde que se consiga que o grupo governante ponha em primeiro lugar o esforço de moralização política e administrativa e tenha uma visão global, uniforme e operativa da crise de transformação que atravessa o Brasil.

2

COEXISTÊNCIA INTERNA

A maior revelação do século XX no plano da vida internacional parece ter sido a vertiginosa liquidação do colonialismo político. Todo mundo sabe que ainda subsistem, em certas áreas, fortes resquícios de colonialismo econômico, a que os comentaristas chamam agora neocolonialismo. Mas a verdade é que, mesmo reconhecendo a sua existência, não podemos negar que ele se processa de forma progressivamente atenuada, e tenderá a se apagar, à medida que a consciência da soberania política, nos novos Estados, for levando as antigas potências coloniais a reconhecerem a conveniência de substituir o dirigismo por auxílio planejado.

Não existe, talvez, setor em que a obra teórica de Lenin se tenha afastado tanto da realidade como neste. Na verdade o leninismo, considerado como adaptação do marxismo à era do imperialismo colonial, está superado, ou, pelo menos, em vias de assim tornar-se. As implicações desta situação com outras evidências, decorrentes da era atômica, fazem do chamado revisionismo de Kruschev uma diretriz política não apenas realista, como inevitável.

As guerras imperialistas pela conquista dos mercados coloniais, que Lenin considerava um dos fatores do processo de liquidação do capitalismo, pela revolta fatal que provocariam no seio das massas, simplesmente acabaram. Se alguns marxistas ainda falam de tais guerras, é por automatismo mental, e por não se ter feito, ainda, uma revisão adequada de tal *slogan*. Os países que podem ser chamados imperialistas, inclusive a União Soviética, não mais resolverão as suas competições pela guerra, na era atômica, pelo simples fato de que eles também acabariam, juntamente com as competições. Um dos melhores livros sobre os problemas políticos da era atômica é o estudo, já hoje clássico, do general francês Gallois sob o título *Stratégie de l'Âge Nucléaire*. São dele as seguintes considerações: "Entre os objetos visados e os riscos a correr com o uso da força, não existe mais nenhuma relação. Ontem, o fracionamento do poder destrutivo permitia uma adaptação dele às causas e à natureza dos dissídios. A guerra podia ser, às vezes, uma operação inteligente. Hoje não é mais assim. O jogo, desde a entrada, é um risco, e a punição torna-se imediata. Entre duas nações armadas nuclearmente, ainda que de maneira desigual, o *statu quo* se impõe. Aquela que provocasse a outra, mesmo sendo mais forte, arriscaria ver perdidos, em algumas horas, os seus esforços passados."

Impossibilitadas de se defrontarem diretamente, as grandes potências nucleares são levadas, agora, a fazê-lo por vias desviadas. Esta é a luta que se trava no terreno das antigas colônias, em particular, e no seio de todos os países subdesenvolvidos, em geral.

Por mais diferentes que sejam, na formação e nas instituições, os Estados que eram antigas colônias e as democracias do tipo do Brasil, evoluídas politicamente, mas economicamente subdesenvolvidas, possuem pontos inegáveis de aproximação, no plano da política internacional. Um deles é poderem servir de liça ao torneio entre interesses cuja supremacia não mais pode encontrar caminho no expediente das guerras diretas entre potências superarmadas.

Se percorrermos o elenco de certas lutas pseudonacionais, veremos que elas se caracterizam sempre por dois aspectos: 1) exprimem choques ideológicos sem relação direta com as crises econômicas e as necessidades sociais do povo em questão; 2) levam, freqüentemente, à divisão territorial, sendo cada parte do território cindido ocupada por seções antagônicas de tropas nacionais, armadas e orientadas, porém, por comandos estrangeiros. Vietnã, Coréia, Laos e, até certo ponto, Congo e mesmo a China são exemplos desta cissiparidade histórica, a qual obedece a impulsos gerais das grandes potências, cujo mérito não cabe aqui averiguar, cujas razões, sempre apresentadas contraditoriamente, não importam tampouco aqui perquirir, mas que representam, sem dúvida, um risco para os países, como o Brasil, que ainda se acham unidos e capazes de se governar a si mesmos.

Esta capacidade inegável de autogoverno suscita no Brasil, como reverso da medalha, certas reflexões a cuja realidade seria insensato querer fugir. Dissemos acima, e é uma verdade, que o Brasil é institucionalmente evoluído, mas economicamente subdesenvolvido, pelo menos em grandes zonas geográficas e em setores capitais da nossa vida social e administrativa. O subdesenvolvimento econômico se projeta na grande maioria dos Estados novamente independentes da África e do Sudeste da Ásia, também para a vida institucional, o que entre nós não se dá, situação que, se por um lado denota em nós inegável superioridade cultural, por outro cria maiores dificuldades de ajustamento. Explico-me melhor. Os Estados africanos e asiáticos não podem suportar o diálogo democrático, caracterizado pela existência da livre oposição. Certa vez, perguntando eu a razão disso a dois inteligentes diplomatas de Gana e da Guiné, eles me explicaram que as dificuldades de governo são tão enormes nestes países, dada a carência de recursos de toda ordem, que uma oposição livre levantaria, sempre, a rebelião popular contra as autoridades, com a simples indicação das deficiências, só a longo prazo corrigíveis, da administração.Claro que a facção que chegasse ao Poder por esta forma se veria na mesma situação que a outra, diante dos problemas, e, se permitisse à mesma vir, por sua vez, como acusadora, sofreria sorte idêntica à sua. Seria, segundo meus informantes, um nunca acabar de golpes sem proveito para o povo. Sejam ou não exatas tais razões, o fato é que as novas nações independentes são quase todas (com a exceção talvez única da Nigéria) de estrutura política monopartidária e governadas por meio de fortes lideranças individuais. Quem quiser ver nisto semelhanças específicas com os totalitarismos comunista e facista se engana. Embora os processos se assemelhem, as origens e principalmente os objetivos do monopartidismo africano e asiático são totalmente alheios às concepções fundamentais de Marx, Lenin, Hitler e Mussolini. Minha experiência de convívio com membros dos grupos governantes desses países, nas Nações Unidas, mostra-me que eles só forçados pelas circunstâncias tomam posições de decidido apoio ao bloco soviético. O comunismo representa para eles o que mais temem: liquidação da soberania nacional.

Mas, voltando ao fio do meu raciocínio, é inegável que o diálogo democrático, pela ampla liberdade com que assegura a manifestação de todas as correntes de opinião, facilita grandemente a tarefa de certas forças conflitantes no plano internacional de acentuarem e, até certo ponto, procurarem, mesmo, orientar as nossas divergências internas. É claro que isto de nenhuma maneira pode servir para condenar o sistema democrático. A conclusão a se tirar da premissa é outra. É a de que, embora nos inclinemos necessariamente a favor do nosso lado democrático, a democracia brasileira só se salvará se não permitir que a vida nacional se transforme em campo de luta desviada dos interesses internacionais. A coexistência externa entre os dois blocos, cujo progresso se afere por medidas tão importantes como o acordo parcial de proscrição dos ensaios nucleares, não vai resultar imediatamente na cessação da guerra fria, como se chegou a dizer em Moscou. Ao contrário, a guerra fria desviada pode-se acentuar dentro do terceiro mundo, o mundo subdesenvolvido, mediante esforços de aprofundamento dos antagonismos locais, que possam servir às tentativas de supremacia de um e outro lado.

Pelos motivos tão bem sintetizados pelo General Gallois, a confrontação direta entre os dois grandes está praticamente fora de questão, mas isto não prova que, pelo menos durante um certo tempo, a confrontação indireta não seja estimulada. Acredito sinceramente que tal confrontação indireta seja temporária e tenda também a diminuir por várias razões. Razões, digamos, de dois tipos, umas ligadas às modificações que visivelmente se processam na maneira pela qual os líderes mais prestigiosos dos dois lados encaram as relações recíprocas e, conseqüentemente, a projeção destas relações recíprocas no plano mundial; e outras razões fundadas na capacidade de discernimento e resistência das pequenas e médias potências quanto à ação das forças de desagregação, vindas do exterior.

A luta que o Governo do Presidente Kennedy, homem de admirável inteligência, descortino e capacidade política, trava contra senadores fascistas, governadores racistas e grupos econômicos predatórios, nos Estados Unidos, não deixa de ter pontos de semelhança com a luta que Kruschev travou e vem travando contra o stalinismo, contra certas facções militares de um esquerdismo tornado tradicionalista, e, agora, principalmente, contra a rigidez e a intolerância ideológicas da linha chinesa. Parece evidente que os líderes mais destacados, de um lado e de outro da Cortina de Ferro, detentores das tremendas responsabilidades da manutenção da paz na era atômica, associam-se na necessidade de enfrentar as forças internas que, cegas à realidade, procuram sabotar a construção de um sistema aceitável de coexistência.

Seja-me permitida, aqui, outra recordação pessoal. Certa noite, em Genebra, não há muitos meses, jantando com um dos mais inteligentes e eruditos diplomatas do mundo socialista, eu lhe dizia que, a meu ver, a era atômica forçaria os teóricos do marxismo a reverem certos dogmas da doutrina, a respeito da luta de classes no plano mundial. A revolução mundial, nos termos clássicos do marxismo, significaria a guerra mundial, argumentei, e esta hoje seria o fim de todas as revoluções, porque o fim da própria humanidade. O meu interlocutor, ao ouvir estas observações óbvias, respondeu, apenas, que eu não julgasse estar pensando em algo que eles, comunistas, também não pensassem, e ajuntou que talvez os teóricos soviéticos já estivessem procedendo à revisão de conceitos a que eu me referia. Ora, as recentes declarações de Kruschev durante a malograda conferência sino-russa deixam entender exatamente a revolução que eu mencionava.

Mas a luta entre as ideologias pode continuar através da coexistência pacífica. Basta, para tanto, que a coexistência em causa seja externa e aplicável aos grandes, e não se estenda ao meio interno das nações subdesenvolvidas. Por outras palavras, se não conseguirmos atingir o equilíbrio de uma coexistência interna nos países como o nosso, então estaremos nos sacrificando para que a luta internacional prossiga, na nossa casa e à nossa custa. É isto, exatamente, o que está em vias de se preparar no Brasil.

No discurso com que examinei recentemente, no Senado, o problema da ajuda externa aos Estados-membros da Federação, mencionei, de passagem, um aspecto alarmante da atualidade brasileira que, na verdade, merece exame mais amadurecido. Não me proponho a fazê-lo aqui, mas somente a mencioná-lo, de novo. Refiro-me ao fato surpreendente de que, enquanto o povo ainda se mantém unido, as estruturas políticas se dividem rapidamente, e esta divisão atinge a todas as instituições tradicionais da sociedade brasileira, tais como a Igreja, as Forças Armadas e as universidades. Em face do fato é necessário observar, preliminarmente, que a divisão a que aludo é antes de tudo ideológica, isto é, se processa em torno de idéias ou de princípios abstratos, ou em torno de personalidades simbólicas de tais idéias e princípios, mas nunca em torno de problemas concretos ou das suas soluções. Dois generais, dois governadores, dois cardeais, dois professores (desculpem as rimas involuntárias) dividem respectivamente o Exército, a Política, a Igreja, a Universidade. Se nós quisermos saber quais são os problemas para que eles tenham encarado soluções diversas, a gosto de um ou outro grupo de seguidores, vemos, com surpresa, que os seguidores não se interessam pelos problemas, nem pelas soluções, nem pelas idéias que aqueles a quem seguem nutram a respeito de problemas concretos, se é que alguns dispõem de opiniões a respeito. Estes seguem àqueles porque ouvem dizer que os outros nos querem escravizar aos russos, e fundar uma ditadura comunista (agora chamada *República Sindicalista,* coisa que nunca cheguei a saber, ao certo, o que seja). Mas o outro lado segue os adversários dos primeiros porque ouvem dizer, também, que estes primeiros querem nos vender aos Estados Unidos e fundar aqui uma *República de Gorilas,* coisa que tampouco consigo atinar com o que é. E assim, em torno de abstrações primárias, gira a roda da paixão geral, os problemas não são resolvidos, e o radicalismo ideológico (ideologias sem idéias) se acentua e se agrava incessantemente. Este é o terreno privilegiado para a transformação do Brasil em palco da guerra fria. Como dizia duramente Aristides Lobo, a propósito da República, nosso povo se limita a assistir *bestificado* ao aprofundamento do buraco que as elites incapazes e insensatas vão cavando em torno dele.

Se chegarmos ao pior, e este pior poderá ser uma longa e sangrenta anarquia (no Brasil muito mais grave do que aquela em que se debate a Argentina), o julgamento da História não perdoará às nossas elites atuais. Dentro do ridículo e da loucura ambientes, só a suprema coragem da moderação pode trazer a chave que decifre a incógnita brasileira. E, a meu ver, o local em que esta barreira moderada pode ser organizada mais rapidamente, com mais independência e eficiência, é, ainda, dentro do Congresso, apesar da enorme onda de desmoralização que a corrupção das alas radicais trouxe para o Legislativo, principalmente no pagamento de mandatos por entidades suspeitas e por agências do poder público.

Os riscos e ameaças nos vêm, por igual, do abandono dos desprotegidos e do medo dos privilegiados. É de Maquiavel este admirável pensamento: "Os motins são freqüentemente deflagrados pelos riscos; o medo de perder faz nascer nos corações dos homens as mesmas paixões que o desejo de ganhar."

A inflação leva a pobreza à miséria e a riqueza ao fausto. Uns não compram por falta de dinheiro. Outros compram demais porque o dinheiro perde o valor. A separação torna-se mais insuportável, as paixões mais incendiadas, as intenções mais violentas. Se a esta radicalização natural se ajunta a cegueira das elites, prestando-se à radicalização ideológica propiciada pelo ainda não extinto expansionismo estrangeiro, então podemos avaliar a delicadeza da situação em que nos encontramos e o grau das responsabilidades que pesam sobre o nosso meio político dirigente.

Eu pertenço, por natureza e por formação intelectual, ao grupo dos espíritos moderados. Minha maneira de ser repele invencivelmente toda forma de fanatismo, seja de idéias seja de pessoas. Para mim nada há de tão repugnante quanto o fanatismo e nada de tão insuportável quanto o fanático. Com o fanático só há duas formas de contato, a submissão ou a luta. Para os espíritos livres, se não for possível o afastamento, é sempre preferível a luta. Sem contar que não existe prova de mais grosseira estupidez do que a adesão irracional às lideranças fanáticas.

Uma idéia falsa, mas corrente entre os fanáticos e os que lhes são submissos, é a de que a moderação se confunde com tibieza, abandono, ceticismo ou capitulação. Nada mais errado. Líder partidário moderado, tive, muitas vezes, de enfrentar esta errônea suposição. Inclusive, a moderação racional não exclui exaltação e mesmo violência temperamental. O velho José Bonifácio era um exaltado de temperamento, às vezes um violento, mas, racionalmente, politicamente, um moderado. Toda a sua ação é prova disso, e se ela conseguiu o êxito que teve foi porque soube se manter sempre na linha moderada, entre os extremismos radicais do seu tempo. O mesmo se pode dizer de outro grande homem do nosso passado, Bernardo de Vasconcelos. A moderação é, freqüentemente, prova de força de alma. O radicalismo, ao contrário, pode denotar debilidade histérica e descontrole da vontade.

Na experiência modesta e limitada da minha vida política, nunca precisei de maior decisão e coragem do que para resistir aos fanáticos e aos radicais. E a muitos deles vi entrar em colapso, passada a fase sangüínea da exaltação. Isto me tem custado amizades, e mesmo incompreensões de grupos numerosos, mas nada me poderá fazer aquilo que não sou, um homem suscetível de fanatismos ou de me filiar a fanáticos. Hoje, o que mais receio para o Brasil é exatamente a ação desses temperamentos marginais, tomada esta palavra no seu mais acertado significado.

Vou dar um exemplo. Quando me encontrava na Europa, no princípio deste ano, acompanhava com interesse as notícias que chegavam a respeito da reforma agrária. Quando ainda na Câmara tive ocasião, certa vez, de estudar alguns aspectos do assunto, relativos ao regime jurídico do trabalho rural. Apresentei, então, um projeto que mereceu ampla discussão e apoio de vários partidos. Levado pela suposição de que poderia contribuir agora, no Senado, para novo estudo da questão, apressei a minha volta, também com esta esperança. Ao chegar à nossa terra vi, no entanto, uma situação inteiramente inesperada. Ninguém fala a sério de reforma agrária. Todo mundo, cardeais, jornalistas, militares, governadores, ministros, congressistas, só fala da reforma constitucional. Ora, esta é, exatamente, a discussão colocada nos termos de radicalismo ideológico a que me refiro, e que não consigo suportar. Acho tão idiotas as razões arbitrárias dos que sustentam que a reforma da Constituição é uma catástrofe irreparável, uma ameaça à liberdade, um roubo à propriedade, como as razões que pretendem que a reforma da Constituição é uma panacéia capaz de transformar, por milagre.

Ninguém, entretanto, cuida mais da reforma agrária. Todos, do Saara ao Canaã, continuam espantosamente a só falar em reforma da Constituição. Esta incrível divisão por nada me faz lembrar uma observação curiosa do Presidente Antônio Carlos. Eu era promotor em Belo Horizonte e, como sucedia às vezes, jantava um dia em palácio com o velho Andrada. Estávamos nos pródromos da Aliança Liberal e eu indagava do rumo das coisas. Antônio Carlos, que era um moderado, manifestava sua apreensão em face do radicalismo das posições, que desfecharia provavelmente em grave crise. De repente saiu-se com esta: "Você já viu procissão de Semana Santa em Ouro Preto? Pois bem, se quando a rua estiver toda cheia, você jogar um chapéu da janela, a cabeça em que o chapéu cair será pelo menos igual às duas cabeças que vão dividir o Brasil..." Era a divisão por nada.

Hoje, lendo o livro recente e excelente de João Neves, vemos como foi a cegueira dos grupos dominantes que arrastou o Brasil ao fim da primeira República. Faltou à geração de 1930 a capacidade de coexistir.

Naquele tempo, a situação interna impunha, talvez mais do que hoje, a divisão dada à resistência, digamos vegetal, lenhosa, do Presidente Washington Luís. Hoje, no entanto, tenho a impressão de que as instituições internas são bastante aperfeiçoadas e flexíveis, e que só por um radicalismo ideológico determinado pela adesão consciente ou inconsciente à confrontação internacional estamos perdendo o senso da moderação e a capacidade de coexistência.

O meio político, através da ação das suas personalidades mais vigorosas, está dividido em dois bandos de atuação contrária. Um explora as massas e o seu desejo de ganhar. Outro explora as elites e o seu medo de perder. Com uma frieza incrível, embora os fogachos oratórios, e uma espantosa falta de senso moral, estes dois grupos caminham para o suicídio político, coisa que seria bem boa, se tal suicídio não fosse acompanhado da liquidação da paz e da liberdade de todo um povo. E mais espantoso ainda é que homens de incontestável talento não vêem coisa tão clara. São como aqueles peixes das grandes profundidades, de que fala Jean Cocteau: luminosos, porém cegos.

É evidente que a parte mais lúcida, que é também a mais moderada, das elites, principalmente no meio político, tem de reagir, enquanto é tempo. Na imprensa, nas Forças Armadas, nas empresas econômicas, nas organizações operárias e estudantis, mas, principalmente no Congresso, a árdua, a dura luta da moderação deve ser travada. Se os partidos estiverem divididos ao ponto de não mais poderem corresponder a este apelo, então que estourem estas carcaças podres e se reagrupem as forças indenes do fanatismo ideológico e personalista em novas e mais sadias organizações partidárias. É também preciso que cada homem, com alguma dose de responsabilidade — aí compreendidos os homens comuns, que são a base de tudo —, procure sinceramente, num esforço de consciência, acabar com a própria divisão íntima. Porque o drama da nossa geração é também este. Muitos de nós estamos divididos, dentro de nós mesmos. Não temos coragem de unir as duas partes do nosso eu, aquela que tende para o progresso e o futuro e a que se aferra a um passado morto, mas que ainda parece vivo.

Divididos entre a compreensão do progresso e o sentimento de insegurança, ficamos entre o desejo de melhoria de uns e o nosso próprio medo de perder. Precisamos nos unir a nós mesmos, restaurar a integridade e a unidade do nosso ser racional e moral, tarefa sumamente facilitada para um povo católico, em face das recentes posições do Vaticano. Só assim compreenderemos a importância da moderação, a coragem de se aderir resolutamente a ela, quando é tão mais fácil, tão mais rendoso e, aparentemente, tão menos arriscado acompanhar qualquer uma das duas espumantes correntes radicais.

Acredito que a maior contribuição, no momento, pode ser ainda a do Congresso. Se se constituísse ali, mesmo arrebentando todas as molduras partidárias, uma sólida maioria moderada, capaz de repelir as lideranças fanáticas e de se comportar conforme as inelutáveis exigências da transformação nacional, a democracia brasileira estaria salva, e o nosso futuro provavelmente garantido. Já fizemos isto em outras vezes, inclusive em 1961 e 1962.

A democracia brasileira está nesta alternativa: coexistir ou desaparecer.

3

BASES DA COEXISTÊNCIA

As reações favoráveis que me chegam, de várias procedências, a propósito do artigo "Coexistência interna", e os estímulos para que prossiga no exame de outros aspectos dos problemas ali focalizados levam-me a tentar, novamente, desta tribuna (hoje com repercussão maior do que a abafada tribuna parlamentar de Brasília), alguns desdobramentos necessários daquelas idéias. Ou, mais precisamente, alguns elementos acrescidos ao diagnóstico do moderno radicalismo brasileiro, observado na sua contradição ideológica.

O aspecto mais marcante desta contradição ideológica reside na oposição polêmica, e mesmo belicosa, entre os conteúdos e o dinamismo destes conteúdos, que as alas radicais da esquerda e da direita atribuem ao nacionalismo. Cada um dos grupos em choque atribui-se o direito de acoimar o outro de traidor da Nação.

O fenômeno não é, aliás, novo, se considerado exclusivamente no plano das idéias. O que é verdadeiramente novo e, ao mesmo tempo extremamente arriscado, é o fato de que o choque entre as duas concepções de nacionalismo extravasou do debate de doutrinas para a luta política; transferiu-se, visivelmente, dos livros e das academias para as ruas, os sindicatos, as Câmaras e as casernas.

A primeira observação a se fazer — e ela é de magna importância — é que, sendo o nacionalismo um fato histórico que obedecia precipuamente ao impulso de união dos povos, transformou-se, hoje, em certos países como o Brasil, em símbolo e instrumento da divisão nacional. Por que isto? Simplesmente porque ele perdeu, nesses países, o seu conteúdo histórico característico, e passou a tema ideológico, quando não — e é o nosso caso! — a instrumento da luta internacional que se processa no nosso território e à nossa custa. Sim, à nossa custa, porque, embora não lhe paguemos um preço ativo, despendemos com ela o enorme preço passivo do prosseguimento do nosso atraso e da paralisia do nosso progresso.

Sem qualquer petulante intenção didática e apenas para firmar nosso raciocínio, lembremos que o nacionalismo foi o cimento que uniu a fundação do Estado moderno. A liquidação do medievalismo comunitário, do poder político do papado e do isolamento europeu (graças aos descobrimentos geográficos) deu lugar ao aparecimento do fenômeno Nação, como alicerce do Estado. Lutero e suas idéias religiosas, Maquiavel e suas doutrinas políticas, Bodin e suas teses jurídicas exprimem na Alemanha, na Itália e na França a mesma coisa, diferentemente. A destruição da Monarquia de direito divino com a vitória da grande revolução republicana nos Estados Unidos e na França acabou com o último entrave oposto à integração nacional. O nacionalismo (chamado pelos franceses de então de *patriotismo*) foi a força unificadora da grande revolução republicana. Por isto mesmo, é que a idéia de patriotismo se confundia, na América e na França revolucionárias, com a de republicanismo.

Mas logo o nacionalismo, indo além dos sistemas políticos, passou a atuar no terreno social. O primeiro esforço consciente de unir nacionalismo e socialismo em uma doutrina única, fundindo massas e elites em ideais nacionais comuns, veio de Maurice Barrès, na sua juventude criadora. Homem da direita e da *revanche,* o jovem Barrès, em fins do século passado, já fazia a sua propaganda eleitoral na base de um socialismo nacional, anti-semita, popular e vagamente militarista. A tese nacionalista tornou-se, então, apanágio das direitas, enquanto o pensamento socialista-marxista se mantinha rigorosamente internacionalista.

Mas a vitória da Revolução socialista na Rússia, o cerco do Estado soviético pelas potências ocidentais e a necessidade de defesa da chamada *pátria dos trabalhadores* começaram obrigatoriamente a criar um novo nacionalismo, o de extrema esquerda. A luta de Stalin contra Trotski, é, afinal, o processo desta criação do nacionalismo esquerdista. O nacionalismo deixava de ser privilégio da direita. Passara a ser, também, arma de luta da esquerda. E, na medida em que esta luta se amplia até os limites do mundo subdesenvolvido, o nacionalismo bicéfalo vai abrindo as suas frentes contraditórias nos países distantes.

Os povos africanos, embora primitivos, não deixam de se aperceber disto. Os grandes pensadores negros, como Leopold Senghor, o têm declarado. E a estrutura simples dos Estados africanos permite uma união defensiva mais fácil do que a nossa já complexa organização nacional. Isto não quer dizer, porém, que não possamos identificar as fontes do ataque, e que não tenhamos, ainda, forças para nos premunir contra ele.

Podemos acompanhar nitidamente, no Brasil, a marcha contraditória do nacionalismo. A princípio ele surgiu, como era de se esperar, sob a forma de tese conservadora. Homem chegando ao fim da maturidade e quase que às bordas da velhice, minha vida tem sido uma contínua viagem pelos caminhos das idéias. Por isto mesmo posso acompanhar, nos meus roteiros pessoais, a influência da marcha de certas idéias na nossa geração. Grande leitor de Barrès, na mocidade (meu culto barresiano me foi incutido por meu irmão Virgílio, admirador entusiasta do *príncipe loreno*), eu sonhava, antes dos trinta anos, com uma reforma brasileira fundada em nacionalismo tradicionalista e conservador, embora de fundo popular. Data de então meu livro *Preparação ao Nacionalismo*, que chegou a ser muito citado pelos integralistas. Mas cedo pressenti tudo aquilo que o movimento de Plínio Salgado tinha de falsamente nacional e de substancialmente servil ao fascismo estrangeiro. Sempre me mantive dele afastado, apesar de alguns amigos que nele possuía, e nunca aceitei aquela mistura de histeria e palermice. De resto, o nacionalismo direitista se instalaria em pouco com o chamado Estado Novo, ao qual nunca me pude submeter também.

A primeira manifestação importante do nacionalismo esquerdista ocorreu, entre nós, com a Aliança Nacional Libertadora, pouco antes do Estado Novo. No seu programa e nas suas manifestações já encontramos, embora obscurecidos pelo desejo de absorção de muitas correntes diversas, os temas que agora surgem, com caráter mais nítido e concreto, entre os comunistas e os demais grupos extremistas da esquerda. Também nunca aceitei a Aliança Nacional Libertadora, apesar dos amigos que nela tinha e com os quais debatia as suas teses nas salas da sucursal carioca da *Folha de Minas,* jornal que Virgílio e eu dirigíamos. O choque entre os dois nacionalismos levou aos golpes frustrados de 1935 (comunista) e de 1938 (fascista). Ontem foram golpes sucessivos. Amanhã serão concomitantes.

O Estado Novo exibe de resto, na sua evolução, a marcha dos dois tipos de nacionalismo. Iniciado sob as teorias da direita, com a Constituição de Campos e o golpe de Dutra, ele termina com a libertação de Prestes, a farândola dos marmiteiros e os comunas reclamando a *Constituinte de Vargas,* em nome do nacionalismo brasileiro.

Estava assim instalada entre nós a contradição, não apenas teórica, mas operativa, dos dois tipos de nacionalismo, contradição que prossegue e se aprofunda constantemente, até chegarmos ao quase impasse de hoje.

Será possível, uma vez reconhecidos os fatores acima resumidos, os quais facilitam a identificação da doença; será possível, digo, tentarmos o remédio, ou seja, a reunião do povo brasileiro em torno de objetivos realmente nacionais? É o que procuraremos esclarecer, sem ilusões mas com confiança, nas linhas que se seguem.

Há uma coisa que, por cima da divisão, reúne infelizmente os dois grupos extremados ou, pelo menos, grandes setores desses dois grupos no Brasil. Esta coisa é a áspera vontade de vitória a qualquer custo, digamos logo a palavra rude mas verdadeira: esta coisa é o imoralismno.

Bem sei que o imoralismo e a corrupção são fatos sociais quase inseparáveis da inflação. O fenômeno é conhecido, e tem sido estudado desde a vida romana. Mas, no Brasil, ele assume agora aspectos especiais e extremamente alarmantes que urge sejam apreciados e definidos.

Nosso País está hoje como uma espécie de terra ocupada pelos setores mais atuantes dos grupos políticos em luta. Somos como uma imensa colônia, explorada pelos próprios brasileiros. Não tendo intuitos polêmicos, mas racionalmente analíticos, e com o supremo desejo de servir realmente ao meu País, não me interessa, aqui, proceder a julgamentos ou emitir críticas individuais ou setoriais. Principalmente porque as práticas imorais decorrem muitas vezes do tipo de luta que se está travando, e estigmatizam, assim, mais uma situação do que alguns homens.

A prova disto é que neste grave caso da influência do dinheiro público ou privado nas eleições (caso sobre que pretendo voltar mais desenvolvidamente em próximo artigo) alguns homens reconhecidamente austeros foram envolvidos, pelo ardor imprudente de uma luta ideológica sem quartel. A vergonhosa batalha pelo Poder se trava, às escâncaras, com dinheiro público e com dinheiro estrangeiro.

Se quisermos encontrar uma saída para a divisão brasileira, manifestada pelo choque dos falsos nacionalismos da direita e da esquerda, temos de conseguir objetivos realmente nacionais. Objetivos que façam apelo e encontrem resposta na consciência nacional, e que não sejam somente armas para a conquista, não tanto do Poder quanto das suas influências e vantagens. Para tanto, devemos julgar menos os homens individualmente, na sua mesquinha ambição e frágil cobiça, do que a situação que se vai criando, possivelmente um pouco à revelia dos homens que de um e outro lado a exploram e se encontram nela comprometidos. O que não podemos é continuar vendo a pátria, nossa mãe comum, assaltada pelos próprios filhos.

A meu ver, a situação brasileira pode encontrar um caminho de paz e reconstrução, desde que sejam procurados os seus objetivos verdadeiramente nacionais mais urgentes, aqueles que possam ter apelo imediato sobre a consciência nacional, graças aos seus elementos autênticos, necessários e concretos. Estes objetivos, no momento atual, me parecem ser exclusivamente dois, o primeiro que impulsiona e o segundo que executa, um sensível e outro visível, um representando o espírito e outro a vontade nacionais. Estes dois objetivos são a restauração da autoridade moral do meio político, tanto no governo quanto na oposição, e o princípio de execução de um plano de desenvolvimento, seja o trienal existente, seja o mesmo adaptado a possíveis novas contingências.

Uma das coisas mais idiotas que se pode imaginar é a suposição de que a autoridade moral é qualquer coisa de ideal e de abstrata, sem verdadeira capacidade política operativa. Muito ao contrário disto, a autoridade moral é a força básica da estabilidade dos governos, e também do prestígio das oposições. Situações corroídas pela falta de autoridade moral, como a brasileira de hoje, podem durar, às vezes longamente, mas nunca se estabilizam de forma a atuar com eficácia no plano social.

Não se trata, repito e insisto, de fazer o processo de homens, mas de vontades e intenções.

Dentro de um mesmo quadro social ou de uma época histórica, com um mesmo grupo de homens, se podem operar transformações fulminantes neste sentido. Só quem não conhece a história dos sovietes ignora a importância assumida pelo esforço de restauração moral da vida pública russa na consolidação do Poder soviético, e de como este esforço foi bem sucedido. Quando estive em Cuba, na numerosa comitiva de Jânio Quadros, pude observar, nas conversas com os jovens dirigentes revolucionários daquele país — e creio que todos os do grupo brasileiro ali presente poderão testemunhar a mesma coisa —, a preocupação moralizante intensa, para o fim de prestigiar a revolução, depois da corrupção da era de Batista. Não se trata, aqui, de julgar estes sistemas de acordo com a sua moral finalística, ou geral. Também penso que nenhuma ditadura opressiva é, nesse sentido, moral. O que tenho em vista, e me parece irrecusável, é acentuar a importância do moralismo, da restauração da autoridade moral, como meio ou processo de despertar a consciência nacional de um povo, em torno de objetivos nacionais. Esta verdade elementar se revela, em toda sua força, nos exemplos que vim de citar. Outros poderiam ser lembrados. Para que não fiquemos só na órbita comunista, lembremos apenas o do general De Gaulle, em França. Até onde a austeridade moralizante do velho soldado terá contribuído para o equilíbrio nacional francês, para a recuperação da França dilacerada? Seguramente muito mais do que outros fatores acaso mais visíveis. De Gaulle não é economista e tem notório desprezo pelos assuntos de dinheiro. Pois a sua forte presença moral foi, na opinião de muitos franceses, auxílio decisivo à restauração financeira de que ele nada entende. Em suma, só um cidadão que viva no mundo da lua pode negar o caráter realista e concreto da autoridade moral, como fator de estabilidade nacional, qualquer que seja o regime em que se viva.

É urgente, é urgentíssimo um esforço de recuperação moral da vida pública brasileira. A marcha visível dos acontecimentos mostra que, se tal não ocorrer, a divisão nacional acabará em explosão. Desde já, às escâncaras, os grupos se preparam para vencer a golpes de dinheiro nacional ou internacional, pouco importa, público ou privado, também não interessa. Urge fazer dinheiro, continuar a corrida armamentista das *caixinhas* como as superpotências continuavam, até pouco, a corrida nuclear. Mas as *caixinhas* podem explodir, como as bombas, se a sua fabricação não for interrompida com um gigantesco esforço de ressurgimento da autoridade moral.

A prova de que a autoridade moral pode exercer uma influência decisiva na unificação da consciência nacional, criando um forte sentimento de solidariedade entre as classes mais diversas da sociedade, pode ser encontrada, entre nós, no episódio da eleição de Jânio Quadros. Nunca o Brasil assistiu a movimento semelhante de união popular em um impulso de fé e de confiança. Houve uma onda de autodisciplina, de desprendimento e de sacrifício. A maioria estava decidida a atingir ao saneamento moral da República, e a pequena minoria, que continuava cética, ou presa aos cálculos utilitários, se encolhia, receosa. Jânio procedeu a várias sondagens, que eram quase provocações, e não encontrava resistência, senão que decidida colaboração. Posso citar um episódio que me foi relatado por um dos grandes corretores da Bolsa do Rio. Um grupo de homens de negócios se reunira no seu escritório para ultimar uma transação já combinada. Esta transação comportava acertos de contas com entidades públicas. Súbito um dos presentes observou que Jânio, já eleito mas não empossado ainda, poderia considerar irregular a transação, feita à sombra do governo. Foi o suficiente para que a transação se desfizesse ali mesmo, se evaporasse à vista do corretor espantado. Isto não era medo de Jânio, que no fundo não metia nem procurava meter medo a ninguém. Era medo do estado de espírito coletivo, da esperança coletiva na honra do governo, da confiança geral em que a autoridade, fundada na moral, era um instrumento irresistível de recuperação e de solidariedade nacional. Para mim o resultado mais funesto da renúncia de Jânio foi exatamente a frustração desta esperança, o tremendo desencanto daquela imensa maioria que tinha sede de autoridade moral.

Mas a recomposição do ambiente perdido não é impossível, pois ele não dependia só de um homem, por mais forte que fosse a sua personalidade, como Jânio. Dependia de todos os homens que lhe transferiam a sua confiança. Dependia, pois, da existência, da necessidade dessa confiança, e nada nos diz que ela não seja agora mais real e necessária do que nunca. Por isto é que entendo que o esforço voluntário de recuperação da autoridade moral deve ser o primeiro cuidado do meio político brasileiro, governo e oposição, porque os dois lados estão terrivelmente carentes dela, e sem ela nada de duradouro se poderá tentar.

O segundo elemento, já o dissemos, é a rápida aplicação do plano de desenvolvimento, cujo preparo marca o ponto mais alto do governo João Goulart. A incontestável liderança popular do atual presidente só poderá afirmar-se numa direção construtiva, e não num sentido polêmico, como vem ocorrendo, se o seu governo começar a funcionar dentro de um plano cujo início de execução inspire confiança. Plano construtivo e austero.

Isto que aqui digo, aliás, é uma repetição do que disse por escrito ao presidente, através de carta que lhe mandei de Genebra. Eu havia recebido um chamado, por parte de San Tiago Dantas e Hermes Lima, mas, pouco desejoso de participar das conversações políticas, preferi escrever ao presidente uma carta em que lhe expunha, com franqueza, minha maneira de ver as coisas do Brasil.

Creio que o destinatário não considerará indiscreto que eu revele, aqui, o conteúdo dessa missiva, que foi interpretado pelos meus desafetos como sendo inclusive, uma carta de solicitação pessoal. Eu me limitei, nela, a sustentar que, depois do plebiscito, duas coisas urgiam: a institucionalização da Presidência (tal como feita nos Estados Unidos, para evitar que ela continue a constituir uma tarefa pessoal esmagadora, acima de qualquer esforço humano) e o planejamento da administração. Continuo a pensar que essas duas tarefas são urgentes e necessárias no plano governativo, baseadas sempre no princípio da recuperação moral.

Chegamos ao ponto de resumir tudo o que acima ficou dito. E o farei com umas poucas posições simples, que me parecem irrefutáveis.

As posições nacionalistas da esquerda e da direita são polêmicas, divisionistas, influenciadas pela guerra fria estrangeira, e não contribuem para a criação de uma solidariedade nacional, hoje mais indispensável do que nunca.

O prosseguimento dessa luta não permitirá a reconquista da estabilidade política e social, sem a qual a crise brasileira não pode ser vencida.

Esta solidariedade nacional pode ser obtida pelo despertar da consciência nacional em torno de fatores que correspondam, de forma evidente, às carências do momento, e que sejam capazes de restaurar a confiança perdida, bem como condenar os brutais apetites que de lado a lado devoram o Brasil.

No momento, parece certo que os fatores capazes de atingir a esses resultados serão o esforço de restauração da autoridade moral em todos os setores da vida pública e administrativa e o empenho de executar o plano de governo, já existente, com as correções que se fizerem necessárias.

4

ORDEM E MOVIMENTO

A mim não parece insolúvel o espetáculo de geral agitação em que se encontra o Brasil. Entendo, antes, que ele é mais para ser compreendido do que temido. O que tem faltado aos círculos governativos (incluídos entre estes, como é mister, os grupos da oposição) é a serenidade e o desprendimento necessários a uma análise radical (no sentido de aprofundada) da conjuntura brasileira, análise na qual, acima dos interesses e das paixões, prepondere o esforço sincero da compreensão. Porque uma verdade simples transluz da névoa ambiente e é a de que, se não *pensarmos* o Brasil atual, não poderemos resolvê-lo.

Quando falo em pensar o Brasil, tenho em vista uma operação de inteligência visando problemas concretos e dados objetivos, e não uma especulação teórica ou doutrinária, ainda que sistematizada, à maneira de certos livros de Tavares Bastos, Assis Brasil ou Alberto Torres. Não devemos desconhecer, é claro, a valia das obras destes homens que, no passado, pensaram a Federação, a Democracia Representativa ou a Reforma Republicana. O que desejo significar é que, no momento, não se trata de planejar ou afeiçoar genericamente instituições. Não nos interessa fazê-lo, agora, depois do fracasso da experiência parlamentarista, e, na verdade, não temos mais tempo para isto. Os problemas são demasiado urgentes. O de que se trata é de movimentar as instituições existentes no sentido da solução dos problemas, partindo contudo — e firmemente — do pressuposto de que estas soluções só existirão quando globalmente pensadas.

Rui Barbosa, em uma das suas admiráveis conferências na campanha política de 1919 — curiosa campanha estadual na qual o gênio amadurecido do tribuno atingiu a uma espécie de plenitude universal —, Rui Barbosa, dizia eu, nessa conferência, compara a vida das comunidades sociais ao movimento do mar. Esta comparação me parece extremamente oportuna para exprimir o que acima dizia, a respeito da falta de receio com que do semi-retiro voluntário em que me encontro observo a agitação da atualidade brasileira.

Ao encararmos de frente esta gigantesca responsabilidade, uma consideração desde logo avulta: ela é indeclinável, irrenunciável. Nós podemos fracassar na sua execução; isto é possível e, talvez, provável. Mas não podemos deixar de executá-la, da mesma maneira que não podemos deixar de viver, tão intimamente está ela ajustada à nossa vida.

Por isto, volto ao tema: para que possamos equilibrar ordem e movimento com um mínimo de condições de êxito, uma preliminar se impõe, e esta preliminar é, em conjunto, o esforço desinteressado de compreensão. Este esforço é um dever das elites. Sua ausência, no Brasil de hoje, excede os limites da indiferença; resvala pela traição.

Embora não devamos perder, como já avancei antes, nas lonjuras das especulações doutrinárias e das opções entre sistemas, a tarefa de pensar as soluções brasileiras não pode, tampouco, ser imediatista. Há uma sensível diferença entre objetividade e imediatismo. Infelizmente, até agora, o único setor em que a problemática brasileira se vem colocando em termos de pensamento é na Sudene, isto é, precisamente num campo de realizações imediatas. Desejo, também, advertir (e estas advertências são sempre necessárias num meio como o nosso, em que um dos prazeres da ociosidade é desvirtuar o pensamento alheio) que não estou criticando a Sudene. Ao contrário, considero Celso Furtado um dos mais altos valores de homem público do Brasil e tenho no maior apreço a sua equipe de técnicos e planejadores. O que pretendo acentuar é que aquilo que se fez com a Sudene, em caráter limitado e especial, deve ser urgentemente repetido para todo o Brasil, em caráter geral: a avaliação política e sociológica da sua problemática, em termos tanto quanto possível independentes das pressões de grupos, partidos ou interesses, e o estudo das soluções cabíveis (também no sentido de possíveis) de acordo com as conclusões a que se chegar. Conclusões, diga-se de passagem, sempre condicionadas a ajustamentos e retificações.

A objeção, que desde logo prevejo, é que isto foi tentado no Plano Trienal, de que não mais se fala, e nada adiantou.

Minha resposta a tal objeção seria a seguinte: o Plano Trienal fracassou, ou está em hibernação, porque o Governo Federal não quis ou não pôde se libertar, no plano nacional, das pressões de grupos, partidos e interesses, que lhe estorvam a marcha, nem dar verdadeira unidade e absoluta prioridade à sua execução. A saída de San Tiago Dantas talvez se explique por isto.

No Nordeste, a libertação lograda pelo Governo contra tais pressões e o apoio dado à Sudene provieram menos da sua ação voluntária que da fatalidade da situação social naquela zona. Até poucos anos atrás, a execução das obras federais naquela região brasileira era, ou podia ser transformada em oportunidades para pressões políticas, tráfico de influência e negócios suspeitos. Lembro-me de que Aluísio Alves e eu, quando éramos deputados, chegamos a pensar em compor uma peça de teatro, na qual puséssemos ao vivo, e de forma a ferir a atenção pública, algumas das facetas dos erros e abusos que testemunhávamos na aplicação das verbas e serviços do Nordeste. Mas, aos poucos, a pressão dos acontecimentos (e entre estes acontecimentos está a presença das massas trabalhadoras, do campo e da Cidade, que chamei de movimento) foi nivelando e submergindo os grupos de pressão minoritária, de forma que, já agora, é possível um trabalho sobre os problemas da região, que conte com dados mais reais e menos fictícios.

Dados que avaliem a possibilidade daquela mudança pacífica de que falou, há pouco, o Presidente Kennedy.

Este trabalho da Sudene não pode, obviamente, ser adaptável ao Sul, pela absoluta diversidade das suas condições sociais e econômicas. Mas isto não quer dizer que as elites governantes não possam, e mesmo não devam, encarar os problemas da região Sul com o mesmo empenho de avaliar os seus aspectos reais, livres das pressões fictícias de grupos minoritários, interessados em deter o Movimento em nome da Ordem. Tal detenção, de resto, comprometeria os dois fatores, sem nenhum proveito para a Nação.

Um passo importante, nessa direção, seria o de vulgarizar, em todos os meios, os princípios gerais do planejamento democrático. Uma das espertezas mais usuais entre os que pretendem sustar a marcha pacífica e democrática do progresso é a de confundir a livre empresa (que não definem) com a liberdade democrática (que deixam igualmente sem definição). Ora, a resposta a tais argumentos deve ser dada com apoio em verdades elementares, colhidas nos escritores, nas universidades, na imprensa, nas câmaras legislativas e nas agências de governo daqueles países mesmos que constituem a base da livre empresa e do regime democrático do nosso tempo.

Para concretizar melhor, direi que a pedra de toque dos que se opõem ao movimento em nome da ordem é a reiteração *ad nauseam* de que os que desejam equilibrar Ordem e Movimento são adversários potenciais dos Estados Unidos.

A verdade é que somente os que confundem conservação com paralisia fingem não perceber, nas linhas de conduta dos Estados Unidos de hoje, os aspectos mais firmes do movimento democrático. O mesmo cumpre afirmar em relação ao papado e ao pensamento católico. Os líderes da reação brasileira se encontram, assim, em uma situação de choque com aquilo mesmo que afirmam. Quando são políticos, colocam-se em posição divergente da do Governo Kennedy, e semelhante à dos senadores fascistas e governadores racistas dos Estados Unidos. Quando são católicos, falam contra a doutrina social da Igreja, expressa nas admiráveis encíclicas de João XXIII e nas nítidas palavras de Paulo VI, e a favor da pequena parte da Cúria e dos poucos cardeais que, em Roma e fora dela, ainda trazem a vista turbada pelo obscurantismo histórico.

O fato é que, em nome da defesa democrática, arregimentam-se e organizam-se, hoje, no Brasil, as forças mais empenhadas em impedir o progresso da democracia.

Luigi Einaudi, o grande economista e homem de Estado italiano, observava, em curso dado na Universidade de Genebra, que "os inimigos da liberdade podem existir em todos os tipos de sociedade econômica". Há maneiras diferentes, mas equivalentes, de estabelecer um regime econômico antidemocrático, seja pela intervenção totalitária do Estado na produção, no consumo e no mercado de trabalho, tal como se procede nos sistemas comunistas, seja por uma direção da economia que, a pretexto da proteção da empresa, resulte, de fato, na eliminação da competição verdadeira pelo estabelecimento de disfarçados monopólios e outras combinações de grupos acumpliciados na exploração das massas consumidoras, de maneira a se tornarem cada vez mais ricos e poderosos.

Hoje, no Brasil, estes grupos, que não representam a sanidade da empresa, falam em nome dela e estendem avassaladoramente a sua influência, de maneira a colocar em risco a própria liberdade política. Dominam direta ou disfarçadamente grandes áreas da imprensa, rádio e televisão; infiltram-se nos partidos e nas casas legislativas, espalhando dinheiro de origem pouco conhecida nas eleições e envolvendo nesta escusa manobra inclusive homens de boa-fé; trabalham a descoberto pela divisão de instituições, tais como a Igreja, as Forças Armadas e as organizações profissionais.

Se tal ocorre no campo da produção econômica, outra não é a situação no terreno das liberdades políticas e das chamadas garantias individuais.

Creio poder invocar, neste capítulo, uma certa tradição de autoridade.

Grande parte da minha mocidade se consumiu na luta pela restauração da liberdade democrática em nosso país. Sempre entendi que a ditadura pessoal não era necessária ao progresso social, e, no Brasil como em outros países, rotulavam-se com essa escusa simples manifestações de irreprimível ambição de poder. Em mais de dezesseis anos de mandato, na Câmara e no Senado, jamais vacilei em cumprir o meu dever de defender as instituições democráticas, estivessem elas encarnadas em correligionários ou em adversários.

Depois de combater pelo afastamento dos militares comunistas dos quartéis, lutei contra a ilegal cassação dos mandatos dos parlamentares comunistas. Líder da UDN defendi o mandato de Café Filho contra o golpe do impedimento — infelizmente acobertado pelo Supremo Tribunal —, defendi o mandato de Carlos Lacerda ameaçado por coalizão majoritária, como, na crise da renúncia de Quadros, defendi o mandato de Goulart contra a ameaça de golpe de outro impedimento. Meu parecer sobre a liberdade de imprensa, depois publicado em livro, contribuiu para sustar o projeto contra a imprensa preparado por assessores do Presidente Nereu Ramos. Em centenas de discursos e de votos nunca preconizei soluções antidemocráticas e nunca pactuei com elas, quando adotadas. E espero em Deus nunca com elas pactuar, e sempre a elas me opor, enquanto houver de atuar na vida pública. Nada fiz senão cumprir o dever de democrata. Mas este cumprimento é que me autoriza a opinar. Aqui é que se pode realmente empregar a frase de Patrick Henri, segundo a qual o preço da liberdade é a vigilância. Porque a vigilância da liberdade democrática depende de uma conceituação lúcida e constante do que é a democracia, e, por isto mesmo, se exerce tanto contra os inimigos declarados dela como contra aqueles, acaso mais perigosos, que a atacam na substância, simulando defendê-la nas aparências.

Neste terreno das aparências, o setor das garantias individuais, como veremos, se presta a distorções análogas às que se fazem sentir no mecanismo da produção econômica e na intangibilidade de uma empresa que é chamada livre, apenas porque tem a liberdade de submeter, aos seus interesses privatistas, a massa de consumidores indefesos.

Dar-se aos candidatos a ditador a liberdade de pregar a subversão é, de fato, preparar a marcha para a ditadura. Isto é, precisamente, o que fazem, entre nós, os principais líderes da direita e da esquerda. A história da Europa entre as duas guerras é a repetição monótona e internacional deste espantoso crime contra a democracia, que a covardia e o conformismo cometiam, em nome dos ideais democráticos.

Lá a coisa acabou em sangueira internacional. Pelo jeito que está tomando a política brasileira, com a radicalização e os desmandos de parte a parte, estamos sendo levados estupidamente ao mesmo erro, e acabaremos assistindo a uma sangueira nacional. Porque, pelo menos, não devemos ter ilusões. A divisão nacional se processa no sentido horizontal, ou territorial, e também no sentido vertical, ou seja, socialmente hierárquico e disciplinar. Temos, hoje, uma espécie de unidade que só é mantida externamente pelo sistema legal, que, embora frágil, ainda funciona. O recente episódio da prisão e libertação de um jornalista o demonstra. É, por assim dizer, uma unidade extrínseca, de fora para dentro, uma unidade sem união. No dia em que este saco legal, esta espécie de peritônio que acomoda as vísceras do nosso organismo, sofrer uma ruptura traumática — que Deus tal não permita —, então aquela tradição mundialmente louvada das mudanças brancas vai acabar. Quem viver verá. E talvez seja até melhor não viver para não ver.

De uma maneira geral, tanto quanto o princípio da livre empresa, o princípio das garantias democráticas está tendendo, entre nós, a se transformar também em privilégio. A filosofia do Direito Constitucional tem evoluído neste terreno, no que acompanha, de resto, as transformações sofridas pelos próprios conceitos fundamentais da democracia.

Os direitos individuais foram sempre interpretados principalmente como afirmação e proteção do indivíduo contra o Estado. Por isto, a partir de certos autores da escola alemã, ficaram conhecidos como direitos *públicos* individuais. Mas, na fase do constitucionalismo liberal, que coincide com a do liberalismo econômico, esses direitos funcionavam, não tanto como defesa contra o arbítrio do Estado, mas, principalmente, como trincheiras de privilégios econômicos de minorias estabelecidas. Este desvio já surge no próprio processo da Revolução Francesa, quando se manifesta já a ruptura do equilíbrio do binômio ideológico Liberdade-Igualdade em franco prejuízo da Igualdade. Todos os estudiosos da evolução jurídica da grande Revolução conhecem sobejamente essa marcha, até mesmo no nível escolar. Ela se manifesta em todos os setores da vida política. No capítulo eleitoral, por exemplo, ela se estabelece através do sistema censitário, pelo qual a igualdade política dos cidadãos ficava destruída mediante a desigualdade do voto, expressa nas exigências de renda, de eleições indiretas e de outros subterfúgios. No Brasil de hoje ainda existe quem sustente formas de sufrágio censitário.

Na vida da produção econômica a liberdade da empresa (que, bem aplicada, é essencial ao regime democrático) se confundia com a doutrina do *laissez-faire,* por meio da qual o empresário ficava livre de estabelecer combinações e monopólios, matando a competição para melhor explorar o consumidor. No Brasil ainda existe, igualmente, quem procure confundir a luta contra este tipo de exploração com esquerdismo ideológico, quando não com comunismo, enquanto continuam a defender o que chamam de *civilização* cristã atacando as posições dos Papas e vivendo em afrontoso luxo anticristão. A Lei *Le Pelletier*, da Revolução Francesa, proibiu o sindicato em nome da liberdade de trabalho. No Brasil, ainda hoje, há quem se oponha, na direita e na esquerda, à liberdade sindical.

No tocante às garantias individuais desvirtuamentos semelhantes se vão processando. Conheço um pouco o assunto, não só porque é ponto obrigatório do meu programa de professor, como porque o estudei especialmente por duas vezes, na política interna, ao redigir o parecer sobre a liberdade de imprensa a que me referi mais acima, e no campo da política externa, ao defender, na Conferência do Desarmamento, a tese da licitude democrática da vedação da propaganda de guerra, tese que estava sendo confundida, por equívoco, pela delegação norte-americana, com a limitação à liberdade de pensamento. Felizmente, depois de uma exposição minha, mais demorada, a respeito, tive o prazer de ver os meus amigos americanos aceitarem os argumentos e contribuírem de maneira eficaz para o projeto de resolução contra a propaganda de guerra, que só não foi aceito pela Conferência porque os soviéticos, por uma manobra súbita e até agora não esclarecida para mim, começaram a oferecer resistência a um texto que já haviam aceito expressamente em todos os seus termos.

Mas este assunto do desvirtuamento político das garantias democráticas, com risco para a democracia, é demasiado importante e ligado à atualidade brasileira, para que possa ser tratado, assim, num fim de coluna. Procurarei voltar a ele, se Deus quiser, em um dos próximos artigos desta série.

5

CORRUPÇÃO, PARTIDOS E GOVERNO

Nunca será demais insistir na importância e na urgência do esforço em prol da moralização da vida pública brasileira, como ponto essencial para a obtenção da estabilidade e da paz políticas e como elemento indispensável ao processo de reformas que é, por sua vez, inseparável do nosso desenvolvimento. Não preconizo, é claro, que se adie ou transfira o movimento em favor da estabilidade política e das reformas necessárias para depois que se haja atingido um grau mínimo de moralização da vida pública. Esta conclusão seria inteiramente desvirtuadora do meu pensamento, e significaria, apenas, um disfarce farisaico, uma escapatória solerte, conveniente aos que desejam aproveitar todos os pretextos para continuar a agitar o clima de radicalismos e de golpes, e colocar este ambiente conturbado em benefício do anti-histórico imobilismo econômico e social que nos sufoca.

Minha intenção é, apenas, a de salientar — coisa que já fiz, de passagem, em outro artigo para este jornal — que o processo de moralização pública deve ser inerente ao movimento de estabilidade política e de reformas de base. E deve ser inerente não apenas por motivos obviamente éticos, mas porque, indiscutivelmente, qualquer esforço pelos dois outros objetivos será fatalmente frustrado se não for integrado e concomitante com o de moralização. Em outras palavras, seguramente mais simples e enérgicas, eu diria que *a primeira das reformas de base é a reforma moral*. Se eu tivesse alguma força neste país, onde as idéias tão pouca força têm, creio que faria desta frase uma espécie de *slogan* de campanha.

Aqueles que supõem ser esta reforma moral difícil, por depender de um complexo de fatores muito lento de se integrar (como o fator educacional) e que, portanto, sustentam devamos marchar para as outras reformas despreocupados da urgência desta, enganam-se redondamente. Começam a se enganar por não perceberem a verdade antes avançada, isto é, a verdade segundo a qual as reformas de base são impossíveis sem a reforma moral. Logo, se isto é exato, a conclusão da identidade entre os dois processos nos leva a considerar que ou as reformas de base, inclusive a moral, são levadas avante com os mesmos instrumentos e ao mesmo tempo, ou nenhuma existirá, porque a existência delas é em conjunto. Isto, que é intuitivo, pode ser demonstrado por algumas poucas reflexões.

Comecemos pelo equilíbrio político. A instabilidade nacional decorre muito mais da luta dentro dos partidos do que da luta ideológica dos partidos uns contra os outros. Todos os partidos estão profundamente divididos, especialmente os maiores, e a estes somente me referirei, para encurtar a demonstração. Comecemos pelo meu próprio partido, a UDN, que eu quase não mais reconheço, tão diferente se acha dos tempos em que ajudei a sua fundação.

A divisão da UDN não é somente questão de lideranças. Corresponde a causas mais sérias. Ela está dividida entre os que querem pôr o legalismo a serviço da reação e os que desejam colocá-lo a serviço do progresso. Ao tempo das suas maiores batalhas, que foi também da sua glória, o partido estava unido, porque tinha o ideal comum de restaurar e defender as instituições democráticas. Então, apesar do tom depreciativo que os adversários davam ao epíteto, era a UDN, realmente, o partido "dos bacharéis". O legalismo era, então, um fim em si mesmo. Desde que, porém, o estado de direito deixou de ser um fim para tornar-se um meio, ou um instrumento, a UDN entrou em visível divisão. A legalidade democrática só tem sentido histórico quando é instrumento de conquista de progresso e bem-estar para o maior número. Este bem-estar do maior número não pode ser conquistado, entretanto, sem certa dose de restrições e sacrifícios para o menor número, que é o de privilegiados da sociedade. Diante deste dilema é que a UDN se dividiu. Todo o resto é escapatória, tapeação, gritaria, disfarce. Atualmente a presença dos bacharéis é puramente nominal no partido, pois o problema, por mais que se diga, não é legal, mas social. Os poucos bacharéis que ainda atuam no partido falam em defesa da Lei, mas estão defendendo outras coisas, muito diferentes da legalidade. Estou certo que os mais ilustres de entre eles o fazem de boa-fé. Mas isto não impede o trágico erro. A divisão da UDN manifestou-se logo a partir do começo do governo de Jânio Quadros, que o partido levara ao poder. Jânio, quaisquer que tenham sido os seus erros (não se trata dele, mas daquilo que sua ascensão representou), foi a primeira vitória, no Brasil, da colocação do estado de direito como instrumento do progresso social. O ponto nevrálgico desta ação era a política externa, e o encarregado deste setor era um udenista. Este udenista foi o primeiro a sentir a divisão do legalismo udenista, entre os que queriam a lei como força de mudança e os que a desejavam como escudo do imobilismo e da reação. A política externa foi atirada subitamente como palco de batalha muito mais importante do que a interna, porque nela é que a mudança democrática estava começando a se processar. Cedo percebi que a unidade partidária, em torno a mim, era puramente ilusória, formal, devida à consideração pessoal de que eu gozava no partido e à ação de alguns amigos queridos, inclusive daqueles que divergiam de mim.

Mas a divisão estava feita e se agravou depois, porque se transportou para a política interna, o Congresso e os governadores.

A divisão do PSD responde a outras causas imediatas, embora longinquamente represente a mesma dificuldade de opção entre progresso e imobilismo. O PSD assiste, hoje, ao ápice de uma situação contraditória que sempre acompanhou a sua existência. O PSD é o partido do poder. Esta afirmação não é pejorativa. Decorre da natureza das coisas. O PSD foi o mecanismo de que Vargas se serviu para unir a opinião conservadora a si e aos seus amigos a fim de derrotar Eduardo Gomes. O PTB era, de fato, o partido de Vargas. Não esqueçamos que ele, quando teve de optar entre os numerosos postos para os quais tinha sido eleito à Constituinte, escolheu a senatoria do PTB. Mas o PTB infundia desconfiança a certa opinião conservadora, que não combatia a ditadura em si, mas temia o esquerdismo final da ditadura. Esta opinião, indiferente ao legalismo udenista e hostil ao esquerdismo petebista, foi a base do PSD. O poder democrático, com a eleição de Dutra em 1945, formou-se com o PSD, mas também formou o PSD. Por outro lado não podemos esquecer que este poder só se manteve, até agora, por causa do apoio do PTB, que completa a maioria. O esquema, cujas comportas arrebentaram na eleição de Quadros, voltou com a posse de Goulart, mas ao inverso. Hoje o poder do PSD se mantém graças ao apoio que dá ao PTB. Mas apoiar o PTB significa acompanhar a linha esquerdista deste partido, linha que se acentua à medida que ele se torna mais livre e autêntico. Apoiar a linha do PTB significa manter o poder, mas contrariar a opinião conservadora que o PSD representa. Ficar com o poder contra as bases, ficar com as bases sem o poder, eis o dilema do PSD. É difícil, porque, até certo ponto, as bases não podem viver sem o poder.

A divisão do PTB também existe, mas talvez seja a mais fácil de ser superada. A divisão do PTB é antes a liquidação do antigo petebismo caudilhista, paternalista e peleguista, e o surgimento de outro partido, mais preso a uma espécie de orientação teórica e impessoal. Tudo aquilo que o PTB representa em matéria de distribuição de benesses e despojos, empreguismo e demagogia são manifestações da velha mentalidade. Tudo o que aparece como ardor combativo, teoria e formulação programática exprime a nova linha, cujo maior erro está, a meu ver, no excesso de teorismo e da rigidez esquerdista das alas de vanguarda. Não conheço o ambiente interno do PTB, mas tenho a impressão de que a linha antiga tende para a manutenção das lideranças pessoais e meio caudilhistas, ao passo que a linha nova seria mais capaz de aceitar uma orientação impessoal, desde que correspondesse a qualquer coisa de válido e definido. De qualquer forma, a divisão do PTB é também profunda, e poderia ser expressa com as denominações outrora aplicáveis ao partido radical argentino: PTB personalista e antipersonalista.

Neste quadro geral de resistências diminuídas, como um organismo enfermo, a infecção da corrupção encontra terreno favorável para se desenvolver.

Definir o que seja corrupção política não é fácil, sobretudo porque muito arraigada anda entre nós a crença de que a moral política é diferente e mais tolerante do que a moral privada. No entanto, uma coisa é certa, e sobre a mesma concordam todos os que estudaram o problema da corrupção política: ela ocorre todas as vezes que os políticos aceitam praticar atos, que a opinião moral média interpreta como sendo lesivos ao interesse público, e favoráveis ao interesse particular de quem os pratica. Partindo desta premissa, é que devemos observar os atos de corrupção predominantes na vida pública brasileira, que assumiram forma tão aguda no último pleito eleitoral. Desde logo quero deixar bem clara uma coisa. A experiência de outros povos mostra que a corrupção política obedece a um conjunto de fatores, dos quais o fator pessoal é apenas um. Daí concluírem os estudiosos do assunto que a luta contra a corrupção não pode ser levada avante em termos de condenação de pessoas, mas sim de eliminação de fatores. As leis e decisões corretoras devem atingir às causas e não aos instrumentos, ainda quando sejam pessoas. No caso brasileiro esta verdade é mais evidente porque: 1) a corrupção eleitoral foi praticada de todos os lados e, assim, ninguém pode combatê-la sozinho, condenando o adversário; 2) muitos dos responsáveis o são por culpa, mas sem dolo; 3) a incriminação recíproca, além de hipócrita e imoral, só leva ao aumento da divisão e à frustração do esforço de moralização.

A generalidade da corrupção eleitoral no Brasil é o sintoma mais grave do ambiente de corrupção pública geral e do assalto mortal à democracia. Ela se manifesta pela utilização do poder econômico do governo, em benefício principalmente de partidos; e do poder econômico de grupos privados, em benefício principalmente de candidatos. Também ocorre com as vertiginosas despesas de multimilionários em causa própria. Se não fosse trágico fazer ironia com coisa tão séria, eu diria que há aí um concurso competitivo entre os métodos de administração da empresa pública e da empresa privada.

Estas duas formas de corrupção não são, nem poderiam ser, especiais do nosso país. A atual vaga de corrupção política brasileira decorre de causas gerais, em que os homens são apenas uma parte; causas conhecidas em outros países e em outras épocas. Três são as fontes usuais da corrupção política: a distorção da personalidade coletiva, a má utilização do poder pelos governos e a pressão econômica sobre os partidos ou facções. A primeira causa não funciona entre nós. Funcionou, por exemplo, na Alemanha, depois da derrota de 1918, e deu lugar à tremenda máquina de corrupção que foi o nazismo. Ressentido pelas injustiças da derrota, o povo alemão entregou-se a Hitler, numa espécie de frenesi coletivo, que adotava como valores respeitáveis as maiores mentiras e monstruosidades. Pode-se dizer que todo o povo era, ali, agente e vítima da corrupção. O Brasil só conhece — e quase se pode dizer que felizmente — as outras duas formas, ou seja, o mau uso do poder pelo governo e a pressão dos grupos econômicos sobre os partidos. Esta situação é relativamente favorável, porque significa que o povo está indene da infecção corruptora, a qual só atingiu às elites governativas e partidárias. Por isto mesmo é que se nota esta tranqüilidade do povo em face da exasperação radical das elites, fenômeno que venho observando e martelando desde que cheguei do estrangeiro, em princípios de maio. No Brasil não existe, até agora, distorção da personalidade coletiva.

Entrando no exame das soluções, depois de termos rapidamente abordado o problema, volto ao que antes observei, isto é, que o único remédio para a nossa crise moral está na possibilidade de as elites tomarem realmente consciência da sua existência e se disporem, de fato, a combatê-la. Nenhum país conseguiu jamais se libertar da corrupção política, quando os grupos dirigentes não se dão conta dela e não se unem no esforço de erradicá-la. Hoje, no Brasil, as duas alas dos grupos dirigentes têm interesse vital na luta pela moralização. Os conservadores porque o imoralismo político reinante é um plano inclinado por onde rolará a vida pública para um radicalismo cada vez maior, estimulada que é a corrupção pela feroz competição de interesses alienígenas. E o radicalismo significa, a longo prazo, a desordem e a anarquia, que não interessam aos grupos conservadores. Quanto à esquerda, ela também deve estar interessada, porque a radicalização, se pode levar à anarquia, pode também levar à ditadura, e a ditadura será o estrangulamento das esquerdas, principalmente das esquerdas não-comunistas.

Se as nossas observações forem certas, podemos dizer que só os grupos dirigentes estão envolvidos no processo de corrupção. Portanto, somente deles, e não do povo, devem partir a iniciativa e as providências para que tal processo seja combatido. Volto a insistir em que os mesmos homens que se deixaram envolver no processo é que devem, agora, tomar consciência da necessidade de combatê-lo; primeiro porque os homens são fator menor em tudo isto e só a intenção com que agem tem valor, segundo porque é obviamente impossível mudar, no escasso tempo em que as providências devem ser tomadas, toda uma geração dirigente. O fato de os três grandes partidos estarem iniludivelmente comprometidos funciona a favor e não contra a união que preconizamos. O que não é possível é continuar as coisas como estão.

Já passou a episódio normal a competição que os partidos de governo exercem através da manipulação de verbas, da utilização do dinheiro das autarquias e empresas públicas e das nomeações como contrapartida de apoio político. Ninguém pensa mais no plano de governo. No Congresso Nacional, nas assembléias estaduais e nas câmaras municipais há uma quase ingenuidade em reconhecer que política se faz a peso de dinheiro e de favores públicos. Isto já ocorreu em outros países, como na Grécia do IV século, na Roma do Império, na França renascentista, na Inglaterra do fim do século XVIII, nos Estados Unidos do fim do século passado. E sempre o panorama correspondia a uma época de transformação econômica e de inflação. Nossos avós portugueses tiveram a mesma experiência, imortalizada, na Índia, por Sousa de Macedo, na sua admirável *Arte de Furtar*, e vergastada no Brasil, por Tomás Antônio Gonzaga, nas não menos admiráveis *Cartas Chilenas*. Mas, em todos esses países houve movimento de tomada de consciência e de recuperação. Sem tais movimentos não há solução para as crises, e o resultado fatal são as revoluções.

Do lado da oposição passou também a ser coisa corrente reconhecer-se a influência do dinheiro de grupos privados nas eleições. O fato de ser este dinheiro de origem estrangeira — se o for — é uma agravante, mas não qualifica especialmente o ato. O ato se qualifica por si mesmo nos termos em que está colocado, e é inqualificável. Não sei se os leitores já pensaram no seguinte: a legislação eleitoral proíbe as candidaturas avulsas. Isto é, ninguém pode ser candidato a posto eletivo a não ser dentro da legenda de um partido. O assunto foi amplamente debatido na Comissão de Justiça da Câmara, ao tempo em que eu a ela pertencia, como deputado. Na reforma do Código Eleitoral surgira a tese das candidaturas avulsas, e a Comissão fulminou-a de inconstitucionalidade, apesar de a Constituição não dispor expressamente a respeito. A razão foi que o regime de partidos impunha uma certa organização coerente das correntes de opinião, coisa oposta à idéia dos candidatos individuais. Pois bem, aquilo que não se permitiu à lei fazer, pretende-se, agora, com a maior desfaçatez, que seja feito por grupos econômicos, atuando através de siglas misteriosas. Pois o que se dá é exatamente isto: o dinheiro privado da corrupção vai buscar, dentro dos partidos individualmente, os candidatos que prefere, e condena outros que não inspirem confiança aos manipuladores de negócios. Esta espantosa ação corruptora é chamada de patriótica e democrática, às barbas de todo mundo, por certos cavalheiros que se dizem honestos. Isto faz lembrar o grito de protesto de Zola: "Oh! les honnêtes gens, quelle canaille!"

Se tais práticas, tanto do governo se servindo do dinheiro público como da oposição se servindo do dinheiro privado, não fossem repelidas pela opinião média como flagrantemente corruptas, então caberia desesperar deste país, porque então tudo nele estaria podre, tudo podre, sem remédio, e não apenas uma parte, como no reino do Príncipe Hamlet. Felizmente, como disse, a opinião está visivelmente repelindo o amoralismo invasor, e há possibilidades evidentes de recuperação. Ela se dará com a tomada de consciência, pelos grupos dirigentes, da gravidade e urgência do problema, bem como da sua irrecusável integração no quadro das reformas nacionais. Espero voltar ao assunto, no artigo seguinte. Nele estudaremos algumas possibilidades de correção.

6

DEMOCRACIA E MORALIZAÇÃO

Temos sustentado que a primeira reforma de base a se proceder no Brasil é a reforma moral da política e da administração pública. Procuramos mostrar, com apoio em exemplos colhidos nos fatos e na opinião de estudiosos que versaram a matéria, que esta reforma moral é possível; mas só é possível quando o grupo dirigente nacional toma consciência real da sua necessidade e procura atacá-la, com decisão e rapidez, nos pontos convenientes. Partindo destas premissas é que vamos examinar, hoje, a situação em um dos pontos críticos da corrupção política brasileira, cuja reforma imediata é, talvez, a mais importante em termos de urgência, porque a sua correção diz respeito à própria existência do sistema de governo que todos parecem empenhados em defender, mas cuja prática é, entre nós, neste momento, uma mentira: a democracia representativa.

Este sistema de Governo é o mais perfeito mecanismo criado pela História com o fim de disciplinar e amortecer as tensões sociais, garantindo, ao mesmo tempo, o essencial da liberdade humana. Pressentida, embora não praticada, na Antiguidade, dotada de certos instrumentos de realização por alguns pensadores e pela prática das ordens monásticas medievais, delineada com maior clareza pelos juristas do Renascimento, sistematizada nos seus elementos essenciais, pelo gênio de Locke, ao fim do século XVII, encontrou, afinal, a democracia representativa, a sua vigorosa expressão formal nas grandes revoluções da Europa e da América, durante a centúria seguinte. O esforço pelo encontro e ajustamento das peças do mecanismo estava praticamente esgotado, e com êxito. Certos aperfeiçoamentos e acomodações parciais são de pequena monta e dependem da índole de cada povo e das circunstâncias de cada país.

Mas, outro esforço se revelava, agora necessário, no sentido de se atribuir eficácia social ao mecanismo criado; de fazer com que este conjunto de valores, normas e métodos, criado por pensadores de elite ao longo de tanto tempo, viesse servir, de fato, à maioria do povo a que se destinava, e não somente às elites que o haviam concebido e criado.

Dois foram os caminhos mais trilhados pelas manobras tendentes a desviar a torrente democrática do seu amplo leito natural, fazendo com que ela diminuísse enormemente o seu volume natural e se descaracterizasse, mesmo, pela perda sofrida através dos sangradouros e desvios abertos às suas águas. O primeiro caminho, utilizado habitualmente nos países de cultura política mais desenvolvida, foram os artifícios legais que obstavam à universalidade do sufrágio popular.

O direito à atividade política, mesmo como eleitor, só era reconhecido, nessa fase da democracia liberal e do liberalismo econômico, a quem estivesse habilitado a formar opinião lúcida sobre os problemas de governo. Mas opinião, nos termos aceitos pela época, pressupunha interesse direto nos resultados da administração e capacidade para formar juízo sobre esses assuntos complicados. Daí, as fórmulas censitárias de votação (só votava quem pagasse um certo imposto ou tivesse uma certa renda); as provas de capacidade (só votava quem pudesse demonstrar certas condições de preparo intelectual); ou o voto indireto (só votava nos representantes aquele pequeno grupo de eleitores escolhido para tal fim por outros eleitores).

Mas, na sua marcha expansionista, o Estado foi deixando de ser liberal, isto é, foi incorporando à sua jurisdição uma série de assuntos e controles anteriormente reservados à atividade privada: ensino, relações de trabalho, vida econômica. Por conseguinte, as atividades do Estado passaram a interessar diretamente a setores cada vez mais amplos do povo, e estes setores foram tomando conhecimento da necessidade de intervir, através da escolha de representantes, nas decisões do Estado. Foi a luta pela universalidade do sufrágio que deu mais viva coloração à evolução da democracia representativa no século passado. Perdida a barreira dos controles e artifícios legais, passaram os grupos privilegiados, inconformados com a evolução democrática, a empregar uma outra técnica, que foi a da corrupção.

Isto quando não podiam empregar simplesmente a força, porque o emprego puro e simples da força contra a evolução social da democracia representativa foi, afinal, a explicação mais profunda e mais exata dos movimentos fascistas que dominaram tantos países do mundo, inclusive o Brasil, entre as duas Grandes Guerras. Do militarismo japonês ao caudilhismo brasileiro, passando pelo racismo alemão e o histrionismo italiano, o fascismo foi sempre isto, e principalmente isto: o engodo das massas pelas classes dominantes, com o fito de evitar a marcha da democracia, como governo livre e destinado ao bem das maiorias. O Brasil é, mesmo, um dos exemplos mais ilustrativos desse fato. O fascismo brasileiro se instalou no Estado Novo, desvirtuando brutalmente os fins declarados e sinceramente perseguidos pela grande revolução popular que trouxera Vargas ao poder. Estes fins, como é sabido, visavam exatamente dar autenticidade jurídica e institucional à democracia representativa, cuja prática falseada, na Primeira República, se confinava na posse do poder por oligarquias políticas estaduais. Mas, no Brasil, como em outros países, quando o emprego da força se torna arriscado, ou muito difícil, para impedir a marcha natural da democracia representativa, surge, como substituto inevitável das classes dirigentes, a corrupção.

A corrupção se manifesta pela presença do dinheiro público ou particular, decidindo ou influindo na decisão dos pleitos. Às vezes ela se associa à força e à violência, para fraudar a lei, como em certa negra tradição da política municipal nos Estados Unidos. No Brasil, a associação da corrupção com a violência se revela, também, mais, no âmbito municipal, mas é quase privilégio do emprego do dinheiro público. O dinheiro particular nunca aparece nessa associação com a força. Não vamos, é claro, expor aqui a matéria em tom geral ou acadêmico. Preocupado em contribuir, em mínima parte que seja, para chamar a atenção do meio político brasileiro para a urgência e gravidade do problema, procuro restringir a análise da situação ao exame objetivo de certos fatos, e utilizar a ciência dos especialistas somente no que se relacionar com tal atitude.

A primeira observação a ser feita é que diminui sensivelmente, no Brasil, a corrupção pela força, que predominava na primeira República, ao passo que aumenta, de forma assustadora, a corrupção pelo dinheiro. Este aumento é tão tremendo, que passa a não mais provocar resistência entre os homens de bem dos meios políticos, cuja reação se expressa, somente, no desejo de não mais pleitear postos eletivos em pleitos futuros. Esta experiência, algo melancólica, eu a colho em Brasília, conversando com colegas enojados com o espetáculo de corrupção do último pleito. De todos os homens notoriamente dignos e bem-intencionados com quem tenho conversado a respeito — e poderia citar numerosos nomes, de vários partidos e Estados — ouço invariavelmente que não querem arruinar a família em disputas tão caras, nem participar de métodos eleitorais que reputam inaceitáveis. Portanto não se candidatarão mais. O mais grave é que a grande maioria de todo o Congresso é composta de homens honrados, sendo a proporção entre eles e os de moral discutível provavelmente a mesma que existe em qualquer outra instituição ou organização do País, que não seja o Congresso. Mas, por isto mesmo, é de se recear que a falta de corretivo eficaz para o descalabro crescente afaste definitivamente da competição a maioria honrada e a substitua por outra, sem os mesmos atributos. Cumpre, portanto, à maioria existente, tornar operativa a sua reação moral, tirando as armas à corrupção, aceita de forma igualmente censurável por grupos do Governo e da Oposição.

As medidas devem ser tomadas logo, quer no campo legislativo, com a feitura da leis que identifiquem as práticas corruptoras, e punam os corruptos, quer no campo político, com a adoção de providências que venham cauterizar as pústulas reveladas nos inquéritos parlamentares em curso. Repito, aqui, o que já tenho dito em outros artigos desta série: não se trata de castigar homens — porque inclusive muitos agiram forçados pelas circunstâncias ou de boa-fé — mas de liquidar métodos e práticas corruptas.

Do lado do Governo atuaram certos serviços administrativos, bem como autarquias previdenciárias em empresas públicas. Repetindo o que ouço de representantes, sobretudo do Nordeste, o empreguismo nos Institutos e o uso de recursos humanos e materiais, quando não monetários, de agências assistenciais e empresas públicas, inclusive a Petrobrás, foi intenso, enorme e vergonhoso. Espero que os colegas que me falam sobre isto tenham tido oportunidade de esclarecer a Comissão de Pressões sobre o Congresso. Não é mais tolerável que o nosso quase falido sistema previdenciário e empresas públicas já em dificuldades continuem desviando seus recursos para a proteção de candidatos e partidos, devendo-se ainda ter em conta que isto representa também, no fundo, um processo de prender a marcha da democracia para os seus fins sociais, porque a demagogia a que servem tais métodos nunca se confundiu com reforma social nem com progresso econômico.

Também instituições suspeitas, do tipo do IBAD, cujas atividades fazem objeto de outra investigação parlamentar, não poderão, de forma alguma, continuar a desafiar o poder democrático e as instituições.

A primeira providência, que é ao mesmo tempo a mais radical, é o esclarecimento das fontes verdadeiras dos dinheiros despendidos. Todos os que estudaram o problema da corrupção política são uniformes nesta observação. Vou citar, aqui, as palavras com que um dos mais doutos estudiosos dessa matéria, o professor americano James Pollock, da Universidade de Michigan, abre o seu livro extremamente valioso, que traz o título *Party Campaign Funds:* "As atividades financeiras dos partidos políticos", diz o professor, "sempre foram mais ou menos mantidas em mistério. Entretanto, com a elevação do nível da moral política, a luz da publicidade foi sendo mais e mais focalizada sobre o assunto, porque se compreendeu que, se as despesas partidárias continuassem desreguladas e descontroladas, seria muito provável que as fontes mesmas da atividade pública não escapariam da contaminação."

Assim, antes mesmo das providências legislativas, outras devem ser tomadas que venham satisfazer, tanto quanto possível, este ponto capital, que é o esclarecimento das origens e destinação dos fundos empregados, tanto pelas agências do Governo quanto pelas entidades de Direito Privado, que se envolveram abertamente nas últimas eleições. Praticamente as origens dos fundos, porque a destinação já é conhecida, e se objetivou na eleição de certos candidatos.

Ninguém pode se opor à pesquisa honesta e radical sobre as origens de tais fundos. Tanto a lei jurídica quanto a lei moral impõem esta medida. O direito, consignado no Código Eleitoral, é taxativo e enérgico. A presença de dinheiro estrangeiro é formalmente vedada nos pleitos, declara o Código, e esta providência se impõe na salvaguarda dos mais elementares princípios da honra, da segurança e da união nacionais. Nenhum país se livra, desgraçadamente, da ação dos traidores. Na nossa História, felizmente, eles são muito pouco numerosos, mas sempre existem, e avultam em número, nas fases de radicalização ideológica. É sabido que o extremismo das idéias faz amortecer o sentimento de pátria. As guerras de religião foram um exemplo disso e, mais recentemente, as lutas políticas que envolviam ideologias. No Brasil temos exemplos recentes de traição nacional levados a efeito por extremistas da esquerda e da direita. O comunismo e o fascismo levam igualmente à traição. Daí disposições assecuratórias da união e da integridade nacionais como a mencionada, do Código. Ela é completada por outra, segundo a qual os partidos são obrigados a manter rigorosa escrituração dos seus fundos, com indicação precisa das origens. Como se não bastasse, existe ainda a norma segundo a qual a Justiça Eleitoral é competente para investigar estes fatos. Assim todo o sistema legal está apto a arrancar a verdade da treva e do disfarce em que a pretendem colocar os mais cínicos e especiosos raciocínios pseudojurídicos. Como falar em direito do sigilo particular, contra a lei que impõe a publicidade como medida de ordem pública?

Como sustentar o sigilo em questão de ordem pública, que afeta diretamente os mais altos interesses da segurança e da honra nacionais, em nome de interesses mercantis, alegados mas nem sequer definidos ou justificados? Será que dispositivo secular de direito privado invalida norma recente de direito público? Será que, em face da lei nova e moralizadora, um artigo de lei velha, evidentemente revogado pela outra, valerá como tabernáculo da fraude, como sacrário do crime, como *sancta-sanctorum* da traição? Que comissão parlamentar seria esta, que rejeitaria aplicar a lei que o próprio Congresso votou? E que Justiça Eleitoral seria aquela, que negaria a exercer a sua competência em matéria específica, na qual é chamada a defender o próprio futuro da democracia neste país?

Se, em face da lei jurídica, não cabe hesitação no cumprimento da medida de esclarecimento, que os estudiosos, como o professor Pollock, consideram inerente à luta contra a corrupção política, também em face da lei moral e da própria coerência de atitudes dos que defendem as organizações incriminadas tal hesitação não se justificaria. Na verdade, se os fundos são invariavelmente recolhidos pela contribuição exclusiva de firmas brasileiras; na verdade, se os fins a que se destinavam tais fundos eram os mais patrióticos e lícitos, pois visavam à defesa da democracia, por que esta súbita onda de modéstia e recolhimento? Por que os generosos doadores nacionais, portadores de tão alevantados propósitos, metem o rabo entre as pernas e rosnam como rafeiros apanhados em falsa posição; escudam-se em avisos de doutores bem-pagos e arrimam-se em letras carunchosas de leis caducas, para que a Nação não lhes conheça os nomes consagrados, nem lhes venha premiar, com a aura do reconhecimento cívico, os seus esforços e dispêndios em prol do aprimoramento democrático?

Uma coisa é certa: a atenção pública, para com estes fatos, é crescente; se os poderes Legislativo e Judiciário não focalizarem, sobre os desvãos obscuros da aventura, a forte luz da imparcialidade, que vai condenar os métodos dos aventureiros, então a descrença popular sobre os instrumentos democráticos, que já é grande, não fará mais que se agravar.

Isto, evidentemente, quanto aos dinheiros de origem privada, porque, quanto aos de origem pública, os mesmos deveres incumbem ao Poder Executivo. Não se concebe, realmente, que este Poder fique alheio ao esclarecimento dos abusos praticados pelos instrumentos da administração direta e autárquica, no processo da corrupção geral. E os governistas, indivíduos e partidos, que reclamam contra a corrupção privada só terão autoridade para fazê-lo se também se apressarem no esclarecimento das acusações que pesam contra o seu próprio meio.

Em 1958 me elegi senador pela Guanabara, com cerca de quatrocentos mil votos (se não me engano mais do dobro da votação do meu partido) e gastei bastante menos de duzentos contos. Não houve, aqui, dinheiro público nem particular naquela campanha. Em 1962, meu filho, que foi (permitam-me dizê-lo) um deputado atuante e limpidamente honrado, se viu excluído por uma conjuração de forças reacionárias, amplamente servida pelo dinheiro. Visceralmente católico, mas católico do tempo de João XXIII e não de Inocêncio III, encontrou pela frente até sacerdote que não se pejou de descer do seu ministério para vir acusá-lo, no rádio, de esquerdismo radical, coisa que sabia mentirosa. Esta é uma recente e triste vergonha, que jamais esquecerei, como pai e como brasileiro. O radicalismo divide a Igreja, como divide a Nação, e põe os reacionários da Igreja a serviço até da mentira.

De qualquer forma, urge que os governantes brasileiros, através dos três poderes em que o governo se distribui, tomem muito a sério a tarefa de tornar viável a democracia representativa, limpando os seus processos. Os vícios da corrupção que nos corrói não são originais do nosso país. Já foram conhecidos e combatidos em outros, principalmente nos Estados Unidos. Lá, como aqui, o dinheiro público atuou, como em Tamanny Hall, e o dinheiro privado, como na famosa campanha dos milionários organizada por Mark Hanna. O processo foi o mesmo, de arrancar enormes somas de poucos grupos ricos, sob promessa de segredo, para influir nos pleitos, visando à defesa de interesses conservadores. Verificou-se lá que o remédio não está na legislação repressiva, que pode ser uma vingança, mas não é uma solução. O remédio único e decisivo está em se assegurar a mais ampla e eficaz publicidade na coleta e destinação dos fundos, tal como exige, precisamente, a lei brasileira. Por que temos medo de cumprir esta lei?

7

COMUNISMO: MITO E REALIDADE

Há quase 120 anos Marx e Engels publicavam o *Manifesto Comunista*, pedra angular sobre a qual se iria levantar, no século XIX, um dos mais formidáveis movimentos da história: estranha e caudalosa torrente que construiu gigantescos Estados e escravizou nações também gigantescas; que, partindo de um limitado corpo de idéias nunca provadas, erigiu com elas um imenso dispositivo de força material, capaz de impor, pela sua imanente e iminente ameaça, um respeito que aquele corpo confuso e contraditório de idéias nunca suscitou por si mesmo; que, embora se pretenda, fundada no materialismo e na ciência, é uma espécie de religião sem divindade, com seus dogmas indiscutíveis, sua vertical hierarquia aristocrática, e, até, uma exigência de submissão e abandono total do fiel às normas do culto, que em muito raras religiões se encontra tão severa. Este aspecto religioso, que sempre impressiona a quem observa a história do comunismo, acentuou-se singularmente de alguns anos a esta parte, com o surgimento dos movimentos tipicamente heréticos e cismáticos, coisa inédita nas doutrinas políticas racionais, onde as divergências são competições da razão e nunca choques de crença. As diferenças entre as concepções e práticas políticas no mundo democrático são variações que em nada comprometem a coexistência. No mundo comunista são heresias apelidadas com vários nomes, mas tendem invariavelmente a se excluir. Ora, isto é, exatamente, o que caracteriza o choque entre as igrejas. Tito foi o primeiro protestante contra a intangibilidade do Kremlin. Foi um precursor, como Erasmo. Mas o Lutero com que veio a se haver o Vaticano vermelho foi Mao Tsé-tung. Hoje o cisma está lançado e será, possivelmente, o acontecimento político mais relevante desta recém-iniciada segunda metade do século. Tão grande, que ainda não podemos avaliá-lo nas suas proporções e desdobramentos.

A Revolução russa em breve terá meio século. Ela foi a primeira etapa supostamente anunciadora da vitória mundial do comunismo. Ao fim deste largo espaço de tempo, o domínio do mundo pelo comunismo parece tão difícil como a resposta clara e convincente a esta simples pergunta: Que é, na verdade, o comunismo?

Se o considerarmos através dos fatos que estão à nossa vista, e sem nos deixarmos levar por sectarismos favoráveis ou preconceitos contrários, não veremos no comunismo muito mais do que isto: um corpo, até certo ponto, incoerente de idéias, que adquiriu sensível feição religiosa, que dominou politicamente enormes massas humanas e que, devido a certas circunstancias históricas, foi capaz de construir um colossal poderio material de caráter militar, industrial e técnico. Se excluirmos este último fator do poderio material, veremos que o acontecimento não é sem precedentes. Basta recordar o islamismo (com abandono de outros exemplos e apenas para nos fixarmos no mais típico) e teremos um elemento histórico comparável. A religião maometana também uniu raças diversas e funciona, ainda hoje, como elemento de propulsão de movimentos políticos e sociais que interessam a muitas dezenas de milhões de homens.

Voltando ao comunismo de hoje, parece-me extraordinariamente difícil enquadrá-lo dentro de um esquema de entendimento unificado, seja no plano doutrinário, seja no plano histórico, seja na própria maneira pela qual os povos não-comunistas o consideram.

No plano doutrinário, sem desejar mostrar-me especialista do que não sou, posso contudo afirmar — como de resto todos os medianos estudiosos da ciência política — que a doutrina marxista nunca foi pacífica, nem mesmo para os seus próprios adeptos. Conta-se, a este propósito a *boutade* de Marx que dizia não ser marxista... Mas uma obra como a do grande pensador revolucionário, imensa, folhuda, e, o que é mais importante, inacabada na sua parte essencial, não poderia ter, nunca, o rigor sistemático da de outros grandes pensadores do século passado como, por exemplo, Augusto Comte. Nas minhas insuficientes leituras dos principais escritores da escola, sempre deparei com a polêmica e com a luta ideológica sobre os princípios essenciais. As vitórias, quando as havia, não eram pelo raciocínio, senão que pela disciplina, para não dizer coisa pior. Na luta entre os bolcheviques e mencheviques, em Londres e na Suíça, a certeza do dogma foi assentada pelo fato de a fração mais numerosa (bolchevique) do escassíssimo grupo de debate ter ficado com Lenin e não com os seus opositores, entre os quais Trotsky. Então, como dizia Pascal, o que era mentira para cá dos Pireneus passou a ser verdade, para lá. Foram precisamente algumas destas verdades bolcheviques que passaram a ser defendidas por Trotsky, como legado sagrado de Lenin, contra Stalin, acusado de ser o seu traidor. Conhecemos os resultados; a desgraça e o sacrifício de Trotsky, enquanto Stalin figurava ao lado de Lenin, como se tivessem sempre dito as mesmas coisas. Até que esta vizinhança, prolongada no sepulcro da Praça Vermelha, parecesse demasiada a Kruschev e ao XX Congresso do Partido. Assim, quando Tito e, depois, Mao vieram contestar o dogma da infalibilidade papal do ocupante do Kremlin, eles estavam apenas continuando a série de polêmicas que já datava dos tempos do messias alemão e dos primeiros apóstolos russos. A diferença, agora, era uma e única: o dispositivo de força coatora não pôde mais funcionar para estabelecer a pretendida união teórica. Tito pediu apoio aos americanos e a China é grande demais para ser submetida em holocausto à unidade ideológica. Existem outras repercussões do dissídio central: a Albânia é a "mosca do coche" chinês. A situação de Cuba não está ainda esclarecida. Mas as últimas notícias me fazem pensar no que me disse em Nova York um dos mais prestigiosos diplomatas da Cortina de Ferro. Ele disse-me que os cubanos tendiam a criar uma variação específica da doutrina marxista, conscientemente adaptada às condições que a Fidel e ao seu grupo de assessores mais próximos pareciam peculiares à América Latina. Em resumo: no plano doutrinário não é nada fácil saber o que é o comunismo, hoje em dia. Pessoalmente sempre tive esta impressão, desde a minha mocidade.

A este propósito recordarei aqui um pequeno episódio. Eu era muito jovem (menos de vinte anos) e desejava, já então, informar-me sobre o marxismo. Certa vez perguntei, em Genebra, ao ilustre Albert Thomas, político e escritor socialista, que conheceu Lenin de perto e dirigia, aquele tempo, a Organização Internacional do Trabalho, qual edição resumida do *Capital* eu deveria ler. E Thomas me retrucou que eu deveria ler somente alguns capítulos, que mencionou, e nunca "toda aquela moxinifada" ("tout se fatras"). Isto se deu em 1925.

No plano da ação histórica também é hoje muito difícil dizer-se ao certo o que é o comunismo. Há poucas semanas, conversando no Rio com o Deputado Saragat, ouvi deste brilhante homem público italiano uma frase extremamente sintética e justa. Disse Saragat que o comunismo, como doutrina, pretendia dominar a História, mas como ação passou a ser dominado por ela. Isto me parece perfeitamente exato e expressivo da realidade que temos à vista. Enquanto confinado à Rússia, apesar das divisões internas a que antes aludimos, o comunismo dispunha de uma visível unidade de ação, porque as divergências eram esmagadas pela força, dentro do Estado soviético. À proporção, porém, que a marcha da História foi levando o comunismo a dominar outros países, aquela unidade de ação passou a sofrer as contingências variáveis da História. Quando o gigante chinês adquiriu a maioridade revolucionária, a unidade da ação pela força tornou-se problemática, e a Rússia começou a sofrer aquela influência da História de que falou Saragat. Assim, no plano histórico, que é, hoje, o comunismo? É a Rússia, com a tese da coexistência, ou a China, com a da revolução permanente? Como optar entre o desarmamento e a corrida atômica, soluções preconizadas ora por uma ora por outra; como encarar o papel das Nações Unidas, através das esperanças de Moscou ou dos sarcasmos de Pequim? Em política, como em tantas outras coisas, o enorme se parece freqüentemente com o diminuto. Na vida dos nossos partidos políticos temos situações iguais a essas que venho de recordar. Quando os partidos são muito pequenos, a unidade teórica e de ação é fácil, não há desvios nem contradições. Quando, porém, eles aumentam e passam a ter milhões de eleitores e centenas de eleitos, então as coisas mudam bastante.

Se, dentro do quadro das relações entre os países do bloco comunista, a realidade histórica leva-os a uma crescente dispersão (e esta dispersão começa a ser observada inclusive no tocante às próprias Repúblicas Socialistas da Europa, nas quais o grau de proximidade para com o modelo soviético e bastante variável), tal dispersão se torna em impasse insolúvel quando se trata das relações para com as democracias ocidentais. A razão disso é o armamento nuclear.

A Rússia tem a bomba nuclear porque atingiu um extraordinário desenvolvimento técnico e industrial. Este desenvolvimento significa a existência de uma enorme estrutura de civilização material. A Rússia passou, assim, a "ter o que perder", segundo a saborosa expressão dos nossos pais. A atitude conservadora é inevitável em quem tem o que perder, qualquer que seja a sua ideologia política. Portanto, o fato, de a Rússia poder possuir a bomba nuclear é que a leva a fazer tudo para não empregá-la contra aqueles que também a possuem, por causa das represálias. Esta é a chamada política da dissuasão. A China não possui a bomba nem tem muito o que perder. Daí a sua atitude radical. Diz-se que em breve a terá. Não posso negar nem confirmar a presunção. O que parece provável, no entanto, é que o mesmo raciocínio se aplique ao Império amarelo.

De qualquer forma, a dispersão existente entre os países comunistas é aumentada pela paralisia determinada pela ameaça recíproca do armamento nuclear, nas relações entre a Rússia e as grandes democracias. A coexistência é uma imposição do risco comum. Assim o Visconde de Chateaubriand explicou a coexistência entre todos os animais dentro da Arca de Noé. Era o medo comum. Ou coexistiam animais ferozes e mansos, ou o dilúvio os engoliria a todos. De qualquer forma, a presença do risco atômico é outro elemento de descaracterização da doutrina marxista. As velhas idéias de luta de classe, de revolução permanente, de alargamento do comunismo pela revolução internacional sofreram fortes abalos com a era atômica. Ainda aqui perguntamos: o que é o comunismo?

Examinemos, agora, a projeção do comunismo dentro dos outros países. Para isto devemos separar a estes últimos em blocos, os desenvolvidos e os subdesenvolvidos. Entre os primeiros tomarei os Estados Unidos como exemplo, entre os segundos, o Brasil. Para os Estados Unidos o comunismo não é uma ameaça interna, é exclusivamente um problema de segurança externa. Nós, brasileiros, precisamos nunca esquecer isto, se quisermos compreender realmente a reação do povo americano em face do comunismo. Para qualquer americano, sem distinção de classe: para o chofer de táxi, o Senador, a garçonete do restaurante, o banqueiro, o jornalista, o artista de cinema, o diplomata, a Rússia é o país capaz de destruir as cidades americanas em minutos, matando centenas de milhões de pessoas. Então a repulsa ao comunismo engloba todo o povo, é um movimento reflexo de defesa, nada tem com situações econômicas, ou doutrinas políticas. Ser comunista é, realmente, ser traidor. Só quem já viveu nos Estados Unidos (e eu lá estava no momento capital do desembarque dos foguetes em Cuba) pode entender bem a atitude radical, inflexível, do Governo e do povo. Então se compreende bem que um americano simpatizante com os possíveis destruidores do seu próprio país seja, aos olhos dos demais, um verdadeiro traidor.

Nós, brasileiros, repito, precisamos ter sempre isto em mente quando tratamos, com eles, do problema. Para o Brasil, porém, o comunismo não é uma segurança externa, mas interna. A ameaça que ele representa não provém da destruição atômica, que não teria muito sentido, dirigida contra nós. A ameaça é de ordem interna e significa subversão. Quando nós vivíamos em Nova York horas dramáticas sob a iminência do conflito nuclear, este conflito no Rio era apenas assunto para manchetes. É necessário, também, que os americanos, quando tratam conosco sobre o problema do comunismo, compreendam bem a nossa posição. A posição é a de que, embora erradamente, para fortes correntes da opinião brasileira, aquelas das massas mais profundas e de certos intelectuais revoltados com a miséria do nosso povo, o comunismo pode não ser um risco, mas uma esperança. Isto que estou dizendo não é nenhuma novidade. Nos Estados Unidos o próprio Presidente Kennedy o tem declarado mais de uma vez, por outras palavras. Se o comunismo é um risco para os ricos, e uma escravidão para os esclarecidos, pode ser uma esperança para os pobres, os fanáticos e os ignorantes. E a gravidade da situação está em que, entre nós, ignorantes e pobres são a maioria.

Foi levado por estas idéias que, em 1961, ao inaugurar a XVI Assembléia das Nações Unidas, eu disse no meu discurso que o mundo não estava só dividido ideologicamente entre Leste e Oeste, mas também economicamente entre Norte e Sul, ficando ao Norte o mundo desenvolvido, inclusive a Rússia, e ao Sul o mundo dos pobres, dos esquecidos, não tanto dos revolucionários como dos revoltados.

O que desejo fixar, contudo, é que o comunismo se apresenta sob formas bastante diferentes e deve suscitar tipos de defesa também distintos, conforme se projete num país desenvolvido ou num país atrasado. Ainda aqui cabe, portanto a pergunta: que é o comunismo?

O *Manifesto Comunista* de Marx e Engels, referido no começo destas notas, é, na forma literária (como não podia deixar de ser, dada a época em que foi composto), um documento romântico. A ênfase, a eloqüência, as imagens, até o uso de certas expressões estereotipadas (como a dos grilhões que pesam sobre o povo, tão usada por J. -J. Rousseau, Madame de Staël ou Lamartine), todo o material literário do Manifesto é fielmente romântico. E o seu conteúdo deve ter envelhecido tanto quanto a sua forma. O leitor deve lembrar as primeiras palavras do Manifesto, que são, mais ou menos, estas (escrevendo em Brasília, cidade sem livros, estou citando de memória): "Um espectro apavora a Europa, o comunismo!"

Sem querer fazer paradoxo, e mesmo falando muito a sério, passados tantos anos e tantas lutas, nós hoje bem que poderíamos dizer: "Um espectro apavora o comunismo, a Europa!"

Foi, de fato, o formidável ressurgimento econômico da Europa depois da Segunda Guerra Mundial que, mudando as condições de vida dos povos, afastou definitivamente o comunismo, como risco interno para os europeus. Na França e na Itália, países onde antigamente o movimento comunista era poderoso, hoje é mais um nome para certos partidos progressistas e um assunto de conversa para grupos de escritores. Em resumo, o comunismo deixou de ser, na Europa Ocidental, um movimento revolucionário. E por quê? Por causa do desenvolvimento econômico, com todas as suas implicações sociais.

Esta verdade é perfeitamente válida para o Brasil, ainda que, entre nós, como é óbvio, a recuperação econômica, sem ser talvez mais difícil, exige contudo outros métodos de procedimento.

Acredito ser tão importante para os americanos a compreensão da atitude latino-americana (e portanto brasileira) em face do comunismo, como é, para nós, a compreensão da atitude deles mesmos. Os dirigentes brasileiros devem aceitar a intransigência da Casa Branca em face de riscos diretos e sérios (embora não iminentes) de guerra atômica. Riscos de segurança externa que levam a uma união praticamente total do povo. E os dirigentes americanos devem compreender, também, que a diferença do nosso enfoque do problema comunista tende a levar o nosso povo a uma divisão em face dele, divisão inevitável, e que durará tanto quanto durarem as condições de subdesenvolvimento que podem fazer (e fazem em certa medida) do comunismo uma esperança. É inútil querermos destruir isto em termos de terrorismo reacionário ou, mesmo, nos termos discursivos dos bem-pensantes. Estamos, aqui, muito mais próximos do Presidente Kennedy, nas suas sucessivas advertências sobre a necessidade das reformas que permitam o desenvolvimento da América Latina, do que dos porta-vozes do imobilismo privilegiado latino-americano, que escorre em lamentações ou ruge em ameaças contra um perigo que ele se recusa a enfrentar, por egoísmo, ou estupidez.

Lembro-me da Itália da minha juventude e a comparo com a Itália de hoje: são países, a bem dizer, diferentes. Então o marxismo era caçado pelos torturadores fascistas, como nos demonstra o grande livro de Gaetano Sanvemini. O progresso trazido por Mussolini era do tipo imperial, isto é, de aparato, visando ao espetáculo e à força. Hoje é outro progresso, profundo, capaz de penetrar a intimidade mesma da nação e de transformar a vida do povo. A reação esquerdista era muito mais perigosa ao tempo de Mussolini do que agora. Mussolini a experimentou ao cair sob as balas dos *partiggiani* vermelhos.

A verdade é que um espectro apavora o comunismo internacional, e este espectro é a Europa ressurrecta.

Quando é que os governantes da América do Norte e as elites sociais da América Latina vão compreender isto realmente, isto é, compreender em termos de ação coordenada e generosa e não só em discursos que mal encobrem o egoísmo e a mesquinharia? Não se pode dizer ao certo o que é, em 1963, o comunismo. Doutrinariamente, historicamente, internacionalmente já vimos que ele pode ser muitas coisas, o que é uma forma de não ser nada. Mas uma das piores coisas que ele pode ser é o biombo terrorista daqueles que não têm generosidade nem desprendimento para ver a justiça nem o futuro.

8

A CRISE E O PODER LEGISLATIVO

Não existe, entre as instituições constitucionais brasileiras, uma na qual seja mais fácil situar e identificar os mais claros sintomas da crise de transformação que atravessamos do que o Poder Legislativo. Há quase dezessete anos que a ele pertenço, tendo, nas duas Casas e no decurso de sucessivos mandatos, integrado e presidido Comissões, liderado meu partido e o bloco partidário da Oposição, estando, assim, em condições de conhecer razoavelmente o seu funcionamento. Minhas observações exprimirão, portanto, não apenas aquilo que a Ciência Política e o Direito Constitucional constatam atualmente quanto à função legislativa nas democracias ocidentais, como também os aspectos peculiares que o problema apresenta no nosso País.

É mais que sabido que os Parlamentos e Congressos democráticos, em todo o mundo, se tornam cada vez menos órgãos legislativos e cada vez mais órgãos políticos. As razões disso são inúmeras, sendo que as mais importantes dizem respeito a dois pontos básicos, ou seja, à composição e à destinação do Poder Legislativo democrático. Antigamente a escolha do representante se fazia quase que pessoalmente, e nela predominava o conceito em que a pessoa do eleito era tida pelo eleitor. A estabilidade social se traduzia em estabilidade legislativa; as leis eram poucas e raras; a evolução do Direito se processava vagarosamente e de forma sistemática, por meio da elaboração amadurecida dos Códigos, estes monumentos da sabedoria jurídica e da experiência coletiva, tão típicos do século passado. Os partidos políticos não existiam, ou, pelo menos, não tinham existência legal reconhecida, sendo considerados como um mal, uma espécie de corrupção facciosa do individualismo liberal que, este sim, era a lei sacrossanta da democracia. O crescimento e as transformações do Estado moderno, com toda sua carga de problemas e necessidades, fizeram com que a legislação se tornasse torrencial, circunstancial e sem sistema. Por outro lado, como os problemas da administração pública passassem a interessar diretamente a todo o povo, a feitura das leis deixou de ser aquela atividade requintada de especialistas. escolhidos nominalmente pela opinião que deles se fazia. A legislação passou a corresponder ao atendimento de reivindicações de massas, só traduzíveis por correntes caudalosas de opinião, e o canal em que tais correntes deveriam se conter não mais podia ser uma pessoa, ou um grupo de pessoas escolhidas individualmente mas sim quadros impessoais, que são os chamados partidos políticos. Nestes quadros se vêm acolher grandes grupos sociais, em defesa dos seus interesses, traduzidos em programas, doutrinas e ideologias. De qualquer forma, em linhas de ação que superam as linhas de ação individual dos representantes de antigamente. A formação dos partidos foi seguida daquilo que certos juristas modernos chamam a *massificação* dos partidos, querendo dizer com isto que não só os partidos se tornam órgãos de massa, como também se transformam eles próprios em uma espécie de massa compacta, trabalhando automaticamente sob a voz dos comandos atuados pelas bases, e com a restrição cada vez maior da liberdade pessoal do representante eleito.

Desta forma, os dois elementos apresentados convergem para a diminuição da faculdade legislativa do Poder Legislativo: de um lado, a hipertrofia e a complexidade, ambas gigantescas, da legislação, que torna impossível legislar sem o conhecimento de dados de que só o Executivo dispõe; do outro lado, o enquadramento partidário, que faz a ação do legislador presa a uma série de condições que pressionam os partidos desde fora dos Parlamentos.

Muitos estudos têm sido feitos, a partir do segundo quarto deste século, sobre as transformações necessárias ao Poder Legislativo. No Brasil, mesmo, eles não são raros, e todos convergem para a observação de que a iniciativa da legislação é uma tarefa que, hoje, recai principalmente sobre o Poder Executivo. Esta situação se manifestou mais precocemente nos países de sistema parlamentar de Governo, mas não é limitada a ele. Nos Estados Unidos, também, a legislação mais importante depende, hoje, do Presidente.

Mas a iniciativa do Executivo depende de uma orientação, de um programa, de um plano de governo, sendo que a primeira se transforma no segundo e o segundo no terceiro. No Brasil, como sempre, e seguindo o vezo tradicional da improvisação e da leviandade nacionais, nós chegamos à terceira etapa sem haver passado pelas duas prévias. Isto é, confeccionamos um plano (o Plano Trienal) sem que o Governo tivesse qualquer orientação ou programa dignos desses nomes. Então, como não podia deixar de acontecer, o Plano ficou no papel, e as iniciativas da legislação, que deveriam vir do Governo em cumprimento do Plano, também continuam no limbo das deliberações que não chegam a ser decisões.

A inação do Congresso em face das verdadeiras necessidades legislativas decorre, pois, em grande parte, da falta de organicidade e de orientação do Executivo.

No terreno político, a fragilidade do Legislativo brasileiro provém principalmente do sistema de representação proporcional. O voto proporcional apurado pelo quociente eleitoral foi uma velha aspiração do nosso Direito Público. Basta dizer que, logo no começo da República, quando ele ainda era muito pouco praticado no mundo, já Assis Brasil o defendia nos seus estudos sobre a democracia representativa. Com o correr dos anos, as idéias do estadista gaúcho foram conquistando adeptos, a representação proporcional passou a ser a importante reivindicação de todos aqueles que visavam à diminuição dos poderes quase ditatoriais dos nossos Presidentes, poderes facilitados pelas maiorias maciças que o sistema de voto majoritário formava para o Executivo, dentro do Congresso, na primeira República.

Depois da Revolução de 1930, nada mais pôde deter a marcha para a representação proporcional. A Assembléia Constituinte de 1934 já foi eleita nos seus moldes, e, através de aperfeiçoamentos sucessivos, ele vai se mantendo e consolidando até hoje.

Mas um grave resultado, não-previsto, revelou-se. Se a representação proporcional era destinada a enfraquecer politicamente o Presidente, a verdade é que, na prática, mais que ao Presidente ela veio enfraquecer politicamente o Congresso. Isto é explicável. A atomização das maiorias, principalmente na Câmara, retira a qualquer partido a possibilidade de controlar a situação, seja nas Comissões seja em plenário. Os pequenos partidos podem adquirir uma importância desmesurada, muito maior do que o seu peso numérico, sempre que o resultado das votações for apertado. Maiorias flutuantes e precárias, integradas por grupos que se aproximam sem se juntar, impõem uma constante necessidade de transação, às vezes no pior sentido, isto é, no sentido de barganha, de troca de vantagens, até de chantagens e corrupções. Os líderes vivem numa dobadoura, remendando sem cessar as cordas frágeis das suas redes partidárias, por cujas malhas arrebentadas escapam os peixes mais ariscos. Nada se pode fazer de durável, de impessoal, de construtivo. Depende tudo das circunstâncias, possibilidades e interesses (as mais das vezes pessoais) de cada dia. Esta situação repercute dentro dos partidos, cujas bancadas têm sempre fronteiras móveis, facilmente penetráveis pelos adversários.

Outra razão que contribui bastante para a deficiência do trabalho legislativo é a falta de assessoria técnica parlamentar. Quem se informa sobre os processos de elaboração legislativa nos Parlamentos das grandes democracias verifica a alta qualidade dos serviços técnicos postos à disposição dos representantes. Freqüentemente os projetos reclamados pelo Executivo e aprovados pelo Legislativo são preparados fora das Câmaras, por grupos de trabalho especializados, funcionando sob recomendação dos poderes interessados. Na Inglaterra, então, isto é habitual. A iniciativa das leis é sempre do Gabinete, e a sua elaboração formal é feita pelas agências administrativas escolhidas pelo Governo, figurando o Parlamento mais como órgão de chancela e de apreciação das conveniências políticas. A omissão do nosso Executivo da ação parlamentar entrega a iniciativa das leis aos caprichos individuais, o que torna a legislação esparsa, muitas vezes supérflua, quando não demagógica e desligada das verdadeiras necessidades públicas. A atividade mais freqüente se cifra em concessões de vantagens salariais ou outras, aos servidores públicos, civis e militares, e às demais classes de assalariados. Fora disto, as leis de certa importância mais freqüentes são as de prorrogação anual da proteção aos inquilinos, da elevação dos tributos, também rotineiramente periódica, para fazer face (sempre de modo insuficiente) ao alargamento do desequilíbrio orçamentário e, finalmente, a própria lei do orçamento.

Pode-se dizer que a feitura do orçamento é o grande trabalho da Câmara. O Senado pouco participa dele. Mas, por mais meritório que seja este trabalho, no qual se esmeram, meses a fio, abnegados deputados na Comissão específica e no plenário, a verdade é que a utilidade do esforço é muito relativa. Com efeito, num País caído na inflação em espiral como o Brasil, o orçamento é uma falsidade a curto prazo. Os planos de economia cortam de um lado a maior parte da sua eficácia em investimentos. As emissões forçadas, os créditos suplementares e outras medidas de emergência, como os enormes auxílios aos estados, liquidam com qualquer autenticidade no capítulo das despesas previstas. Além disso, o orçamento independente das autarquias e outras agências descentralizadas ainda torna mais falso e inautêntico o orçamento federal, desvirtuando completamente as suas finalidades e propósitos.

Devemos reconhecer que o fenômeno universal da diminuição da função legislativa no seio dos Parlamentos se faz sentir de modo particularmente agudo no nosso Brasil. Realmente, além das causas gerais sumariadas e que são comuns ao sistema democrático contemporâneo, ocorrem no Brasil causas específicas, também mencionadas, que contribuem para tornar o Legislativo um corpo praticamente incapaz de verdadeiramente legislar.

Isto não nos leva a desconhecer a sua utilidade, e mesmo a absoluta necessidade da sua permanência, como esteio e garantia do melhor dos sistemas de governo, que é aquele que assegura a prática da liberdade. O Poder Legislativo brasileiro, que este ano cumpre cento e quarenta anos de vida, tem uma fecunda e gloriosa tradição política. E é principalmente como órgão político que a sua existência é insubstituível. Apesar de todas as suas deficiências e apesar das causas que as determinam, a verdade é que a recuperação do Legislativo não é coisa impossível, nem mesmo, talvez, muito difícil. Com efeito, a base dessa recuperação é a colocação do Congresso no quadro das atividades que ele pode exercer a contento e que são de fato as suas, dentro da democracia moderna. Este quadro, não nos esqueçamos, é muito mais político do que propriamente legislativo.

Numa época ansiosa e convulsa como a que atravessamos, seria uma simples hipocrisia afirmar que as normas reguladoras da atividade administrativa e a acomodação das dificuldades econômicas e conflitos sociais de uma nacionalidade em processo de transformação pudessem ser elaboradas por um corpo coletivo dividido, despreparado tecnicamente e com um processo de trabalho complicado e rígido, como é o Congresso brasileiro. Só quem não está ao par desses fatos inafastáveis pode considerar o Legislativo de hoje investido das funções de monopolizador das normas jurídicas, que eram as suas, no século passado. Fosse isto verdade e não teríamos as leis econômicas mais importantes, como hoje temos, as leis referentes a câmbio, a moeda, a exportação e importação, a preços de mercadorias e tantas outras, sendo expedidas pelo Executivo e suas agências, sob os nomes de portarias, regulamentos, decretos, instruções e tantos mais. Esta abundantíssima legislação, que não é nada processual, mas perfeitamente substantiva, embora sem a forma completa da lei, trata, em geral, de coisas muito mais importantes e interfere muito mais com a vida privada dos cidadãos do que a massa melancólica de leis formalmente votadas pelo Congresso e que visam a dar o reconhecimento de utilidade pública a tal ou qual associação de longínquo município, isentar do pagamento de imposto aduaneiro a imagem de santa destinada à igreja do arraial de Catingas, ou ainda conceder pensão especial à viúva do mata-mosquitos ou do velho jornalista. Percorra-se a ordem do dia de qualquer das Casas do Congresso, em sessão de rotina, e se verá que a grande massa das deliberações versa sobre pequenos atos administrativos, que tomam a forma de lei. Reciprocamente, consulte-se a pauta dos trabalhos de órgãos da política econômica ou fiscal, ou ainda dos sindicatos de classe, e veremos que o que ali se faz é aprovar leis importantíssimas, em forma de atos administrativos. Enervado pela paralisia humilhante, incapaz de acompanhar, com o seu próprio ritmo, o ritmo vertiginoso da transformação nacional, o Congresso se esvai na hemorragia dos discursos. Devemos ser justos: que mais poderia ele fazer, nas circunstâncias? Estas circunstâncias é que devem mudar, com a consideração realista dos lados negativos e positivos da situação.

Os lados negativos foram agora rapidamente entrevistos, em uma apresentação que não desejou ser crítica, mas somente descritiva, e fundada na mais pura realidade política e constitucional.

Os lados positivos são também indiscutíveis. O que cumpre é pô-los em relevo e deles extrair o que for de melhor para a democracia brasileira. O primeiro ponto reside na importância política do Congresso, tantas vezes aqui mencionada. Esta importância foi posta à prova mais de uma vez, e sempre com êxito surpreendente. Com bravura, dignidade e admirável habilidade, o Congresso brasileiro tem sabido dar saída a crises políticas de forma que não seria facilmente igualável por Legislativos de países com outra cultura e maior adiantamento, e que tem provocado, a justo título, a admiração do mundo. Assim fez em 1954, quando deu posse a Café Filho no rescaldo do drama; em 1955, quando atuou, com o disfarce do impedimento, o golpe militar do general Lott; (o fato de ter eu, então líder na Câmara, combatido violentamente aquele recurso não me impede de reconhecer que ele foi melhor que a ditadura militar à vista, contra que me alertou, naquela triste manhã, o meu amigo Presidente Nereu Ramos); em 1961, quando, por outro expediente, o Congresso barrou o caminho aos gorilas; em 1962, quando concedeu sabiamente o referendo, evitando a guerra civil. Politicamente o Congresso brasileiro (não este, particularmente, mas o Congresso como instituição) tem merecido sempre o reconhecimento da História.

É, pois, evidente que é como órgão político que ele tem de se orientar, aprimorando seus métodos de funcionamento, já que, como órgão legislativo, suas insuperáveis dificuldades são as mesmas de todos os demais Legislativos do nosso tempo, acrescidas pelas condições peculiares do Brasil.

Dir-se-á que a ação política do Congresso só se tem revelado em tempos de crise e que, portanto, é nefasta, pois exige a crise para existir. Não é esta a minha conclusão. Minha conclusão é exatamente a de que o mal do Congresso tem sido o de não agir politicamente, como pode e é capaz, fora dos tempos de crise. Quando a crise se afasta, ele entra nas discussões mesquinhas, nas divisões tediosas, na discurseira sem fim. Aí está, precisamente, a sua debilidade. Porque é fora das crises que sua ação política seria mais útil, e mais inteligente, porque levada a efeito com calma e fora das precipitações.

Nas horas de bonança e tempo limpo é que o Congresso devia agir politicamente, unindo-se para traçar rumos à realidade brasileira. Não falo em união para apoio ao Governo. Falo em união para apoio ao Congresso.

A primeira das providências seria o estudo da maneira de controlar a legislação sem legislar. Legislar, já vimos que é impossível. Controlar a legislação não o é. Claro que a exposição detalhada desses métodos não cabe num artigo de jornal, nem mesmo nestes artigos fluviais que o *Jornal do Brasil* me pede para fazer. Mas os estudos sobre isto estão no conhecimento e ao alcance de qualquer interessado. Aqui mesmo, no Brasil, a Fundação Getulio Vargas publicou, há tempos, um importante documento sobre a renovação dos métodos de trabalho do Congresso, com prefácio de Osvaldo Trigueiro. O Deputado Monteiro de Castro, igualmente, andou querendo criar uma Comissão para tal fim, na Câmara; mas tal esforço não teve seguimento. De qualquer forma, o positivo é que, sem reforma constitucional, e utilizando apenas os dotes políticos do Congresso e alguma reforma regimental, poderíamos ter o Legislativo controlando politicamente uma legislação programada e elaborada fora dele, mas aprovada por ele, com rigor técnico e adequação aos problemas nacionais.

Além desta grande obra política, que poderia vitalizar o Plano Trienal, eliminar o caos econômico e preparar melhores dias, outras ingentes obras políticas poderiam se processar e se decidir dentro do Congresso. Só a uma delas me referirei, embora de passagem, mas tão importante que dispensa justificativas: a preparação da sucessão presidencial. Na primeira República, por influência de Rui, a escolha e consolidação das candidaturas foi sempre uma alta prerrogativa de que o Congresso não abria mão. "Où sont les neiges d'antan?"

9

A CRISE E O PODER EXECUTIVO

Dos três chamados Poderes, entre os quais se distribui habitualmente a função governativa nos sistemas democráticos, o Executivo é aquele que mais dificilmente pode ser definido em termos jurídicos, isto é, o que mais resiste a ter as suas atribuições colocadas dentro de limites legais precisos. Isto faz com que os estudos jurídicos sobre o Poder Executivo democrático, quando colocados no plano teórico, ou sejam extremamente superficiais, ou extremamente abstratos. Nenhum poder constitucional, mais do que o Executivo, se adapta tanto às condições peculiares de cada povo e mesmo, podemos sem dúvida dizê-lo, de cada época determinada. Sem esquecer que estas variações nacionais e cronológicas são acentuadas, ainda, pela personalidade dos que exercem o referido Poder, fator que, no Executivo, é muito mais influente do que nos outros dois. A título de exemplo demonstrativo desta última afirmação, vale apenas recordar o que foi, num mesmo país e num mesmo tempo, a modificação profunda sofrida pelo Executivo britânico, quando ele se transferiu, das mãos vacilantes de Neville Chamberlain para os punhos vigorosos de Winston Churchill.

A razão reconhecida da especificidade do Poder Executivo está em que ele é o mais político dos três Poderes. Esta assertiva requer breve justificação. Nós chamamos política àquela capacidade de tomar decisões, em nome da coletividade, em assuntos não regulados obrigatoriamente pela lei. A idéia de política envolve, assim, necessariamente a idéia de arbítrio, embora de arbítrio legal, porque largamente limitado pelos marcos da competência constitucional. O Poder Executivo, em qualquer país — e isto é geralmente reconhecido pelos autores —, é aquele que tem as suas atribuições menos definidas pela lei básica, e, por isto mesmo, menos presas por ela. A razão disso é precisamente aquela que inicialmente avançamos, ou seja, que as mais importantes atribuições do Executivo são as de decisão política, isto é, decisões tomadas sobre os problemas do Estado em decorrência da vontade (arbítrio) dos homens e que não correspondem a nenhuma regra diretora de lei anterior. Nem, de fato, poderiam corresponder, visto que as decisões tomadas pelo Executivo dizem mais freqüentemente respeito a situações históricas, quase sempre imprevisíveis, do que a situações jurídicas, reguladas pela legislação. Tomemos, com efeito, o Capítulo III da nossa Constituição Federal, que trata do Poder Executivo. Ali, depois da norma fundamental de que ele "é exercido pelo Presidente da República" — norma definidora do regime presidencial — encontramos as regras e condições de investidura do Presidente e, chegados à enumeração jurídica das suas atribuições, vemos que elas praticamente não justificam a força preponderante que o sistema lhe confere.

Na verdade, os dezenove parágrafos enumerativos das atribuições constitucionais do presidente ou não têm importância, ou escondem sua importância debaixo da indefinição. E é esta indefinição, precisamente, que gera a força da função e o seu caráter arbitrário (sempre no sentido inicial).

O fato de que as atribuições importantes do Executivo sejam indefinidas é acentuado pela impossibilidade de controle dos outros Poderes sobre algumas delas, que então se revestem, por isto mesmo, de um caráter especialmente político. Exemplifiquemos: o veto tem o controle de dois terços da votação no Congresso; o estado de sítio e a intervenção nos Estados são igualmente sujeitos à revisão do Legislativo; mas a nomeação dos Ministros, de um imenso número de cargos públicos ou autárquicos, as decisões financeiras, as relações e negociações administrativas (às vezes as mais importantes) com governos estrangeiros, a execução do orçamento e, *last but not least*, o comando supremo das forças armadas, são atividades sem controle nenhum, ou com controle puramente formal dos outros dois Poderes. É nesta imensa área, de importância sempre crescente na vida nacional, que se exerce o poder político (arbitrário) do Presidente. Esta é uma situação inerente ao regime que praticamos. Ela ocorre, *mutatis mutandis*, nos Estados Unidos. Daí alguns escritores de Direito Constitucional dizerem, a sério, que o presidencialismo é uma monarquia eletiva, temporária, e apenas parcialmente limitada.

Estas considerações nos levam à conclusão de que o Executivo presidencial é um poder que se deve basear essencialmente na autoridade. Já recordamos, em artigo anterior, que a autoridade é a faculdade do Governo de exercer o arbítrio do Poder com o livre consentimento dos governados, ou, pelo menos, da maioria de entre eles. Portanto a autoridade é a faculdade de exercer o arbítrio (tomada esta palavra sempre no sentido que aqui lhe demos) sem necessitar recorrer ao emprego da força.

É sob este aspecto que dissemos ser o Executivo presidencial o Poder democrático que mais se deve basear na autoridade. Isto é evidente. No Poder Judiciário, a quota de arbítrio é mínima; cinge-se praticamente à faculdade de interpretar a lei e o direito. No Legislativo, também, o arbítrio político é muito pequeno, pois é um Poder sem força, e o arbítrio jurídico é controlado pela revisão judicial. Portanto, é no Executivo, Poder maiormente arbitrário, que a autoridade é exigível, em benefício da ordem pública e da paz social. Com efeito, nenhum Estado assegura em condições razoáveis estes elementos, se o Executivo vive baseando o seu arbítrio na força e não na autoridade. Quando falham, ao mesmo tempo, a autoridade e a força, então o Poder desaparece e instala-se a anarquia. Esta é, infelizmente, a situação de que já nos aproximamos, mais de uma vez, nos turvos dias correntes.

Creio que não erro, nem mesmo exagero, se disser que um dos fatores principais para o restabelecimento da ordem no nosso país é a restauração da autoridade do Poder Executivo, ou, em termos constitucionais, do Presidente da República. Ninguém que queira a ordem nacional pode se opor ao restabelecimento desta autoridade, mas o Presidente não poderá, por sua vez, esquecer que ela é inseparável da confiança. Como a autoridade é a aceitação do arbítrio do poder pelo maior número, é claro que ela só aparecerá se a confiança no Poder dominar, também, o maior número. Ora, o maior número é, evidentemente, composto daqueles que não são radicais, que não se situam nas extremas. Portanto, a autoridade só virá se o Presidente conquistar a confiança dos que se colocam equidistantes do faccioso radicalismo que perturba a Nação brasileira, sem propriamente dividi-la. Estará o Presidente Goulart disposto a aceitar isto e agir nesta direção? Eis a incógnita que só o futuro pode responder, embora futuro imediato, pois a gravidade da situação nacional não pode, evidentemente, esperar meses mais.

Não sei se o Presidente, com as suas esmagadoras tarefas, terá tempo de ler estas pobres reflexões que eu, que encaro o termo não distante da minha vida política como uma libertação, vou lançando nestes papéis, utilizando minha experiência de professor e apenas com o propósito de transmitir algo dela aos que exercem funções de mando. Se tiver tempo ouça o Presidente o que lhe vou dizer, com franqueza. O fato de ter exercido, a convite seu e sem qualquer solicitação minha, importantes missões diplomáticas no seu governo, se é motivo de reconhecimento pessoal para mim, não me cria nenhum vínculo ou compromisso de ordem política. Principalmente não me impediria nunca o dever de, como político, dizer, da forma que me pareça mais eficaz e sem desrespeito a quem quer que seja, o que julgo ser a verdade sobre a situação do meu País. Uma destas verdades é que raramente a autoridade do Executivo esteve, no Brasil, tão abalada pela falta de confiança do maior número. Reconheço que os fatos da vida nacional, desde a renúncia do Presidente Quadros, foram de extrema gravidade e dificultaram enormemente uma ação governativa, cujo êxito rápido e visível fosse capaz de provocar confiança. Mas, também, é verdade que a confiança não se baseia só nos fatos da ação visível e nos seus resultados, mas por igual nas intenções conhecidas e nos métodos de ação dos que governam. Aí é que a contribuição pessoal dos que exercem o Executivo é capital: nas intenções e nos métodos. Voltando à comparação que fizemos entre Churchill e Chamberlain, ninguém negará o espetacular renascimento da confiança, não só na Inglaterra como em todo o mundo livre, quando se afirmaram as intenções e os métodos de Sir Winston. Os resultados só vieram muito depois, trazidos pela confiança e pela autoridade.

    O Poder presidencial, por todas as razões expostas, é mais um método do que um sistema. Baseia-se mais na maneira de agir do que em normas preestabelecidas de ação. A maneira de ser pessoal do primeiro governante é muito mais influente no sistema presidencial do que no parlamentar. Todos os escritores que se dedicam a estudar o governo norte-americano salientam como a sua fisionomia se aproxima da fisionomia dos sucessivos Presidentes. No Brasil, se percorrermos, de memória, a galeria em tantos pontos impotente dos nossos Chefes de Estado, verificaremos a mesma verdade, ainda quando, no tempo heróico dos patriarcas e fundadores, houvesse um esforço geral para se enquadrar o regime dentro de padrões imutáveis.

Os métodos de ação do Presidente Goulart podem ser criticados, mas não há dúvida de que eles lhe têm trazido êxito. Sob este aspecto do rendimento político, as críticas seriam infundadas. Misturando astúcia, paciência, capacidade inesgotável de conversar, inegável simpatia pessoal, uma abundante informação sobre os fatos e os homens, que supre, até certo ponto, a falta de informação sobre os problemas, uma ausência surpreendente de tédio e de desânimo (que são os grandes inimigos do homem público e os principais responsáveis pelas decisões precipitadas ou o abandono das posições), todos estes atributos conjugados fazem do Presidente um hábil líder e um temível adversário político. Mas para quê? Aí é que me vem à mente o famoso poema de Ascenso Ferreira sobre o gaúcho: "Para nada!"

E esta é a melhor hipótese, porque, se for para alguma coisa, então é urgentíssimo sabermos para que servem aqueles métodos valiosos de ação política. Sou um homem otimista e com natural tendência à confiança. Por isto mesmo é que espero ainda que, no tempo que lhe sobra de governo, o Presidente venha afinal a colocar seus métodos habituais de ação, que tanta vantagem lhe trazem, a serviço das intenções que alimenta. Isto só será possível desvendando clara e ordenadamente estas intenções. Até agora, o que vimos foram métodos, que surtem efeito para a manutenção e, mesmo, para o acréscimo ocasional do Poder presidencial. Mas não tivemos, ainda, o conhecimento das intenções do governo, a não ser em fórmulas muito vagas e gerais, tais como a da urgência de reformas de base não definidas com precisão, fórmulas que, às vezes, para nós, parlamentares, podem soar como ameaças potenciais, visto que costumam vir de envolta com alusões críticas, com atos bonapartistas de *appel au peuple* ou com ensaios de medidas de exceção. Os parlamentares democratas, como eu, sentem, então, que são homens realmente do Congresso. Velho parlamentar, vindo de gerações de parlamentares, sinto então que o Congresso é minha casa política, é a minha igreja, o meu quartel. Para lá me recolho, como para um bastião que, caindo, não cai sozinho, mas pode arrastar o resto todo consigo.

Não tenham sobre isto a menor dúvida os que alimentam intenções pouco claras (não me refiro aqui ao presidente). Nenhum de nós, que se acolhe nas horas de dúvida e de risco debaixo das figuras geométricas do palácio do Congresso, pretende ser Sansão. Mas somos centenas e, juntos, bem poderemos abalar as frágeis colunas do templo.

Voltemos, porém, ao nosso assunto. Eu tratava da necessidade inadiável que tem o Presidente, para restabelecer a ordem e a paz, de restaurar a sua autoridade. Esta autoridade, já vimos, é inseparável da confiança geral. E o restabelecimento da confiança, num regime arbitrário como o presidencial, depende ou do êxito imediato das medidas do Governo (coisa difícil na atual conjuntura), ou da aplicação de métodos e revelação de intenções que despertem aquele sentido. Assim fomos delimitando o nosso terreno até chegarmos ao capítulo das intenções. Pelo que sabemos elas se concentram especialmente no ataque às chamadas reformas de base. Muito bem. Sou dos que concordam plenamente com o Presidente sobre a necessidade dessas reformas. Ainda no artigo precedente desta série dei, sem rebuços, minha opinião neste sentido. Mas o simples e nebuloso enunciado de uma aspiração não chega a revelar, verdadeiramente, intenção nenhuma. As provas mais convincentes de que dispomos são, infelizmente, no sentido de que não se fez até agora qualquer esforço sério para objetivar aqueles propósitos. O inexplicável abandono do Plano Trienal, que ninguém explica claramente por que se deu, é a meu ver, a demonstração mais concludente de que o esforço pelas reformas não teve continuidade. Outros chegariam a dizer sinceridade.

Um dos passos mais importantes para as reformas seria o da reforma do próprio Poder Executivo, através da institucionalização dos seus serviços. Repetirei aqui, mais desenvolvidamente, o que escrevi ao presidente em carta que lhe enviei no princípio do ano, da Europa, pouco depois do plebiscito.

A forte confirmação popular do regime presidencial tornou irreversível, pelo menos em futuro próximo, o sistema de governo de 1891, mas, por isto mesmo, urge que o sistema de 1891 se adapte às condições do Estado, na década de 1960-1970. Isto só é possível através do movimento político e legal a que os americanos chamam a "institucionalização da Presidência". O mais ilustre cultor atual da ciência política nos Estados Unidos, o professor Corwin, da Universidade de Nova York, tem, a respeito, lúcidas páginas no seu livro clássico sobre o Poder Executivo americano (*The President. Office and Powers*).

Em primeiro lugar deve ser salientado que a organização racional dos poderes presidenciais pode e deve coexistir com a liderança política e administrativa do Presidente, que é inerente ao sistema de governo. Como bem observa o professor Corwin, a nossa era, de fortes personalidades, "consolida os poderes do Executivo, em todos os governos, primeiro em uma pessoa individual e, depois, em uma organização administrativa". E ele ajunta: "Dizer isso é muito diferente de conceber a função presidencial com o objetivo de esterilizá-la contra o contágio do seu detentor, ou de criar um mecanismo tão complicado que o Presidente só possa intervir depois de exaustivas contestações dentro das paredes da Casa Branca." Realmente não é de nada disso que se trata, mas somente de tornar possível o funcionamento do mecanismo executivo, de forma a que as decisões sejam do Presidente, mas que ele as tome provido realmente de todos os elementos para decidir. Entre nós a multiplicidade das tarefas, inclusive com a adição de atos secundários (que às vezes são os mais cobiçados, pois os mais pessoais), com o Governo em Brasília e as repartições no Rio, com as complicações partidárias e sindicais exigindo infindas conversas, com os incessantes deslocamentos do Presidente, a tarefa pessoal de governar é quase impraticável, sem uma sistematização ao modelo americano. Não podemos mais usar os processos de certas pequenas repúblicas, que são governadas como grandes empresas rurais. Corwin fornece dados curiosos. Mostremos alguns. O Presidente Grant tinha seis assessores; McKinley, 27; Coolidge, 46; Franklin Roosevelt, antes da guerra, já contava com 55. Truman elevou este número a 383, tal era a complexidade crescente dos assuntos. De resto, Roosevelt já havia compreendido a situação. Apesar da força da sua liderança pessoal, o grande estadista escreveu: "É necessário que o Presidente disponha de um mecanismo que lhe permita exercer as suas responsabilidades constitucionais." E foi no seu governo que se adotou o Reorganization Act de 1939, lei federal que iniciou a organização racional do Poder Executivo. Mas a grande contribuição na matéria, sempre segundo Corwin, foi do Presidente Eisenhower.

Habituado aos processos racionais de estado-maior, o General esforçou-se por dar à presidência um caráter não menos pessoal, mas seguramente mais racional. Ao fim do seu período, o Executivo americano era um poderoso instrumento institucionalizado e racional, com cerca de 1.200 servidores da melhor qualidade, recrutados da forma que bem se pode imaginar. O Presidente é o vértice da pirâmide, é o regente da enorme orquestra. Sua ação pessoal é sempre decisiva. A este propósito convém recordar a famosa reportagem que a revista *Saturday Evening Post* publicou, quando do caso dos foguetes soviéticos em Cuba. Vimos ali, por dentro, o rigoroso funcionamento da formidável máquina, até o momento em que o Presidente, na sua dramática comunicação televisionada a toda a nação, anunciou gravemente as decisões que tomara. Metade do mundo ficava dependendo dessas decisões do jovem político americano.

Estamos em uma encruzilhada perigosa para o nosso País. No Brasil de hoje é muito difícil derrubar-se a democracia. Mas, paradoxalmente, é também muito difícil sustentá-la e consolidá-la. O Presidente Goulart tem imensa responsabilidade pessoal em todo este processo. Responsabilidade que é pessoal, mas que, também, é rigorosamente histórica.

A aspiração de ser o reformador é uma nobre aspiração. Mas ela se choca com a manutenção de processos de indefinição e intenções não-reveladas que podiam ser eficazes no tempo de Vargas, quando o Brasil era outro, e o mundo, também, diferente. As reformas, hoje, se baseiam nestes pressupostos: aquisição da confiança; restauração da autoridade; planejamento adequado; institucionalização da presidência.

Difícil? Convenho. Mais difícil, contudo, é chegar aos fins sem ser por estes meios.

10

REFORMAS E CONSTITUIÇÃO

Certa vez, convidado para dar a aula inaugural do curso de Direito da Universidade da Guanabara, escolhi para tema da preleção o seguinte assunto: "Crise do Direito e Direito da Crise." Meu propósito era o de demonstrar aos estudantes que, nas épocas de intensa transformação, os povos não devem se abandonar à idéia de que o Direito entra em crise, atitude que pode conduzir à anarquia social, senão que devem construir um Direito para a crise, única maneira de se proceder à transformação de forma evolutiva e não anárquica ou revolucionária. Resulta daí que nunca são mais necessários os bons juristas, nutridos dos princípios gerais e capazes de adaptá-los às condições da mudança social, do que nas horas de aparente crise do Direito. Entre as deficiências mais graves do atual Governo brasileiro está esta do despreparo jurídico dos homens incumbidos, pelas funções que exercem, das mais espinhosas decisões políticas. Isto se pode dizer que ocorre tanto no plano federal quanto no conjunto dos maiores Estados da Federação. Daí a imperícia, a improvisação e, às vezes, o absurdo de certas atitudes e soluções. Não seria, a rigor, necessário que a política fosse feita por juristas, pois as bases atuais da vida pública brasileira não são mais o que já foram no passado. Mas somente indivíduos completamente reúnos podem supor que, dentro do Estado de Direito, e numa hora como esta em que vivemos, decisões acertadas e coerentes podem ser tomadas com o desconhecimento das regras e precedentes jurídicos aplicáveis aos fatos. Desconhecimento que tanto contribui para a confusão nacional. A tese do desaparecimento gradativo do Direito, defendida pelos técnicos ortodoxos do marxismo, é uma das utopias do comunismo que jamais foi confirmada pelos fatos da vida. Nunca se pôde praticar, nem mesmo conceber, a convivência social, sob qualquer regime de Governo, a não ser no quadro preciso de instituições jurídicas. Um dos maiores males do Brasil de hoje é que os mais prestigiosos governantes federais e estaduais não apenas não têm preparo jurídico nenhum, como alguns deles não atribuem importância maior à formulação tecnicamente jurídica das soluções políticas. Como se fosse possível governar, realmente, assim! O caso recente da solicitação do estado de sítio ao Congresso foi apenas um exemplo deste fenômeno geral de barbarismo.

Depois de ouvir as razões de fato dos militares, o Governo mandou à Câmara um monstrengo. Parecia que os autores da memorável peça nunca tinham ouvido falar na longa maturação que o problema do estado de sítio sofrera na tradição jurídica brasileira, desde o Império. Só na primeira República o material de estudos sobre a matéria, existente apenas no Congresso, enche sete volumes dos *Documentos Parlamentares*. Cada palavra, cada sentença do texto da Constituição atual estão, assim, carregadas de sentido e exprimem o longo trabalho de adaptação das bases inglesa, americana e francesa do Instituto às condições e ao Direito brasileiros. Os fatos supostos ou alegados só teriam corretivo justo com a aplicação adequada da lei. Mas a mensagem não tinha o menor conhecimento de nada disso. Basta dizer que invocava os pressupostos de uma situação e aplicava as normas referentes a uma outra situação diferente. Não basta ser alguém inteligente para regular tecnicamente difíceis problemas de governo, quando os instrumentos de decisão são jurídicos. Não basta, também, ler apressadamente os textos da lei e algum comentário rápido. É preciso estar senhor dos princípios, é necessário ter uma visão global dos problemas, para que as soluções sejam próprias. O Governo me dá, às vezes, a impressão de um grupo de rapazes que, depois de ler rapidamente um folheto de instruções e de descrições de peças e aparelhos, se sentasse nas cadeiras da tripulação de um avião a jato. E o pior é que nós somos os passageiros forçados.

Eis por que me encho de apreensão quando ouço as declarações reiteradas do Presidente e dos seus mais próximos assessores sobre a urgente necessidade das *reformas de base*. Existe, hoje, no Brasil, uma consciência verdadeiramente majoritária em favor destas reformas fundamentais. O povo, como é natural, sente a necessidade delas, mas não tem idéia de como se devem processar, dentro do sistema constitucional. Ora, o Governo não pode ser, aqui, como o povo. O Governo tem o dever elementar de saber muito bem como processar as reformas que preconiza e de que o país carece indubitavelmente Mas não há meio de arrancar dos homens de Governo senão declarações vagas em favor das reformas, sem que nunca se tenha apresentado um verdadeiro plano para elas, no quadro do Direito brasileiro.

O caso da reforma agrária é típico. Antes que se apresentasse qualquer programa claro, colocou-se a tônica da matéria em uma não bem definida reforma constitucional. Isto levantou justas suspeitas de que a intenção dos partidários da medida era apenas de fazer agitação política, e nunca de levar avante os planos que diziam possuir. Porque o razoável seria que, depois de estudada a fundo a reforma agrária, se examinassem os pontos em que a Constituição deveria ser emendada para a aplicação da mesma, pontos que podiam inclusive ser outros, além daquele único obstinadamente apresentado pelo Governo.

O Congresso marcha para o fim da sessão legislativa de 1963 sem que nada de positivo e de exeqüível o Executivo haja tentado com relação às famosas reformas de base. Daqui até 30 de novembro as atenções das Casas Legislativas vão concentrar-se na leitura do orçamento, de modo a tornar impossível a consideração de qualquer outro assunto importante. A 15 de dezembro será o fim dos trabalhos do ano. Como poderá o sr. João Goulart, nos dois períodos legislativos que restam ao seu Governo, conseguir levar avante as reformas que dizem ser o grande motivo da sua administração?

Algumas sugestões têm sido feitas, inclusive uma que encontra favor em certos círculos, e é a de se transformar o atual Congresso em Assembléia Constituinte. Aqui se coloca um daqueles problemas de natureza jurídica, que não podemos resolver sem um conhecimento razoável dos princípios aplicáveis. Enfrentando o risco de tornar-me tedioso ou parecer doutoral, procurarei da forma mais breve que me for possível explicar por que esta intenção deve ser afastada. Tenho a esperança de encontrar leitores com responsabilidades na decisão do assunto, e de levá-los a refletir sobre as considerações que se seguem.

A idéia da transformação do Congresso em Assembléia Constituinte é outro barbarismo jurídico, e se choca com os princípios da teoria do Estado e do Direito Constitucional. Vejamos rapidamente por quê. O poder constituinte, sobre o qual muito se tem discutido nestes dois séculos de elaboração da doutrina democrática, tem certos aspectos essenciais sobre os quais todo o mundo está de acordo, e em torno dos quais cessam as divergências.

Um destes aspectos diz respeito ao surgimento do poder constituinte, às condições que cercam a sua manifestação. Segundo nos ensina uma invariável experiência, tais condições se situam no plano metajurídico, ou melhor, no plano mais histórico-sociológico que jurídico. Realmente a experiência nos ensina que o poder constituinte se manifesta: 1) em coincidência com a própria formação do Estado e 2) na emergência de uma transformação violenta das instituições do Estado. Caso típico da primeira hipótese foi o poder constituinte investido na Assembléia de Filadélfia, depois da Guerra da Independência americana e coincidindo com a formação do Estado Federativo dos Estados Unidos, em seguimento à Confederação anterior. Outras manifestações da mesma hipótese podem ser citadas na Assembléia Constituinte brasileira de 1823, que ia preparar a lei básica do Estado que se formava, em seguimento ao 7 de Setembro e, também, na pessoa do Imperador, outorgando ditatorialmente a Carta de 1824, depois de dissolver a Assembléia.

Depois disso, o Brasil conheceu vários poderes constituintes decorrentes da segunda hipótese em virtude de revoluções que destruíram as instituições, sem comprometer a existência e a continuidade do Estado. Manifestações desse tipo de poder constituinte foram as Assembléias de 1891 e 1934, a pessoa do ditador Getúlio Vargas em 1937 e, finalmente, a Assembléia de 1946. Não se pode conceber, porém, a tese de um poder constituído, como é o nosso Congresso Nacional, investir-se do poder constituinte, que é por definição anterior e superior ao seu, e que aparece sempre, como acima ficou dito, em função de acontecimentos que transcendem os quadros do Direito para se inscreverem entre as revoluções. Seria um dislate jurídico se o nosso Congresso se arrogasse poderes que não pode alcançar juridicamente. Ou antes, seria propriamente uma revolução feita pelo Congresso, das mais estranhas revoluções da América Latina, a qual encheria de pasmo os juristas de todo o mundo. Afastemos, portanto, a sugestão como inviável, senão ridícula.

Mas seria ela indispensável para a execução das reformas, ainda que fosse viável? Parece-me que não. O Congresso não precisa praticar nenhum barbarismo jurídico, nem sair fora da sua competência de poder constituído, para levar adiante as suas urgentes responsabilidades no assunto das reformas de base. Uma das formas, talvez a melhor, de proceder seria aquela que tomarei a liberdade de indicar no fecho deste artigo. Antes de fazê-lo quero acentuar as razões pelas quais me parece que o Congresso tem o indeclinável dever de tomar posição.

Assistimos hoje, sem nenhuma dúvida, a um grave desvirtuamento das instituições representativas que praticamos, devido à paralisia irremediável do Congresso em face da crise de transformação que atravessa o país. As razões de tal paralisia não são imputáveis à responsabilidade dos congressistas, como fazem crer certas correntes extremistas, mas são aquelas que foram compendiadas, em resumo, em outro artigo desta série, dedicado ao exame das repercussões da crise no Poder Legislativo. Em síntese, como estará talvez lembrado o leitor do referido artigo, as razões da inoperância do Legislativo se acham ligadas à desatualização e inflexibilidade da Constituição de 1946. Esta situação não teria uma importância especial se não fosse a crise inflacionária que vivemos, geradora de tensões e conflitos sociais os mais variados, além das condições, tantas vezes referidas, das transformações que sofre a nossa estrutura econômica. Estes fatores de tensão e de transformação não podem ficar parados, presos à estreiteza de instituições que visivelmente não mais os podem conter. Então procuram abrir caminho como as torrentes que desbordam o leito dos rios e dos canais; como o próprio sangue, que procura novos rumos para circular, se encontram as artérias bloqueadas.

É inútil e inoperante que a imprensa conservadora insista em nos apresentar argumentos — às vezes judiciosos, outras vezes de má-fé — demonstrando a ilegalidade da intervenção de grupos de pressão social e profissional na solução de assuntos cuja decisão compete aos poderes constituídos e aos órgãos da Constituição. Greves de solidariedade, arruaças, manifestações camponesas e estudantis feitas com violência, motins militares, tudo isso e ainda outras coisas são formas de intervenção que comprometem a paz pública e contrariam as leis. De acordo. Mas, se atentarmos nas origens destes acontecimentos, concluiremos algumas coisas úteis, além do medo que eles inspiram aos que não querem ver nada além do medo. Em primeiro lugar verificamos que as ameaças vêm dos dois lados, da revolução e da reação. Este radicalismo que cria organizações clandestinas semiterroristas da esquerda e da direita, que urde atentados de parte a parte, num tráfico clandestino de armas que o país não sabe ainda até onde vai, e que nunca conheceu no passado, este radicalismo em que o destempero das extremas vai nos afundando — e contra o qual tantas vezes tenho advertido, como voz que clama no deserto — tira a qualquer dos dois lados autoridade moral e política para verberar o procedimento do outro. Em seguida vemos que, fora da ação extremista e dentro da ação conciliadora, são também os dois lados que se defrontam negociando soluções à revelia dos poderes e das instituições.

Nas greves mais recentes e mais importantes, as autoridades do Executivo e do Judiciário ficaram como componentes do coro das tragédias gregas, enquanto os papéis principais são representados pelos membros de organismos trabalhistas e patronais, nem sempre formados ou agindo de acordo com as leis. Esses fatos inegáveis demonstram somente que as tensões sociais aceleradas pela inflação precisam ser minoradas nos seus efeitos, ainda quando não combatidas eficazmente nas suas causas. E, como pela estrutura constitucional vigente, os poderes políticos, principalmente o Congresso, ficam praticamente incapazes de agir com a energia e com a presteza requeridas pela situação, então é inevitável que outros grupos sociais, formados espontaneamente ou excedendo a respectiva jurisdição legal, intervenham para combater os efeitos, já que as causas não vêm sendo consideradas por quem de direito.

Repito: inúteis são as lamúrias, mesmo eruditas, de certa imprensa e de certos grupos, cujo pretenso legalismo encobre a mais terrível forma de ilegalidade, que é a ausência do sentimento de justiça.

Não aceito a decisão do meu partido, tomada em Curitiba, de recusar qualquer reforma da Constituição. Só me conduzirei no assunto em face dos critérios que me foram ditados pela minha consciência e pelo meu amor ao Brasil. Em primeiro lugar a negativa indiscriminada de se aceitar o estudo da reforma constitucional é uma atitude subversiva. O poder de reforma foi entregue ao Congresso pela Constituição; os partidos são órgãos dela e do Congresso, e não podem declarar de antemão, de forma total e indiscriminada, que recusam apreciar medidas que a Constituição autoriza e que a situação nacional parece exigir. Claro que os partidos podem tomar decisões políticas sobre casos específicos. Por exemplo, podem decidir não aceitar nenhuma reforma no capítulo das inelegibilidades do Presidente da República e dos seus parentes consangüíneos ou afins. Aceito sem discussão esta tese. O que recuso é estender a vedação, sem maior exame nem maiores argumentos, a todo o texto constitucional, quando minha consciência de brasileiro me impõe o dever de declarar o que penso, isto é, que a Constituição deve ser adaptada às nossas condições socioeconômicas, *sem prejuízo de qualquer dos princípios básicos do sistema democrático-representativo que praticamos.*

O Congresso não pode ser suspeito de revolucionário. Muito ao contrário, os grandes serviços que ele incontestavelmente prestou à Nação, a partir de 1954, foram, exatamente, no sentido de evitar revoluções, mediante medidas de emergência corajosas, rápidas e hábeis. Ninguém pode duvidar do patriotismo e das boas intenções de grande maioria do Congresso. Ele não tem podido legislar ordinariamente pelas razões que tenho procurado sumariar. Mas estou certo de que não lhe faltarão competência, amor ao país e prudência para enfrentar a tarefa política da revisão constitucional, que, esta sim, é a grande reforma de base que engloba todas as outras. Se o Congresso estivesse disposto a isto, voltaria a ser o centro da vida nacional, evitaria a pressão descoordenada dos grupos formados à margem da lei, atenuaria os extremismos, corrigiria erros insanáveis por outra forma da nossa organização, com a experiência vivida deles, e daria uma saída para o futuro.

A este respeito conversei com vários companheiros de partido, na Câmara e no Senado, deixando-lhes em mãos uma contribuição com simples caráter de esboço, para ser examinada pelos mais doutos e mais poderosos do que eu. Procurei assumir o que me pareceu ser a responsabilidade do meu mandato.

A fórmula, em linhas gerais, é muito simples, como simples e sintética é a justificativa que dela deixei, em mãos dos seus amigos. Trata-se de, por emenda à Constituição, suspender até o fim da presente legislatura a aplicação dos processos de emenda, aplicando-se outro mais flexível, baseado na maioria absoluta.

Fora do processo especial de emenda ficariam certos assuntos, não somente os já previstos no texto atual (Federação e República) como ainda outros, que não devem ser abordados por óbvias razões políticas e até de segurança. Indiquei dois deste tipo, a saber, o capítulo das inelegibilidades e o regime presidencial, consolidado pelo plebiscito. Fora disto os partidos teriam oportunidade de examinar e combinar amplamente as soluções médias, que inspirassem confiança no Brasil e no estrangeiro e que permitissem ao nosso povo vencer esta fase de agruras e sofrimentos.

11

A REVOLUÇÃO BRASILEIRA — 1930

Tendo em vista que os meses de outubro e novembro são tão importantes na História republicana, a direção do *Jornal do Brasil* sugeriu que eu incluísse, nestas crônicas, algumas observações sobre as datas mais marcantes do pródigo bimestre. Pensei, aceitando a sugestão, em dividir o meu assunto em três partes, correspondendo a primeira à Revolução de 1930; a segunda ao golpe de 1937 e, finalmente, a terceira a um exame de conjunto do quadro republicano, numa tentativa de interpretação dos seus elementos integrativos atuais, que, no fundo, representam a combinação ou, se quiserem, a conseqüência daqueles dois movimentos particulares anteriores.

Não pretendo fazer História, nem é este o local apropriado para tanto. Tenciono, isto sim, aproveitar os dados históricos que já existem, acima dos interesses e das paixões, para, com eles, chegar a algumas conclusões talvez úteis às opções políticas da nossa geração.

O material existente para a História da Revolução de 1930 é, hoje, bastante copioso, e, com apoio nele, um panorama isento daqueles importantes acontecimentos republicanos pode ser levantado com relativa facilidade. Pena é que, até o momento, nenhum dos nossos historiadores, principalmente os mais jovens, tenha se decidido ao esforço que a tarefa impõe. Aliás cabe, aqui, uma observação marginal. Os estudantes e professores das seções de História das nossas Faculdades de Filosofia estariam intervindo, na minha opinião, com muito mais acerto e vigor na vida política nacional, se, em vez das radicais lutas políticas em que tantas vezes se empenham, estivessem estudando a História contemporânea do Brasil na base dos fatos e das interpretações. Estes estudos poderiam contribuir bastante mais para a elucidação de certos problemas básicos do povo brasileiro do que as pequenas guerras particulares em que se absorvem as energias do meio universitário. Enfim são estas as esperanças de um antigo professor universitário de História do Brasil.

Volto à existência de considerável material impresso sobre a Revolução de 1930. Afora os anais e outros documentos parlamentares, a partir de 1922 (que é quando se manifesta externamente o processo revolucionário), temos as coleções de jornais da mesma época, que trazem muita luz sobre os fatos e as opiniões. As mensagens, discursos e outros escritos dos Presidentes Epitácio e Bernardes (sem esquecer que a obra do primeiro está sendo muito bem editada pelo Instituto Nacional do Livro) constituem fontes de fácil acesso e igual valor. Finalmente não devemos olvidar os depoimentos, vários dos quais interessantíssimos, de figurantes de maior ou menor relevo na sucessão dos acontecimentos.

Numa rápida passagem por junto das minhas estantes, pude logo anotar estes livros, que estão longe de constituir lista completa: *À Guisa de Depoimento*; três volumes de Juarez Távora, nos quais o ilustre brasileiro descreve as fases revolucionárias de 1922 e 1924; *A Revolução no Brasil*; interessante estudo de Nunes de Carvalho, também sobre as mesmas fases; *Outubro, 1930*, de meu irmão Virgílio, provavelmente ainda o melhor livro sobre o assunto, tomado limitadamente; *Memórias de um Revolucionário*, de João Alberto, curioso e vivo depoimento em que aquele saudoso amigo nos transmite a sua experiência fascinante da coluna Prestes e da guerrilha brasileira; *Na Revolução de 30* e *Memórias de um Soldado*

Legalista, exatos, equilibrados estudos em que o meu velho e venerando amigo general Leitão de Carvalho expõe as dignas posições dos grupos que o dever de ofício, mais do que as preferências políticas, lançou na defesa da causa perdida; *Reminiscências de um Carcomido*, de Azevedo Lima, livro de intenso interesse social e humano, revelador de uma personalidade que precisa ser mais bem estudada pela nova geração; e, para fechar a lista com chave de ouro, o segundo volume das *Memórias* de João Neves da Fontoura, livro de alta categoria histórica, cívica e moral, que, felizmente, aquele meu também caro e saudoso amigo teve tempo de escrever antes do seu inesperado e rápido fim. Não sei como João Neves explicaria os episódios posteriores a 1930, notadamente o seu rompimento e sua reaproximação com Vargas. Mas a verdade é que, na trama admiravelmente descrita — e comprovada — de fatos relativos à conspiração e ao movimento de 3 de outubro, o grande tribuno gaúcho sai engrandecido. Sendo de se notar que tudo conta com dignidade e discrição, sem acusar pessoalmente a ninguém.

Todo este material reunido constitui um conjunto imponente, à espera do narrador desapaixonado que seja, também, lúcido intérprete. E a ele devemos adicionar, não nos esqueçamos, as numerosas fontes relativas à Revolução Paulista de 1932, a qual se acha muito mais integrada, historicamente, ao movimento de 1930 do que ao golpe de 1937. Na medida em que a Constituinte de 1934 foi, ao mesmo tempo, o triunfo e o túmulo da Revolução de 1930, a Revolução Paulista (embora no momento não tenha sido isto bem compreendido nem mesmo pelos que nela tomaram parte) foi o traço de união entre as duas fases.

Sobre a Revolução Paulista são igualmente numerosos os estudos. Dentre os que li, marcaram-se na minha lembrança os de Leven Vampré, Vivaldo Coaracy e do meu amigo, o generoso e violento Paulo Duarte, às vezes injusto a varejo, embora sempre justo no atacado.

Tem-se dito — e eu mesmo por mais de uma vez o fiz — que os ideais programáticos de 1930 eram de cunho jurídico, faltando-lhes conteúdo social. Esta é uma verdade, mas uma meia-verdade, às vezes mais perigosa do que a mentira.

A verdade completa poderá ser mais ou menos resumida da maneira que se segue. Todas as necessidades nacionais, fossem elas ou não de teor jurídico, eram apresentadas, desde a Constituinte de 1891, sob a capa de reformas à Constituição. O parlamentarismo foi defendido, na Constituinte, por homens como César Zama, Rosa e Silva e Nilo Peçanha; e o federalismo à americana, por representantes da força do goiano Leopoldo de Bulhões, que, no dia mesmo da promulgação da Constituição (24 de fevereiro), fez um discurso na Assembléia propugnando a revisão da Carta que mal entrava em vigor, revisão na qual reclamava para cada Estado, "o direito de decretar as suas leis civis, comerciais e criminais". Foi esta assimilação da federação à americana com o parlamentarismo à européia que levou Silveira Martins a lançar as bases ideológicas da sangrenta revolução federalista de 1893, sendo de se notar que, no grande líder gaúcho, o sentimento federalista era menos acentuado do que a fé parlamentarista. De qualquer forma, por detrás do federalismo e do parlamentarismo jurídico se revelavam necessidades outras, como uma discriminação de rendas que estimulasse as economias regionais (sistema defendido na Assembléia por Júlio de Castilhos, mas combatido vitoriosamente por Rui Barbosa); a liberdade bancária e da navegação de cabotagem; em suma, reivindicações do tipo econômico destinadas a derrubar o monopólio da civilização cafeeira, concentrada principalmente nos dois grandes estados produtores, que foram como os dois cônsules da Primeira República: São Paulo e Minas Gerais.

O risco maior da interpretação histórica está no exagero da esquematização. Por isso mesmo a escola do materialismo histórico incide em tão freqüentes enganos, pela preponderância excessiva que atribui ao fator econômico. Mas, sem nos arriscarmos a este erro, devemos, no entanto, considerar o aspecto econômico como uma das determinantes mais fortes no desenvolvimento histórico. No caso da Revolução de 1930, para que possamos bem compreender aquele levante nacional sem precedentes, é importante não esquecer, por baixo da superfície dos fatos políticos e jurídicos, a trama econômica que freqüentemente os acompanhava e, às vezes, os condicionava.

As reformas constitucionais sucessivamente preconizadas pelos líderes das grandes campanhas cívicas, no decorrer da Primeira República, ainda quando se revestissem de cunho formal ou jurídico, visavam, de fato, a alterações mais sérias de estrutura.

Devemos considerar Assis Brasil e Rui Barbosa como os dois principais propugnadores das reformas cuja efetivação, sempre obstada ou adiada pelos grupos dominantes, acabou por estourar as represas da legalidade, arrastando o Governo Federal em 1930. Ainda na fumaça e no sangue da Revolução Federalista, Assis Brasil publica o seu ainda hoje admirável livro *Democracia Representativa* e três anos mais tarde, o outro também valioso estudo *Do Governo Presidencial*. Em sugestões que seriam então ousadas mesmo para o Velho Mundo, Assis Brasil recomenda a eliminação completa do sistema eleitoral de 1891, baseado na coação e na fraude das autoridades estaduais, e a adoção do voto proporcional e do quociente eleitoral. Seguindo idéias então ainda mal aceitas de Stuart Mill, o ilustre rio-grandense, sob a aparência de reformas de superfície, estava de fato atingindo a área das reformas de base. Por isso o sistema que preconizava — e acabou prevalecendo com a sua assistência direta no Código Eleitoral de 1933 — significava, de fato, o fim das oligarquias estaduais e o predomínio dos partidos políticos na criação do poder. Que queria isto dizer? Exatamente o fim do binômio mineiro-paulista, baseado no monopólio econômico do café. A questão é que a inteligência é alada, e a política, mesmo a revolucionária, é pedestre.

As sugestões de Assis Brasil, embora tivessem o conteúdo real que indicamos e que a ele mesmo deviam escapar, no tempo, eram prematuras ao fim do século passado. Somente o desenvolvimento demográfico e geral do país viria tornar mais sensíveis tais exigências, que, afinal, encontraram seu caminho explosivo na crise econômica de 1929, com a derrocada do café nos mercados internacionais. O ano de 1930, na América Latina, se parece, pela sucessão de revoluções nacionais, com o de 1848, na Europa. A crise da Bolsa de Nova York, naquele ano, foi o estopim que fez estourar o resto, criando um panorama continental para o que parecia ser, de perto, uma sucessão de crises internas. Outras medidas importantes preconizou Assis Brasil nos seus estudos, algumas delas incorporadas às Constituições de 1934 e 1946.

A partir dele o movimento reformista vai prosseguindo, com mais ou menos ímpeto, mas encontra outro grande campeão em Rui Barbosa, principalmente no decorrer da sua formidável Campanha Civilista, sem dúvida o maior movimento individual de energias criadoras do nosso cenário republicano. Fala-se muito na eloqüência de Rui. Outros políticos depois dele têm sido eloqüentes. Mas a questão é encontrar, nos outros, a profusão de idéias que havia nos seus discursos. Nem sempre as idéias eram originais, convenho. As mais das vezes, não o eram. Porém, eram expressas com uma golpeante força verbal e nunca deixavam de ser diretamente aplicáveis ao Brasil, duas qualidades que mais raramente encontramos juntas, depois dele. Refletindo mais demoradamente, sobre a contribuição das idéias de Rui Barbosa, tão fortemente precursoras da Revolução de 1930, sou levado, hoje, a retificar conceitos que emiti em escritos anteriores, nos quais sustentava o caráter predominantemente jurídico-formal da contribuição do mestre baiano à evolução do nosso direito político. Era, como disse acima, tal assertiva uma meia-verdade. No fundo as reformas reclamadas por Rui exprimiam necessidades que alcançavam muito além do plano jurídico. Se compararmos a obra de Rui com a de Alberto Torres, principalmente na parte contida nos dois livros fundamentais do sociólogo fluminense, (*O Problema Nacional Brasileiro e A Organização Nacional*), veremos que, num certo sentido, o primeiro dava forma às sugestões de fundo que o outro apresentava.

Esta afirmação é jornalística, quer dizer, é apressada e deve ser tomada como tal. Precisava ser melhor desenvolvida, cortando-lhe as aparas e definindo-lhe melhor as intenções. Mas não tenho espaço para isto. Vale o que o leitor inteligente compreender do que quero dizer com o que disse. Isto é, que faltavam a Torres estilo e sistematização científica para formular as modificações jurídicas que a aplicação das suas idéias exigiria. E sem dizer que a Rui faltasse sensibilidade para os problemas de base, direi no entanto que não lhes atribuía ênfase especial, colocando-os num segundo plano histórico, sendo o primeiro o da reforma das instituições políticas.

As realidades econômicas e sociais que serviam de apoio ao sistema de 1891 desapareceram antes que disto se dessem conta as oligarquias estaduais da Primeira República, principalmente a mais poderosa, economicamente, de entre elas que era a oligarquia paulista do café. A resistência obstinada às reformas da Constituição, oferecida pelo oficialismo dos estados, acabou fraquejando em um dos dois grandes, Minas, com a súbita evolução de Antônio Carlos. Evolução que teria muito de frustração pessoal em justas aspirações, mas que já significava, por outro lado, qualquer coisa de mais geral e profunda. Minas, estado empobrecido, escapava mais cedo ao sistema monopolista de uma economia agrária em agonia, concentrada, agora, em São Paulo, e nos seus inflexíveis porta-vozes, o Presidente e o candidato.

Assim os candidatos da reação saíam de zonas que nada tinham com a dominação econômica vigente, o extremo Sul e o Nordeste. As reivindicações da Aliança Liberal eram sempre as mesmas, e poderiam ser sintetizadas nas três palavras clássicas de liberdade, representação e justiça. João Neves, o líder parlamentar do movimento, nunca se afastou desse triângulo inicial. Foi em nome daquelas três palavras que a campanha reformista de Assis Brasil e Rui Barbosa se transformou na pregação revolucionária que levou aos episódios às vezes rápidos e heróicos como o de Copacabana, às vezes demonstrativos de energia e capacidade como a Coluna Prestes. Desde que a mocidade militar se identificava, em números crescentes, com a reforma revolucionária, os dias da Primeira

República estavam selados. Era tudo questão de tempo. Mas o sentido da revolução se ampliava e complicava.

Necessidades de desenvolvimento econômico, ideais jurídicos longamente acalentados, ressentimentos políticos e pessoais exacerbados pela inabilidade elementar dos detentores do poder federal, tudo foi se avolumando e amalgamando até a ruptura final da represa legalista com o desdobramento da torrente militar. Os homens da minha geração que acompanhamos de perto a esses acontecimentos víamos, então, as coisas parcialmente. Com a distância atual poderemos vê-las melhor. Pensávamos estar fazendo uma revolução liberal quando iniciávamos uma revolução social.

De 1922 e 1924 até 1930, o processo da revolução brasileira foi-se ampliando e aprofundando. Homens como Artur Bernardes vieram enfileirar-se com outros, como Eduardo Gomes ou Juarez, que o haviam combatido, de armas na mão. O Partido Democrático de São Paulo, herdeiro da mensagem reformista de Rui e Assis Brasil, avizinhava-se com os jovens oficiais (cuja organização posterior, o Clube 3 de Outubro, exprimia as novas tendências econômico-sociais da democracia brasileira). Foi esta união de aparentes contrários que permitiu que a revolução assumisse, desde logo, o caráter nacional e popular que assumiu. Houvesse ficado ela confinada, na sua expressão global, aos lemas clássicos de liberdade, representação e justiça e o seu circulo de influência não iria muito além das elites citadinas, únicas capazes de compreender o sentido profundo que aqueles lemas possuem na prática da democracia. A Revolução de 1930, foi, na verdade, o mais amplo e o mais popular dos movimentos históricos republicanos, porque, na sua complexidade, continha apelos que atraíam ao povo brasileiro em conjunto e não a esta ou àquela classe ou região geográfica.

A grande falha na geração de 1930 (falha que, de certa maneira, subsiste até hoje) foi que os governantes de então não tiveram capacidade e desprendimento suficientes para sintetizar os dois elementos que constituíam o conteúdo da revolução: a reforma institucional e o progresso econômico-social. A Revolução Paulista representou a exacerbação do lado da reforma jurídico-institucional, sem atenção para o conteúdo social da Revolução. Os que sustentavam a ditadura pessoal de Vargas pendiam para o excesso oposto. É inegável que os sentimentos e ambições pessoais tiveram importância no conjunto do processo, porém o fundo do quadro é mais ou menos o que indiquei. A Constituinte de 1934 foi uma tentativa frustrada de conciliação entre os extremos desavindos, tendo a Constituição por frágil e transitório tratado de paz. Mas isto já entra na matéria do capítulo seguinte.

12

A REVOLUÇÃO BRASILEIRA — 1937

No artigo anterior, procuramos indicar como o movimento de 1930, cujo conteúdo aparente era só jurídico e formal, incorporava, entretanto, no seu conjunto, elementos históricos mais profundos, de natureza econômica e social. Como era natural, e até certo ponto inevitável, as tendências liberais da Revolução, que eram as que se exprimiam pelo formalismo jurídico, apareciam representadas pelos políticos da geração mais velha, os antigos defensores da ordem dos tempos de 1922 e 1924, os quais, aos poucos, levados pela visível degenerescência do presidencialismo brasileiro, foram percebendo que a reforma política deveria ser revolucionária. Com efeito, a revisão constitucional de 1926, embora em muitos pontos acertada e oportuna, resolvera apenas certos problemas administrativos e econômicos. Na parte propriamente política, porém (reconhecida a boa regulamentação que trouxe aos casos de intervenção federal nos estados), a reforma de 1926 só veio agravar, em vez de minorar, os males da hipertrofia presidencialista. Basta lembrar, a este respeito, a limitação imposta à doutrina brasileira do *habeas-corpus*. Era natural, portanto, que elementos ponderados e prestigiosos das antigas gerações políticas fossem se convencendo da inevitabilidade da solução revolucionária. Vultos simbólicos da defesa da ordem, como Borges de Medeiros, Epitácio Pessoa ou Artur Bernardes, sofreram esta significativa evolução.

Mas, já o dissemos, o movimento de 1930, embora aparecesse na ribalta da imprensa e da tribuna do Congresso, como limitado aos objetivos de correção política do presidencialismo, trazia no seu bojo outras necessidades, que se manifestavam menos visivelmente, e que se personalizavam nos grupos mais jovens de revolucionários, principalmente militares. As tendências destes grupos eram confusas e insuficientemente articuladas. O seu resíduo sensível parecia, porém, mais social e econômico do que jurídico e, visivelmente, despreocupado das fórmulas liberais. Em alguns setores, a condenação dessas turvas opiniões se foi cristalizando em posições conscientemente de esquerda e de direita, sendo que esta divisão se operava tanto no meio militar quanto no civil. O idealismo impreciso dos antigos tenentes e dos paisanos da era heróica dividiu-se em correntes de fundo nitidamente ideológico e também contraditório. Começamos a contar, então, com correntes civis e militares fascistas e comunistas. Falando genericamente, podemos afirmar que as novas gerações se desprendiam dos compromissos liberais que haviam cimentado a sua união com os políticos mais velhos, união que tinha permitido levar avante o 3 de Outubro. A Aliança Liberal morrera, antes que alguém se apercebesse disto. Desaparecido o adjetivo *liberal*, sumia-se também o substantivo *aliança*.

Podemos considerar, assim, o panorama pós-revolucionário como dividido em duas posições, a liberal, dos veteranos, e a antiliberal, dos jovens. Sendo que esta última posição se subdividia em duas correntes, uma de esquerda e outra de direita.

Getúlio Vargas, por motivos personalísticos, ligados à sua formação e aos seus interesses, não se enquadrava em nenhuma das duas posições mais amplas acima referidas. Pela idade — embora fosse um homem relativamente jovem — e pela carreira política anterior de deputado, líder, ministro e presidente de Estado, seria antes um adepto da reforma institucional em termos jurídicos. Mas as influências que sofrera, na sua formação, não o tornavam um sincero adepto da limitação jurídica do presidencialismo, pedra de toque da ideologia liberal. Antes pelo contrário. Antigo militar, guardara a instintiva repugnância, comum na classe, pelo legalismo inoperante dos *casacas*. Sincero castilhista, conservara da escola o preconceito antiliberal do comtismo. Finalmente, como gaúcho típico — gaúcho de velha cepa —, nutria os ressentimentos habituais nos filhos daquele grande estado durante a Primeira República, contra o sistema constitucional de 1891. Ressentimentos de quem se sabe grande mas não podia entrar no recinto fechado dos dois maiores (Minas e São Paulo). Ficava, assim, o Rio Grande numa espécie de marginalismo cheio de honras, mas vazio de real poder. Ao lado destas influências, e fazendo estreitamente causa comum com elas, havia os mais fortes interesses do chefe do Governo Provisório. Formado na escola do seu chefe Borges de Medeiros, com a prática de um poder pessoal extremado e a permissão de governos ilimitados (pela ficção das reeleições), situação só terminada com a reforma de 1926, Getúlio era o menos indicado dos políticos brasileiros para levar a cabo a planejada limitação dos poderes presidenciais, fim confessado da revolução. Este foi o erro máximo dos velhos políticos mineiros que, sob a chefia de Antônio Carlos, tinham ido buscar, em Porto Alegre, o lobo para vestir-lhe a pele do cão pastor.

Vargas, pois, estava disponível e descomprometido intelectualmente. Não simpatizava com os adeptos da reforma limitadamente liberal, porque não cria nela, não lhe tinha apreço, e ela só podia prejudicar aos seus interesses. Não se inclinava, tampouco, para qualquer das duas correntes em que se abrira a posição antiliberal dos mais moços, porque elas se enrijavam em ideologias, e as ideologias seguiriam um caminho pouco plástico, palmilhado por líderes próprios que não tinham por que defender os interesses essencialmente pessoais e móveis do caudilho e do seu grupo.

Com Getúlio — e com os instrumentos do Poder federal — estavam muitos revolucionários jovens, civis e militares, que, por afeição, ou interesse, mas também por descomprometimento intelectual semelhante ao do chefe, não se sentiam vinculados nem à posição ortodoxa dos velhos liberais, nem à posição ideológica inflexível das duas correntes de revolucionários jovens. Aqueles acompanhantes de Getúlio eram militares, ou civis, mas, de qualquer forma, constituíram um núcleo sólido, que, dirigido a distância, "levou Vargas para onde ele queria ir", segundo a exata e saborosa expressão atribuída a Washington Luís.

A Revolução de São Paulo, como também já dissemos, foi uma última e forte manifestação do liberalismo jurídico que animara o movimento de 1930. Outro movimento do mesmo tipo, embora diferente nos processos, só vamos encontrar no 29 de outubro, com a deposição de Vargas e da ditadura. A Revolução de São Paulo foi uma vitória, sem dúvida, embora de curta duração. É inegável que ela apressou a convocação da Constituinte de 1933, a qual seria retardada por Vargas enquanto pudesse, apesar das lentas e aparentes medidas que ia tomando para aquele fim. Se a revolução de 1932 teve êxito, quanto à imposição da solução constituinte, ficou, desde logo, evidente que a contradição de posições se revelou no seio da Assembléia e no texto mesmo da Constituição de 1934.

Isto era natural. Todos os autores que estudam aquela fase do constitucionalismo mundial, que fica entre as duas Grandes Guerras, reconhecem como as contradições políticas de um mundo essencialmente dividido se projetavam sobre as doutrinas jurídicas, num ambiente de incerteza e perplexidade. O fascismo dominava a Itália, a Alemanha, a Península Ibérica e outras regiões da Europa, bem como o Japão. Era visível que a Terceira República francesa cambaleava aos seus repetidos impactos. Em breve, ao choque da invasão, se desintegraria frente a ele. A Inglaterra intimidada, os Estados Unidos desprestigiados e distantes, a União Soviética isolada pelo famoso *cordão sanitário* (situação perigosa que a levou, ajudada pelo realismo sem princípios da política marxista, a se aproximar de Hitler em 1939), todo o quadro mundial, enfim, facilitava a convicção de que os valores democráticos estavam superados e marchavam para um geral declínio.

Foi neste ambiente que o caudilhismo gaúcho, que servia de alicerce ao personalismo de Vargas, pôde, com êxito fulminante e sem maiores dificuldades, se substituir às duas correntes antagônicas antiliberais, que faziam parte, como vimos, da Revolução de 1930. O golpe de 1937, por conseguinte (e eu salientei isto em mais de um escrito anterior), não foi propriamente fascista, embora tenha aproveitado as oportunidades do fascismo mundial para o seu triunfo. Liquidava as duas correntes ideológicas que se haviam manifestado nos motins de 1935 (comunista) e 1938 (fascista).

Esta primeira observação já representa um dado favorável ao golpe de 1937. Eu, que resisti a ele durante toda a sua vigência, e que consumi resistência contra ele boa parte da minha mocidade, declaro aqui que via com menos repugnância o Brasil entregue a um regime detestável, mas, em todo caso, não desvinculado, no fundo, das nossas tradições históricas nacionais e continentais. Ao revés disso, o fascismo teórico de Plínio Salgado era tão excêntrico aos nossos hábitos e sentimentos como o comunismo de Luís Carlos Prestes. Eram propriamente duas ideologias estrangeiras, antibrasileiras, que só atraíam a grupos reduzidos de intelectuais ou de fanáticos. Neste ponto Getúlio, com a sensibilidade fina e a intuição das realidades que lhe eram peculiares, escolheu a trilha crioula, a trilha nativa, para o tortuoso caminho das suas ambições.

A sua falta de compromissos (refiro-me só ao plano político) levava-o a não esposar claramente as linhas de qualquer das duas correntes em que se dividia o antiliberalismo teórico do nosso país. Ele não era um teórico; era um político militante, e, portanto, não queria, nem podia adotar linhas rígidas de comportamento. Desde que as instituições jurídicas liberais fossem derruídas, e, com elas, o sistema de freios e contrapesos que tolheria o seu poder pessoal, era tudo o que lhe bastava. No seu largo alforge pampeiro cabia a matalotagem de todas as justificações doutrinárias. Ele utilizava ora uma ora outra, conforme lhe viesse o apetite.

Vargas tinha sentimentos arraigados, mas não convicções. Seus sentimentos é que o desprendiam de qualquer compromisso com as instituições tradicionais da República brasileira: a liberdade de imprensa, a independência do Judiciário, o papel do Congresso, a autonomia dos Estados, o rotativismo do poder mineiro-paulista. Todas essas instituições haviam sofrido, não há dúvida, colapsos ocasionais, depois de 1891. Mas elas eram o ideal proclamado do meio político, que ninguém tinha coragem de atacar ou desprezar às escâncaras. Getúlio Vargas serviu-se da oportunidade que lhe ofereciam as doutrinas totalitárias para manifestar, de público e reiteradas vezes, o seu ceticismo sobre o valor real daquelas tradições. Apenas ele nutria, a respeito delas, sentimentos de desapreço que eram fundados em razões diferentes das que proclamava, tiradas dos livros e discursos dos escritores e políticos fascistas. Razões, repito, felizmente para nós, muito mais brasileiras e sul-americanas.

Exatamente por não acreditar naquilo que dizia (e a prova maior desta descrença é o fato de Vargas nunca se ter interessado pela institucionalização efetiva do regime de 1937, através da execução da Carta de 10 de novembro, que ficou para sempre letra morta), exatamente por não acreditar nas doutrinas a que era obrigado a recorrer para justificar politicamente o golpe de Estado, é que o caudilho brasileiro reservou sempre uma extraordinária flexibilidade de ação, com sua admirável inteligência e o seu vigilante oportunismo, partiu em 1937, das vizinhanças do fascismo, para acabar nas vizinhanças do comunismo, em 1945.

Eu estou convencido de que Getúlio nunca foi, na verdade, fascista nem comunista. Ele era, apenas, visceralmente antidemocrata, considerando a democracia na sua formulação jurídica, sem que isto lhe desse qualquer coloração reacionária.

Esta posição de Vargas teve um resultado benéfico: as reivindicações sociais no Brasil, sob sua liderança, se nacionalizaram, no verdadeiro sentido, adquiriram os bons e os maus traços da filosofia nacional. Em uma palavra, escaparam, na grande maioria, à órbita alienígena do marxismo. Hoje reconheço que Getúlio Vargas, que era mais um revoltado do que um revolucionário, e que tinha, de fato, um sincero amor pelo povo, foi uma barreira contra o comunismo no Brasil. O comunismo ortodoxo progrediu depois dele, e talvez progrida mais hoje, porque, sendo a liderança do sr. João Goulart menos pessoal, as reivindicações poderão escapar da Presidência e se concentrar em certos sindicatos da vanguarda, que, estes sim, parecem ocupados pelos marxistas.

Voltemos, porém, à análise de 1937, no setor que nos interessa. Assim, como a Revolução Paulista de 1932 foi o epílogo e o complemento do liberalismo de 1930 (e neste ponto representou uma vitória relativa, porque levou à reunião da Constituinte, que traçou os lineamentos da reforma política liberal), o golpe de 1937 foi o resultado e a supremacia do antiliberalismo de 1930, em correspondência com as forças então dominantes no mundo.

Chegamos, neste ponto, à verificação que me interessa fazer ressaltar agora. Esta verificação é melancólica. A Revolução brasileira, iniciada em 1922, e que atingiu ao seu apogeu revolucionário em 1930, tinha duas faces: uma liberal e jurídica e outra antiliberal e social. Muito bem. Acontece que ambas tiveram êxito. Mas acontece também que os êxitos foram separados, um de cada vez. Em 1930 e 1932 venceu o liberalismo jurídico. A Constituição de 1934, apesar dos esforços de alguns grupos de maior descortino, na Assembléia, não conseguiu equilibrar os dois termos do problema. Veio, então, o êxito da corrente social antiliberal em novembro de 1937. E o problema continuou desequilibrado até hoje.

A justeza e também a justiça destas observações se acentuam quando consideramos que tudo o que ocorreu sob a égide de 1937 só tinha das constantes a marca antiliberal e a inclinação social. Não se deveria nunca procurar nos famosos *curtos quinze anos* qualquer diretriz teórica ou coerência doutrinária.

Quando olho, hoje, para o Brasil, tendo em vista a experiência de 1937, confesso que me alarmam certas semelhanças, mas, por outro lado, verifico que me tranqüiliza a constatação de algumas importantes diferenças.

Hoje, como então, o maior risco para a democracia está na radicalização das elites. Naquele tempo a radicalização tinha um caráter mais teórico: era a doutrinação dos comunistas, de um lado, ou dos integralistas, do outro. Hoje a radicalização é mais operativa do que doutrinária. Temos líderes da direita que agitam e fanatizam amplos setores e líderes de esquerda que fazem o mesmo com outros. Nem os direitistas nem os esquerdistas fazem teoria: lançam-se na ação. Não manejam as idéias como as paixões. De qualquer forma, o fosso se aprofunda, e isto não é bom. Afastando-se voluntariamente desta luta, hoje como em 1937, o Presidente mantém-se misterioso e reticente quanto à sua confiança nos instrumentos democráticos para superá-la. E nós que conhecemos a sua formação sabemos que ele, como o seu antigo chefe e mestre, não tem compromissos nem convicções maiores, ligados ao regime jurídico estabelecido pela Constituição em vigor.

Se estes aspectos são bastante semelhantes, e nos preocupa por isto mesmo, outros há que, bem considerados, levam-nos antes a confiar. Salientemos alguns.

O mundo de hoje não se parece nada com o de 1937. Ao contrário, um dos fenômenos mais marcantes da vida contemporânea é que, depois do arrasamento que a Europa sofreu com a Segunda Guerra, a reconstrução se fez naturalmente, em todas as partes em que ela foi livre, na base da democracia representativa. Isto é um fator de transcendente importância, pois não havia, em 1945, forças que impedissem a Europa devastada de se soerguer em bases diferentes das democráticas. Esta clara situação mundial coloca a alternativa, para os países importantes, em termos de democracia ou comunismo, não havendo lugar para ditaduras pessoais ou grupais intermediárias. E o Brasil é, sem dúvida, um país complexo e importante. Por isso mesmo não creio que as classes armadas tenham inclinação agora — como tiveram em 1937 — por um regime de força. Sem contar que, com a grande politização do país, a resistência seria hoje muito maior.

Mas o fato de um golpe antidemocrático ser difícil não significa que a manutenção do regime constitucional seja fácil. Os dirigentes do nosso país não devem ter dúvidas de que estão governando no tempo mais agitado do processo da Revolução brasileira. O que dá o tão marcante e insubstituível caráter brasileiro à nossa revolução é que ela transcorre, tanto quanto possível, em termos de acomodação não-violenta. Esta tradição de arranjo hábil, a que certos espíritos frívolos se referem com desdém mas que, para mim, honra o nosso povo, tem, entretanto, os seus limites. A capacidade de transação com as formas dura enquanto se pode esperar o atingimento do equilíbrio nas partes substanciais. E, em nossos dias, chegamos ao limite extremo da procura desse equilíbrio. Temos que fazer da Constituição de 1946 aquilo que não se conseguiu com a de 1934: o instrumento de composição entre as tendências jurídicas e sociológicas da Revolução brasileira; 1930 e 1937 foram partes separadas de um todo que nos cumpre reviver. Nesta ordem de idéias, a reforma eleitoral, que evite a corrupção da representação, e a reforma agrária, que propicie o desenvolvimento econômico, são igualmente importantes. Nenhum partido pode dizer que pleiteia uma e recusa a outra. Seria absurdo. Não há mais tempo para tergiversar. A paz e o futuro do Brasil impõem uma decisão. Democratas de todo o Brasil: uni-vos.

13

A REVOLUÇÃO BRASILEIRA — 1960/1965

A restauração democrática de 1945, iniciada com a libertação da imprensa no mês de março e vitoriosa através do golpe militar de 29 de outubro, teve como elemento dinâmico a ação das elites civis e militares. De resto, é óbvio que as transferências violentas de poder político operadas por meio de golpe são sempre obra de elites, ainda quando partam de um tipo especial de elite revolucionária, como foi, por exemplo o golpe bolchevista na Revolução Russa. Sem dúvida houve na União Soviética uma revolução, das mais profundas de toda a História. Mas esta revolução só veio a se verificar *depois* da transferência do poder aos bolchevistas, sendo que esta transferência de poder foi, afinal, o golpe de alguns líderes de grande categoria que orientavam grupos muito reduzidos de operários e militares. De qualquer forma, o que me interessa salientar é que a restauração democrática brasileira foi, de fato, o produto de um golpe, assentado pelo que havia de melhor nas elites civis e militares. Participei do movimento, desde os seus primórdios, acompanhei-o de perto, embora em posições obscuras, e, assim, posso dar o meu testemunho, que, creio, coincide com os fatos conhecidos por todos. Ainda uma outra observação deve ser feita: a restauração democrática foi indiscutivelmente influenciada pelos acontecimentos internacionais. De resto este aspecto da nossa política encontra numerosos precedentes de relevo, desde a era da Independência. O ardente surto liberal e constitucional que abalou a caranchosa máquina do governo régio, ao fim do reinado de D. João VI, resultava diretamente da Restauração, em França, ao fim da ditadura de Bonaparte, e da repercussão por ela provocada na revolução portuguesa do Porto. O 7 de Setembro foi a conseqüência final desse movimento, somado ao de libertação da América espanhola, então em plena ascensão. Foi um surto geral, em que o tipo nacional da revolução monárquica brasileira se compunha com o movimento geral do Continente, iniciado nos Estados Unidos, cujo exemplo, aliás, encontrou eco prematuro na Inconfidência mineira. O 7 de Abril, com a deposição de Pedro I, foi a manifestação brasileira da violência liberal, desencadeada em França no ano anterior, e que deu com os Bourbons em terra. A Revolução Praieira, republicana e de colorido socialista (deve-se reler o admirável capítulo de Nabuco sobre ela), participava do ambiente que em pouco abrasaria a Europa toda, no ano de 1848. O manifesto republicano de dezembro de 1870, que inaugura a revolução da República no Brasil, segue de muito perto a queda do segundo Império napoleônico e a proclamação da Terceira República na França, em setembro daquele mesmo ano.

A revolução de João Cândido, em 1910, tinha pontos de contato com a revolta dos navios russos no Mar Negro, sendo que, nos papéis dos sublevados, havia referências ao incidente. E assim poderíamos ir marcando outras analogias ou influências. Para não nos alongar demasiado, lembremos apenas as evidentes influências do fascismo e do nazismo no golpe de 1937, apesar do caráter brasileiro do mesmo, que procuramos ressaltar no último artigo. Portanto, não apenas a restauração democrática como a supressão da democracia tiveram, entre nós, as habituais características dos movimentos políticos latino-americanos: a ação das elites e a influência ideológica estrangeira. Não suponha o leitor que eu esteja procurando desmerecer a categoria da nossa vida política. Não creio que haja diferença substancial, no particular, entre a experiência vivida pelo nosso e por outros países do continente. E quando as haja, serão sempre no sentido de marcar uma maior originalidade brasileira.

A influência ideológica vinda de fora, com a vitória aliada sobre o fascismo europeu e asiático — vitória de que participamos e não apenas simbolicamente —, correspondia a um sentimento profundo do povo brasileiro: o amor à liberdade. Assim, a formulação jurídica de democracia na Constituição de 1946 foi obra tecnicamente elaborada por homens de elite, mas que encontrava correspondência evidente na nossa maneira de ser, tantas vezes posta à prova através dos tempos.

A participação de correntes ideológicas avançadas na obra constituinte contribuiu, com outros elementos, para o conjunto da nossa arquitetura constitucional existente, imprimindo-lhe a sua fisionomia peculiar: linhas formais classicamente democráticas, mas um arranjo interno (digamos assim) que amplia a ação do Estado, nas áreas social e econômica.

Outra observação deve ser feita sobre a Constituição de 1946, aliás, é de regra nas leis que sucedem a períodos longos de arbítrio: ela é mais "do contra" do que a favor. No caso brasileiro, a natural reação do Estado de Direito contra os excessos recentes do Poder provinha de duas fontes paralelas: a ditadura interna e o totalitarismo mundial. Desta forma o esmero e o cuidado dos arquitetos de 1946 em bloquear todas as passagens por onde se pudesse insinuar o desvio de poder terminaram por fechar algumas que seriam necessárias ao próprio funcionamento democrático. Como exemplos, já outras vezes referidos por mim, citarei o excesso na conceituação da separação de poderes e a extrema rigidez da elaboração legislativa.

Mas esta Constituição, apesar de ser às vezes um espartilho apertado que dificulta a respiração, propiciou ao eleitorado brasileiro uma extraordinária revolução política, sem violência nem ilegalidade: a eleição de Jânio Quadros, em 1960. Foi esta revolução que eu denominei, em discurso no Senado, feito antes do pleito, "o encontro do desespero com a esperança". (Jânio gostava da frase e repetiu-ma mais de uma vez.) O ensaio geral da revolução de 1960 foi a eleição de Vargas, em 1950. Ali também o eleitorado arrebentou as molduras partidárias formadas em torno do candidato oficial e arrastou Getúlio à crista de um poder democrático que ele, pelas razões expressas no meu último artigo, não se achava em condições pessoais de exercer, nem mesmo de compreender bem. Mas os dois episódios têm algumas diferenças. No caso da vitória de Vargas houve uma espécie de sectarismo, caracterizado de um lado pela manobra partidária e eleitoral pessedista e do outro pela revanche contra as elites, levada a efeito pelas massas getulistas de todo o país. Com o seu profundo sentimento de afeição o povo restaurava o *velhinho* e o seu sorriso contra os que o haviam expulso em 1945. Mas, ao fazê-lo, confirmava o predomínio regional dos pessedistas que por ele sacrificaram o seu candidato. No caso de Jânio não houve nem barganha eleitoral-partidária, nem manifestação de um complexo coletivo das massas contra as elites. No caso de Jânio, houve, de fato, uma revolução total, nacional, sem sectarismos nem prevenções, através do voto. Por isto mesmo a eleição de Jânio marca mais a revolução brasileira, no sentido global, e no sentido legal, que a eleição de Vargas. Foi este tesouro de maturidade do povo que a renúncia do Presidente jogou fora. Considero inúteis recriminações e lamentações sobre fatos irreversíveis. Não as farei. Gostaria, no entanto, de uma coisa, uma só: compreender o que se deu e por que se deu. Coisa que, até hoje, ainda não consegui. Ninguém pode prever o futuro, mas um dado parece muito provável: é extremamente difícil, senão impossível, que, na nossa geração, algum outro brasileiro consiga o que tão facilmente conseguiu o jovem mato-grossense, criado no Paraná e fixado em São Paulo. Ele mesmo, outra vez no posto, não teria mais as mesmas indefiníveis e no entanto tão presentes condições de governar.

Mas a nau da revolução brasileira não parou, nem afundou, com o fato de o seu comandante ter desembarcado. Ela prosseguiu na rota incerta, através de acumuladas tormentas. O imediato João Goulart, que fazia uma viagem de instrução, veio assumir o comando, incompleto, a princípio, mas com todos os poderes, depois do plebiscito.

Para que este comando funcione a contento é, no entanto, necessário que ele se assente com firmeza nas bases sobre as quais se formou. E, para que isto se dê, é indispensável considerarmos a revolução brasileira, na sua etapa 1960-1965, na sua exata significação. Poderemos nós fazê-lo? Vamos ensaiar, pelo menos no tocante a certos aspectos essenciais.

Deve-se inicialmente atentar na aplicação das regras do jogo democrático às condições específicas do sistema presidencial. Uma das pedras angulares da democracia representativa é de que a entidade sociológica *povo* se apresenta, sob as formas da instituição jurídica, *eleitorado*. Assim, quando a nossa Constituição diz que "todo o Poder emana do povo", está afirmando, em termos jurídicos, que todo o Poder emana do eleitorado. No sistema presidencial os princípios da responsabilidade do Gabinete diante do Parlamento, e da dissolução do Parlamento pelo Gabinete, propiciam o emprego de um mecanismo, ao mesmo tempo simples e extremamente sensível, capaz de aferir até que ponto os governos exprimem a opinião majoritária do povo, isto é, do eleitorado que os levou ao poder. Nos momentos de dúvida ou de crise a maioria da representação pode destituir o Governo, sob a acusação de que ele não mais representa o povo. Mas o Governo, lançando mão do recurso dissolutório, pode exigir que o povo-eleitorado confirme tal presunção, ou ratifique a sua confiança, fornecendo ao Governo uma nova maioria. Esta conferência de posições, que é um dos mais eficazes traços do parlamentarismo na solução das crises de poder, falta completamente, como é sabido, no sistema presidencial. No nosso sistema dá-se um pouco aquilo que J-J. Rousseau criticava na idéia de representação, em geral. Como dizia o grande genebrino, "o povo é livre no momento de votar, mas, depois do voto, fica escravo deste até o novo pleito". Foi mais ou menos com estas palavras que o ilustre pensador político lançou a semente da "democracia popular" (anti-representativa), esposada logo na Revolução por Babeuf e outros, e que está no germe das chamadas "democracias marxistas" de hoje. No sistema presidencial o governo (que se confunde com o Presidente) é eleito por prazo fixo, e o recurso do impedimento (*impeachment*), única válvula de segurança, só funciona em casos de verdadeira revolução, como é mais que sabido. Aliás a responsabilidade do Gabinete perante o Parlamento surgiu na Inglaterra exatamente para substituir a arma do impedimento, que lá também funcionava de maneira pouco satisfatória.

Portanto o Presidente da República, no Brasil, é eleito em função de uma orientação do eleitorado predominante no momento do pleito e que se entende deve ser a diretriz básica do seu mandato, enquanto ele durar.

Ora, uma das singularidades do pleito de 1960 foi que o Presidente e o Vice-presidente representavam eleitorados diferentes e com tendências diversas. Além disso, a comparação entre os votos de um e de outro indica claramente que Jânio foi eleito por maioria eleitoral muito mais expressiva do que Goulart, não sendo injusto conjeturar que este se elegeu em virtude da divisão do eleitorado janista, trazida pela candidatura, à vice-presidência, do saudoso deputado Fernando Ferrari.

Considerados estes fatos e precedentes, que são irrecusáveis, qual será a interpretação mais razoável, que o Presidente Goulart deve atribuir ao exercício de seu mandato, ou, em outros termos, de que maneira deve ele considerar o desenvolvimento da Revolução brasileira na etapa 1962/1965, que lhe compete presidir? Reconheço que a resposta a esta pergunta é uma questão de consciência, para o Presidente, e que, portanto, só a ele cabe respondê-la. Mas não se pode negar, por outro lado, que os cidadãos investidos de mandatos políticos, como de resto todos os que se interessam pela vida política, têm o direito de opinar sobre problemas dessa natureza, de forma a contribuir para o esclarecimento deles. A mim, por exemplo, me parece que, se o Presidente Goulart não é responsável pela renúncia do Presidente Quadros, também não o são os milhões de eleitores que asseguraram ao resignatário a sua grande maioria. Daí concluo que é um dever de consciência do atual Presidente considerar muito a sério as linhas de motivação que puderam formar aquela verdadeira revolução nacional que foi o pleito de 1960 *e governar tanto quanto possível de acordo com estas inspirações*. Tal atitude é a única que corresponderá a uma fidelidade substancial, e não puramente formal, aos ditames da democracia representativa, vista através da prática do sistema presidencial de governo. A demonstração disto me parece tão clara que quase seria dispensável. Ela se basearia nas seguintes considerações preliminares: 1) o poder político emana da maioria do eleitorado; 2) esta maioria, no sistema presidencial, se manifesta uma só vez por toda a duração do mandato executivo; 3) em 1960 a maioria eleitoral rompeu as barreiras partidárias e escolheu Jânio Quadros, não só acima dos partidos, como também acima do que se convencionou chamar a *esquerda* e a *direita*; 4) Jânio Quadros era depositário de um mandato claro, de caráter centrista, para realizar, em clima de co-existência interna, uma obra de recuperação moral e de progresso nacional sem extremismos nem radicalismos; 5) o Presidente escolhido para tais fins abandonou a tarefa mal iniciada, sem que lhe tivesse faltado o apoio da maioria que o elegeu, e foi substituído pelo seu sucessor constitucional; 6) o novo Presidente está cumprindo o mandato do seu antecessor; 7) o cumprimento do mandato não se traduz apenas uma substituição no tempo, mas, e principalmente, pela substituição nas tarefas e incumbências. Verificada a exatidão dos dados acima, as conclusões se imporão por elas mesmas.

O dever de consciência deve impor ao Presidente Goulart o cumprimento do mandato que a maioria conferiu ao Presidente Quadros e de que ele se despojou sem consulta à maioria que o elegeu. O mandato inclui especialmente a obra de saneamento moral da vida administrativa e também a reforma brasileira, em termos de superação dos interesses partidários e dos choques entre radicalistas. Esta continua a ser, segundo as aparências mais idôneas, a posição preferida pela maioria do povo. As dificuldades que o Presidente Goulart tem encontrado no seu desejo de reformas e, também, no desempenho dos seus poderes normais reside principalmente no fato de seu Governo parecer que está atuando em função das inclinações minoritárias dos que elegeram o Vice-presidente e não, como seria lógico e acertado, em função das inclinações majoritárias das correntes que elegeram o Presidente-resignatário. Dir-se-á, para contestar isto, que a grande maioria do plebiscito veio ratificar as linhas de orientação que chamo minoritárias. Mas este argumento não colhe, porque o plebiscito não foi o julgamento de uma política, mas a opção entre dois regimes, o parlamentar e o presidencial. O povo manifestou-se pela restauração do sistema de 1891, contra o Ato Adicional, mas não se declarou absolutamente a favor de uma linha de governo diferente daquela que havia triunfado espetacularmente em 1960.

A visível resistência da maioria do Congresso em dar o seu aval aos métodos preconizados pelos setores minoritários é outra prova muito importante de que a maioria do povo-eleitorado permanece fiel à linha centrista e anti-radical para as reformas, pois o Congresso é, no seu conjunto, a expressão da vontade da maioria colhida em 1962.

Segundo publicaram recentemente os jornais, o Secretário de Estado Rusk, dos Estados Unidos, chamou a atenção para a extrema dificuldade que existe, na América Latina, para se levar a efeito as necessárias reformas de estrutura, por meio dos instrumentos constitucionais funcionando regularmente. Esta é uma verdade de conjunto, que deve ser levada em conta não só no nosso continente como em qualquer outra parte do mundo. Mas também é verdade que o povo brasileiro — sempre tomado no significado jurídico de eleitorado — tem oferecido exemplos de singular capacidade política e que os representantes eleitos, nos momentos culminantes, não têm desmerecido das qualidades de tato e lucidez do corpo eleitoral. Estou absolutamente convencido de que o Governo, se conseguir pautar os seus métodos de ação pelas diretrizes inequivocamente assentadas e confirmadas pelas duas sucessivas manifestações eleitorais (diretrizes eqüidistantes dos extremismos e favoráveis ao desenvolvimento nacional em termos de nacionalismo e progresso), terá amplo apoio para os seus propósitos reformistas, que são, desde que entendidos como agora, amplamente majoritários.

Por que não aproveita o Presidente o tempo que lhe resta, e que não é tão pouco assim, para levar avante a indispensável obra de renovação, no quadro da moderação, da coexistência e da confiança? Não haveria forças sectárias ou radicais que importassem, diante da mobilização nacional constituída espontaneamente em torno de tais princípios. Tenho para mim que o Brasil é perfeitamente capaz de dar ao mundo o exemplo da reforma democrática, que tão difícil se antolha a observadores como o Secretário de Estado americano. A Revolução brasileira, na etapa decisiva que atravessamos, pode ser realizada com estes dois instrumentos: inteligência e boa-fé.

Mas nunca através da imposição de métodos minoritários, pois isto corresponderia a um golpe de Estado, e os golpes de Estado são, naturalmente, incompatíveis com a ordem constitucional. Sem esquecer que, quebrada esta, não se sabe quem ficaria para contar o resto da história.

14

O DEVER DAS ELITES

Os leitores habituais deste caderno do *Jornal do Brasil* estarão talvez lembrados dos artigos aqui publicados, no fim do ano passado, com que procurei examinar, desapaixonadamente, os aspectos mais marcantes e graves da conjuntura brasileira. As observações e reflexões compendiadas naqueles pequenos ensaios nada tinham de originais, sou o primeiro a reconhecer. Aliás, a originalidade, em matéria de observação política, é antes de se evitar que de se procurar, pois pode denotar, e freqüentemente denota, atividade mental desligada da realidade histórica.

A progressiva acentuação de certos fatores que procurei identificar naquele tempo é indiscutível, como inevitáveis vão-se desvendando as funestas conseqüências desta marcha despenhada no escuro, se um forte movimento de razão e de vontade coletivas não se formar, para a procura de soluções que sejam, ao mesmo tempo, as margens que canalizem as forças sociais no sentido da evolução e as barreiras que obstem ao desbordamento delas no sentido da convulsão.

Nos artigos referidos procurei mostrar, entre outras coisas, que a radicalização das elites, causada pelo medo de perder e a ambição de poder, não existia ainda no povo, mas que as elites terminariam por despertar, nas massas, as posições radicais. Os fatos estão correspondendo à previsão.

Disse também que a restauração dos valores morais na vida pública se impunha, não só pelas óbvias razões éticas, mas também por fortes motivos políticos, sem o que a campanha sucessória iria descambar numa ignóbil competição de corrupções que enlamearia os poderes do Estado e as correntes políticas aos olhos do povo, comprometendo a confiança no regime. Está acontecendo. Indiquei que a divisão nacional, separando o País em dois blocos passionais irredutíveis, criaria lideranças pessoais fortes para situações políticas fracas; impediria a solução dos nossos problemas básicos e entregaria o Brasil, como território de eleição da guerra fria, à estratégia mundial das duas superpotências. É para onde a nossa palermice criminosa nos está levando.

Acrescentei que era indispensável *pensar o Brasil* para salvá-lo, isto é, que um plano mínimo global, que fosse a resultante do encontro pacífico das forças sociais em divergência, deveria impor-se antes de qualquer ação válida. Continuo pensando assim. Mas não parece que nada de concreto se haja tentado, nesta direção.

Neste ponto desejo fazer um parêntese necessário. Esta última referência não representa qualquer alusão velada ao chamado programa mínimo, com que o deputado San Tiago Dantas procura coordenar as forças políticas. Estou, apenas, recordando o que aqui disse no ano passado, para chegar às considerações posteriores deste artigo. Quanto ao trabalho, que considero meritório, do meu emérito colega da Faculdade Nacional de Direito, aprovo-o em princípio, precisamente por corresponder, como acabo de lembrar, aos pontos de vista que aqui expendi. No mérito — sobre o qual não me vou manifestar agora — tenho reservas sérias. Na verdade, algumas reivindicações ali contidas já são matéria constitucional; outras são de impossível realização, e, se tentadas, só agravariam a agitação presente; e ainda outras me parecem contraditórias. Mas isto será objeto de exposição diferente, talvez dispensável, pois, tal qual se encontra, não creio que o programa mínimo vá muito longe.

O que me interessa neste momento, repetindo embora aquilo que já disse a princípio, é acentuar a incessante marcha de agravamento das dificuldades que procurei retratar nos artigos do ano passado. Esta situação, se abandonada ao seu curso atual, tende a se definir cada vez mais nitidamente, ou melhor, tende a se cristalizar nas suas piores manifestações.

O automatismo da marcha extremista não perdoa. Domina mesmo aqueles que pretendem dominá-la ou se servir dela como de um instrumento transitório. Enganam-se redondamente os radicais que pretendem utilizar o radicalismo como uma espécie de aríete, destinado a romper as defesas adversárias, para depois incorporar as forças existentes na cidadela inimiga. Sempre se enganaram, em todos os países, aqueles que tentaram utilizar essa técnica. Quando ela surte efeito, o poder vai cair em mãos de um terceiro grupo. Além disso, quando posto em ação, o radicalismo tende ao aprofundamento das próprias posições, mas também ao estreitamento delas, tornando-se praticamente impossível a incorporação de novas forças. O Governador Lacerda, por exemplo, parecia, em certo momento, ser o ponto de convergência das forças conservadoras moderadas, de várias origens. O deputado Brizola, por seu lado, dava a impressão de desejar congregar as correntes progressistas de vários matizes. À medida, porém, que foram aceitando (ou não puderam evitar) o papel de expoentes de correntes extremas, os campos de manobra política, ou seja, de entendimento com outras correntes, foram exigindo definições cada vez mais radicais destas mesmas correntes, o que não poderá deixar de dificultar a incorporação delas. E isto vai continuar cada vez mais certo, no prazo relativamente longo que ainda temos pela frente até a maturação completa do problema. O futuro dirá se estou vendo errado.

A situação brasileira manifesta apesar de tudo, inequivocamente, a existência de um amplo espaço inocupado pelo radicalismo. Neste espaço é que será possível o planejamento das reformas necessárias ao País e das soluções para os seus problemas básicos, reformas e soluções que só serão possíveis na medida em que representem a colaboração — e nunca a oposição, como agora — entre as forças mais vigorosas e atuantes da sociedade brasileira.

Assim como observamos a existência do espaço inocupado, podemos constatar igualmente a inexistência, até o momento, do líder ou grupo de líderes com as condições necessárias (inclusive uma clara consciência do seu papel) para ocupar o espaço referido, levando avante as tarefas que se impõem.

Mas, se a democracia é de fato o regime de expressão das necessidades e anseios da maioria, então aqueles homens têm de aparecer, dado que a maioria das opiniões se situa ainda fora das faixas radicais.

Considerada nas suas condições atuais, a sorte da democracia brasileira é muito sombria, praticamente sem saída normal, em virtude da conjuntura que podemos sintetizar no seguinte dilema: com as esquerdas não se pode governar e sem as esquerdas não se pode eleger o Governo. Em face de tão alarmante panorama, que fazem as elites brasileiras, inclusive os governantes e os aspirantes ao Governo? Em vez de porfiarem na congregação de forças e de idéias que permitam primeiro constituir um Governo e depois realizar um programa de Governo, continuam na insensatez de um radicalismo que levará, na melhor das hipóteses, uma maioria precária a constituir um Governo que a oposição extremada não deixará governar. Isto, repito, na melhor e menos provável das hipóteses, porque, na mais provável, não levará a nada, senão à autodestruição.

Eis o que quase todos sentem, mas que não têm como traduzir em pensamento e ação. Schiller dizia que sentir é fácil, pensar é difícil, mas pensar de acordo com o sentimento é quase impossível.

Por quase impossível que seja, esta é a tarefa que nos incumbe, porque ninguém vai tirar-nos da dificuldade a não ser nós mesmos.

A dificuldade não pode ser vencida senão com a ocupação do amplo espaço de colaboração das forças sociais, por líderes realmente em condições de fazê-lo. O que se exige destes homens é óbvio, embora não seja fácil, porque, nas desgraçadas condições do Brasil de hoje, o que é logicamente óbvio torna-se objetivamente raro.

Exige-se verdadeira independência em face das correntes radicais, e também do Governo. Exige-se inatacável autoridade moral. Exige-se um perfeito equilíbrio entre a compreensão dos lídimos valores nacionais (conservação) e sensibilidade para as imposições da nossa época (mutação). Exige-se, afinal, autenticidade de posições e capacidade de comunicação com as elites e com as massas.

Há, de fato, momentos na vida dos povos em que as qualidades requeridas aos governantes são antes as virtudes do homem, em geral, que as de homem do Governo, em especial. As grandes opções com que se defronta o País são antes de tudo de compreensão e sensibilidade, mais do que administrativas ou econômicas. Não esqueço que estas últimas são a parte que cabe especificamente ao governante e que, portanto, impossível seria governar sem tomar acertadas posições no seu contexto. Mas o que me parece é que antes de se considerar as situações factuais, de que vão depender as decisões do governante, deverá este, no Brasil de hoje, ter uma posição prévia e firme, que eu chamaria filosófica, e que norteará todas as suas ações particulares de estadista. Qualquer coisa como a Razão e o Direito Natural estão para o raciocínio e as atividades do jurista.

A condição prévia, requerida para tal atitude filosófica em face da realidade brasileira, é também simples, mas também não é fácil, pelo que se vê. Ela se chama equilíbrio intelectual e moral. Note-se que o equilíbrio a que me refiro é bem diferente da autenticidade, ou sinceridade, que também se exige. De resto a autenticidade é inerente ao equilíbrio intelectual e moral, que não se comporia nunca com a hipocrisia, nem mesmo com o fingimento ocasional, tão comum nos políticos à cata de votos. Mas o homem pode ser perfeitamente autêntico sendo, ao mesmo tempo, desequilibrado. Quase todos os loucos são sinceros e autênticos nos seus desvarios.

Outra nuança que deve ser acentuada é que às vezes existe nos homens equilíbrio intelectual, mas escasseia neles o equilíbrio moral, em virtude de certas contingências de formação ou interesse. No meu meio social, que é o das elites, entre a gente com que convivo, por exemplo, noto com freqüência este embotamento do equilíbrio moral, em pessoas bem equilibradas intelectualmente. Não é que tais pessoas — e entre elas encontro alguns velhos e excelentes amigos — tenham, de qualquer forma, se desviado da linha habitual de conduta moral. Mas é que, na sociedade em mutação que é a nossa, elas não percebem que a moral exige antes de tudo a compreensão desapaixonada das condições da mudança social. Muitas vezes a preocupação em reclamar, em nome da moral, o respeito a certos valores sociais antigos — como os decorrentes de certas concepções ultrapassadas do direito de propriedade — constitui exatamente o que eu chamo embotamento do equilíbrio moral.

O pior, no Brasil de hoje, é que a defesa de tais interesses se faz não só em nome da moral, como também no da religião.

O grande juiz da Suprema Corte americana, Oliver Holmes, um dos maiores cidadãos dos Estados Unidos de todos os tempos, aquele que emitiu os famosos *dissents* (votos vencidos) que são hoje a substância da jurisprudência renovada, dizia em um dos seus julgados que o juiz nunca deve confundir o sentimento imanente da justiça com a defesa disfarçada de interesses temporais. Isto a propósito da fúria com que a Suprema Corte declarava, então, inconstitucionais todas as leis votadas pelo Congresso em defesa dos trabalhadores e limitativas do poder econômico dos oligopólios.

Realmente, muitas vezes, sob a capa da defesa dos princípios permanentes, o que se insinua é a advocacia de interesses transitórios.

Holmes, que foi amigo de Joaquim Nabuco, pôs ali o dedo em uma das feridas mais graves do sistema democrático.

Hoje no Brasil esta posição é visível até dentro da Igreja. De boa-fé alguns, e por paixão sectária outros, vemos eclesiásticos, de maior ou menor hierarquia, lançados na condenação inquisitorial de tudo o que lhes cheire a pôr em risco os interesses de uma estrutura econômica visivelmente desgastada e insuficiente. Felizmente ainda existem almas de padres animados de verdadeiro sentimento moral cristão, como o bispo de Belo Horizonte, D. Rezende Costa, que apoiou o admirável documento no qual a Ação Católica de Minas denunciou precisamente a escandalosa atuação de certos pastores que atiravam as suas ovelhas de mistura com a alcatéia de lobos do extremismo direitista.

O equilíbrio moral e intelectual, que se exige de um bom governante do Brasil de hoje, estará, entre outras coisas, na capacidade de somar com lucidez a quota de justiça que existe na conservação de certos valores sociais com aquela que deve existir na transformação da sociedade, ou melhor, na orientação pacífica desta transformação.

Por isto mesmo ele não pode representar apenas um lado da sociedade brasileira. Augusto Comte considerava o dever da escola positivista pugnar pelo que ele chamava a incorporação do proletariado à sociedade. Esta incorporação, sem dúvida, já se vem verificando desde os tempos do grande pensador francês, graças à evolução da técnica da produção e à evolução do próprio sistema capitalista. No Brasil de hoje, o dever dos políticos equilibrados é — coisa de que não cogitou Augusto Comte — incorporar as classes superiores da sociedade no esforço de transformação dela.

Em vários países adiantados do mundo tal incorporação também já se deu. E foi ela que permitiu na Inglaterra, nos países escandinavos e também nos Estados Unidos a formidável transformação da democracia liberal em democracia social, sem perda das liberdades básicas.

Se não tivermos compreensão desta necessidade, nem competência para levá-la a satisfação prática, então teremos definitivamente comprometido o futuro da democracia no nosso País.

Eis por que a divisão passional exacerbada pelo radicalismo político das elites, contra o qual venho clamando sem qualquer eco desde o ano passado, me parece entre nós o caminho certo do desastre.

O elemento que venho mencionar, isto é, a necessidade de incorporação das elites sociais ao movimento reformista do Brasil de hoje, é, talvez, o mais importante para que possamos sair pacificamente da atual crise brasileira. Por conseqüência, a deserção das elites no cumprimento deste dever é o maior obstáculo e o risco mais grave que ameaçam atualmente o nosso País.

Quando observamos o panorama brasileiro atual não podemos deixar de reconhecer uma diferença lamentável entre o comportamento das classes superiores da sociedade e o das classes populares, no tocante à formulação do problema brasileiro e à procura de soluções para o mesmo.

Enquanto as forças populares, arregimentadas nos sindicatos, partidos políticos, ligas, agremiações estudantis e grupos intelectuais, (legalmente institucionalizados ou não) denunciam a existência das situações, exigem a correção delas e sugerem, bem ou mal, soluções (aceitáveis ou não), do outro lado as elites se cingem ou a negar a existência das situações ou, quando as reconhecem, a recusar as soluções propostas, geralmente num e noutro caso sob pretexto de propaganda comunista.

As razões invocadas para tal atitude inflexivelmente negativista se resumem, afinal, em uma única, que engloba todas as outras: a de que o governo federal não merece confiança, e que nenhuma colaboração lhe deve ser dada.

Concordo em que o Governo federal pouco tem feito para merecer confiança e que episódios como o do até agora mal explicado pedido de estado de sítio são antes motivos de ativa desconfiança dos que receiam golpes contra as instituições.

Mas as classes dirigentes brasileiras devem fazer um cuidadoso exame de consciência para verificar até que ponto esta alegada desconfiança para com o Governo não é uma simples escapatória, que encobre o desejo de não colaborar no trabalho de reformas nacionais, por mais imperioso que ele apareça, e que deve ser realizado sem compromissos políticos com o Governo.

A prova mais clara, a meu ver, de que as elites brasileiras não parecem dispostas a participar do movimento reformista (coisa que condenará o mesmo ao fracasso, mas também a democracia ao desastre) está na posição de omissão, ou mesmo de hostilidade, que elas têm mostrado até agora, quanto ao encaminhamento de soluções equilibradas e progressistas para o caso da sucessão presidencial.

É principalmente sobre este aspecto da questão que procurarei voltar no próximo artigo.

15

AINDA AS ELITES

No nosso último artigo acentuávamos a ausência quase completa de uma organização eficaz das elites brasileiras na procura de soluções para os problemas angustiosos do país. Emprego aquela palavra francesa — hoje perfeitamente abrasileirada — no seu sentido mais geral, que abrange as camadas sociais mais elevadas, nas suas diferentes atividades ou profissões.

Infelizmente, como acentuava, não se vê o Congresso, o Instituto dos Advogados, as congregações universitárias, a Federação das Indústrias, as associações comerciais, as federações de lavradores tomarem posição construtiva dentro da crise. Suas posições, quando existem, têm habitualmente cunho negativista: ou visam negar a existência dos problemas, cujas aparências tantas vezes alarmantes não seriam mais do que provocações demagógicas do Governo ou dos comunistas; ou, reconhecendo embora a existência dos problemas, limitam-se a um obstinado combate às soluções preconizadas, sem a apresentação de qualquer alternativa válida.

O mais inquietante, e, mesmo, o mais decepcionante para quem conhece a nossa História, é que as tradições das elites brasileiras são outras; diferentes e melhores, na sua antiga capacidade de atuação e de controle dos acontecimentos.

Tomemos o exemplo da Abolição para confirmar o que vimos de dizer, pois a Abolição representa uma crise ao mesmo tempo política, econômica e social. O encaminhamento admirável do problema abolicionista no Império brasileiro foi resultado da prudente coragem, da sábia moderação, da hábil lucidez das elites brasileiras do século XIX, tão superiores, sob tais aspectos, às elites norte-americanas da mesma época.

Não foi por acaso que as flores lançadas sobre o Visconde do Rio Branco e a Princesa Isabel substituíram entre nós as balas dos canhões da Guerra Civil que, por tantos anos, ensangüentou a grande República. Ninguém poderia exprimir mais autenticamente as elites brasileiras, no sangue e na cultura, do que Joaquim Nabuco e Rui Barbosa. Sem eles não se teria feito a Abolição pacífica. Mas um e outro foram acoimados nos mais virulentos termos pelas direitas reacionárias do tempo. Nabuco foi insultado em plena Câmara, chamado de "coração de lama". Rui foi acusado de assaltante da propriedade privada, de incitador de roubos e de agitador comunista. Sim, agitador comunista. Acontece, porém, que as elites imperiais, a começar pelo Imperador, tiveram a inteligência, a habilidade e a coragem que estão lamentavelmente faltando às atuais elites republicanas. Acompanharam aqueles grandes pioneiros.

Aliás, se alargarmos um pouco o círculo de nossas lembranças, veremos que a tão decantada capacidade brasileira de solucionar, sem violência, a maioria das nossas crises sociais e institucionais é, no fundo, a capacidade de evolução das nossas elites.

Os grandes movimentos históricos do Brasil foram, invariavelmente, controlados, orientados e inspirados pelas elites, que souberam compreender com generosidade as necessidades populares e canalizar com sabedoria o seu desenvolvimento.

Por isto mesmo as grandes datas da nossa história, o 7 de Setembro, o 13 de Maio, o 15 de Novembro, são marcos da evolução contínua e nunca explosões revolucionárias. Compare-se a nossa Independência com a Independência dos Estados Unidos. Aqui o hino cantado por D. Pedro na mesma noite, em São Paulo. Lá os anos de sangue e sofrimento. Compare-se o advento da República no Brasil com o mesmo fato na Inglaterra do século XVII, ou na França do século XVIII. Aqui o velho imperante saindo com a família, barra a fora, depois de recusar uma dotação republicana; as flores nas espingardas; monarquistas eleitos para a Constituinte, inclusive um antigo presidente do Conselho. Lá as cabeças reais rolando nos patíbulos, as cenas de massacre e genocídio das antigas classes dominantes.

Sei que há entre nós alguns heróis sedentários, prontos a correr ao primeiro estrondo de tiro, que ironizam a pacífica majestade da nossa evolução. Querem sangue (dos outros) estes prostáticos lanceiros e estas adiposas amazonas de unhas pintadas. Pensam que o sangue das revoltas é medido em frasquinhos, como aquele que se recolhe para o exame do colesterol. Cedo se desenganariam, e talvez não houvesse tempo para o avião do confortável exílio. Eu lhes aconselharia, no intervalo das noitadas, uma leitura sobre a história da guerra civil espanhola.

O Brasil, dividido pelo ódio e envenenado pela ambição, pode perfeitamente servir de palco a uma tragédia semelhante.

A mim, pela minha formação intelectual fundada na tolerância e na liberdade, nada repugna mais que os fanatismos.

O abandono de si, a subserviência mental e moral, o automatismo mecânico imposto pelo fanatismo às almas torvas e exaltadas, sempre me provocaram um indizível impulso de resistência e revolta. E são os traços mais visíveis do fanatismo que lobrigo, agora, em certos círculos das elites nacionais.

Em primeiro lugar, esta estranha sujeição da personalidade a qualquer coisa que se situa fora dela. O fanático é um ser alimentado por um fogo íntimo, mas este fogo é despertado por causas estranhas à inteligência do fanático.

Por isto mesmo ele emprega a mesma energia passional em sustentar causas inteiramente em desacordo com o que pensava ou sentia antes, desde que elas lhe sejam impostas pela força que o inspira externamente. Cessam, de todo, a sua capacidade de julgamento, a sua credibilidade nas evidências, o seu próprio senso moral. Pratica e defende, na defesa da sua causa, todos os métodos que denuncia e condena, desde que aplicados em defesa da causa adversa. Nega o que vê, mas crê de olhos fechados em tudo que lhe dizem, desde que provenha da sua grei. Desconfia da honra adversa e confia na desonra próxima. Encoleriza-se aqui contra a arbitrariedade, e aplaude ali a violência. Enternece-se com o pequeno sofrimento do comparsa e retorce-se de gozo sádico com as dores cruéis do inimigo.

Mas estas monótonas e quase tediosas características do fanático, apesar de perigosas nas crises políticas, têm menos importância do que uma espécie de burrice militante, que enquadra e comanda disciplinadamente as hostes do fanatismo.

Neste Reino da Estupidez, as opiniões, que são a atitude refletida do espírito, são substituídas pelas convicções, cidadelas obstinadas cercadas pelas muralhas da burrice. E o que me espanta é que estas muralhas são construídas sempre dos mesmos materiais, isto é, das mesmas convicções, dos mesmos *slogans*. Tenho observado como pessoas de meios diferentes, que nunca se conheceram, repetem maquinalmente os mesmos absurdos, sobre determinados assuntos. Alegam uniformemente fatos que não ocorreram, e que, quando desmentidos, são esquecidos, até que surjam novas mentiras a serem alegadas. Prevêem, como inevitáveis, fatos que nunca ocorrerão, hipóteses que são substituídas por outras, igualmente aceitas, desde que as primeiras se tornam desnecessárias.

É desta massa fanatizada que se recrutam as falanges dos extremismos políticos, dos fascistas e comunistas. O extremismo é muito mais uma questão de temperamento que de formação, ou de opinião. Daí a relativa freqüência com que vemos extremistas da extrema esquerda passarem a líderes da extrema direita e vice-versa.

Jacques Doriot, o intratável comunista francês, de quem vi um retrato tirado no Kremlin, sentado no trono do czar, foi o mesmo feroz líder hitlerista que lutou até à morte para plantar o pendão da suástica no coração da França. Hoje, em todo o mundo, os fanáticos extremistas, de um e outro lados, seguem a técnica de se dizerem os únicos verdadeiros representantes da democracia. Só que a democracia, para eles, representa apenas a aplicação de sistemas de força destinados a preservar os mitos em que acreditam. No Brasil, com aquela monotonia a que me referia há pouco, isto também acontece.

Eu no fundo me divirto, quando o meu interlocutor diz que os incidentes de Belo Horizonte foram demonstrações de defesa da democracia. E me divirto porque era isto mesmo que eu ouvia antes, a respeito dos episódios da Faculdade Nacional de Filosofia. Poucos condenam, como é justo, uma e outra vergonheira.

Que fazem as instituições verdadeiramente representativas das elites sociais e mentais do Brasil, em face deste alarmante estado de coisas? Até agora não fazem nada, ou antes, sem ser injusto, creio que fazem algo, isto é, inscrevem-se discretamente em um dos lados da luta, o lado da direita.

Mas não há dúvida de que, do lado da esquerda, a mesma tendência à intransigência se pode observar. Ainda há pouco alguns líderes, dos mais capazes, das correntes de esquerda no Congresso ferreteavam com duras palavras qualquer hipótese de colaboração entre as forças sociais, para a solução dos problemas brasileiros. Convencido de que a incorporação das elites nacionais ao programa das reformas necessárias é o único processo capaz de levá-las a cabo pacificamente, não posso aceitar de nenhuma maneira a tese do afastamento delas, defendida pelas esquerdas radicais. De fato esta tese significa simplesmente a opção franca pelo processo da revolução popular, e isto quer dizer guerra civil, sacrifícios incontáveis para o povo e ditadura final. Sinto-me muito velho para reviver uma experiência ditatorial contra a qual dediquei tudo o que pude na minha mocidade. Porém, muito mais velho do que qualquer idade humana é o próprio fracasso das lutas civis em nome da liberdade. Elas têm milênios de prova, e terminam sempre em sacrifício dos ideais em cujo nome eram proclamadas. A causa da liberdade do povo brasileiro é importante demais, nacional e internacionalmente, para que seja abandonada, como coisa de ninguém, aos assaltos irresponsáveis dos dois fanatismos.

Por tudo isto é que a responsabilidade das elites nacionais em face da crise brasileira se avoluma à proporção que esta se aprofunda.

Inscrever-se em um dos dois lados do extremismo é, para as elites, um erro criminoso. Abster-se em face da crise, uma criminosa deserção. Seu dever é o de incorporar-se ao esforço de preservação dos valores democráticos, através da única forma possível, que é a da colaboração no progresso social.

Na minha opinião, o estadista contemporâneo que mais perfeitamente representou o papel histórico das elites foi o Presidente Kennedy. O fulgor da sua presença no cenário americano e mundial reviveu a era de Franklin Roosevelt, pelas mesmas razões. Lembro-me do choque que experimentei, em um hotel de Orã, no momento em que Roberto Assunção veio transmitir-me a terrível notícia do assassínio do jovem e heróico líder das elites mundiais. Naquela mesma noite eu devia fazer uma conferência no teatro da grande cidade argelina, foco de intensa política. Diante da sala cheia, perante um auditório inteiramente desconhecido e cujas reações eu ignorava, resolvi iniciar minha fala com uma homenagem ao Presidente morto. Era de se ver a imediata receptividade da platéia para esta lembrança, demonstrativa de como, em todos os meios e sob todas as formas de governo, o povo tem sempre sensibilidade para discernir e compreender o esforço sincero das elites na conquista progressiva da justiça.

No Brasil, como em todo o Ocidente, a democracia só se consolidará na medida em que for o regime capaz de conter nos seus quadros a obra ingente de transformação, imposta pela nossa época. E, para que tal aconteça, é necessário que, em todos os países, as elites nacionais tomem a sua posição de direção e controle dessa obra.

Repito que temos neste particular uma luminosa tradição. A geração da Independência foi comandada por uma admirável elite de que é símbolo José Bonifácio. Aquela geração soube compreender perfeitamente que o centro de manutenção da unidade nacional e de preservação das liberdades estava na evolução moderada e nunca nas posições extremadas. Marchamos assim para a Monarquia parlamentar, que José Bonifácio previu e declarou ser a chave da união do Império, e não para o republicanismo militar, secreta ou francamente desejado pelos extremistas de então. Da Abolição já falamos. Na Constituinte republicana, as elites repeliram os excessos do federalismo comtista e do caudilhismo militar. O mentor da primeira Constituição, Rui Barbosa, nela transfundiu o seu gênio liberal, e a sua larga experiência do parlamentarismo inglês e do judiciarismo americano. Apesar de todas as crises, algumas sangrentas, da Primeira República, a Constituição moderada foi a arca santa que nos impediu de nos dispersar na anarquia, ou nos humilhar na servidão. Saraiva, presidente do Conselho, foi constituinte. O barão de Ladário, o único homem que derramou seu sangue em defesa da Coroa, foi senador republicano. Esta a lição dos nossos maiores. A lição que a paixão de uns e a burrice de outros nos vão fazendo esquecer.

No momento atual, dentro das elites brasileiras, apenas a hierarquia católica vem demonstrando, em certos setores, a sua afinidade com as imposições do tempo e com os deveres da cidadania.

A atitude de certos altos prelados, denunciando fanatismos e explorações radicais e tomando posição em favor das reformas populares, é confortadora, e constitui um dos mais fortes indícios de resistência verdadeiramente democrática. Apenas se desejaria que tal atitude fosse mais coordenada e com manifestações mais freqüentes, porque a autoridade e influência dela só tenderiam a crescer.

Quando outros esperam que sindicatos, quartéis ou facções venham defender uma democracia manca ou caolha, eu, de minha parte, tenho confiança em que a Igreja, no momento oportuno, saberá trazer a sua palavra de orientação, em defesa da liberdade e do progresso, que não exclui a condenação dos que se opõem a ambos com aparência de os estarem defendendo.

A situação, tal como se encontra, com as elites nacionais inertes ou resistentes em face das soluções moderadas, é que não pode continuar. Torna-se mais necessária do que nunca a presença de um verdadeiro líder, com a autoridade política, moral e intelectual necessária para representar tal orientação. Este homem deveria ser, acima de tudo, como Kennedy, um político combativo. A idéia de que o moderado é morno, frouxo e conformado é uma concepção primária dos deveres da moderação. Basta que citemos os nomes de Rui Barbosa e José Bonifácio, que indicamos a justo título como símbolos do evolucionismo moderado, para vermos até que ponto é falsa aquela presunção.

Em certos casos, mesmo, a moderação exige capacidade especial de luta, porque, quando a radicalização se extrema, a linha de centro tem de se haver contra adversários fanáticos dos dois lados. Exige, portanto, uma fibra rija e uma coragem sempre alerta e espontânea.

Modernamente, o político que teve mais visíveis qualidades de líder moderado no Brasil foi precisamente um dos mais experimentados em toda sorte de lutas: Jânio Quadros. O mal do antigo Presidente foi, talvez, que a vibração temperamental, não rara entre os moderados, era nele mais forte do que a moderação da sua inteligência política. Foi no choque entre temperamento e inteligência que aquele sobrepujou momentaneamente a esta, em momento crucial do destino do até então vitorioso estadista e, sem dúvida, grande Presidente.

Na dosagem complicada e caprichosa dos inúmeros fatores que compõem psicologicamente uma personalidade humana existe um meio ambiente que, quando falha, põe todo o conjunto a perder. Este meio ambiente é o equilíbrio das diversas faculdades.

Os indivíduos historicamente representativos são a soma e a expressão da época a que pertencem. Se as elites brasileiras atuais tiverem conservado a mesma capacidade de suas antecessoras, não deixarão de encontrar, e sem muita tardança, o homem que represente as tendências equilibradas de conservação e mudança, cujo oportuno reconhecimento propiciou o êxito da nossa marcha no passado. O homem que seria Rodrigues Alves do nosso tempo. Se, no entanto, elas, as elites, tiverem decaído ao nível da radicalização insensível, do fanatismo cego e da intransigência inabordável, então nós as veremos, daqui por diante, empenhadas somente no alegre labor de trazer mais lenha à fogueira que tudo vai consumir, a começar pelas ambições e enganos delas mesmas.

16

A VOZ DE MINAS

Recentes e dramáticos acontecimentos ocorridos em Minas Gerais, tanto em áreas urbanas como em zonas rurais, têm focalizado sobre a minha terra a atenção nacional, e quem sabe se também a internacional, que acompanha os novos caminhos do Brasil.

Aliás, desde os tempos da Colônia, as posições mineiras têm preocupado a opinião brasileira: ora intrigando-a, pelo que às vezes possuem de enigmático e desconcertante; ora trazendo-lhe exaltação e esperança, nos seus surtos de audácia liberal; ora, ao contrário, decepcionando-a em seus momentos de conformismo e sensata submissão.

Desde o começo do século XVIII, com aquele estranho livro que é o *Peregrino de América*, de Nuno Marques Pereira; passando pela abundantíssima literatura de século passado, que tem em Saint-Hilaire o seu mais conspícuo e simpático representante, até as modernas tentativas de decifração do caráter mineiro, levadas a efeito, entre outros, por Alceu Amoroso Lima (é do belo livro deste que tirei o título do presente artigo), os escritores se têm demorado em observar e comentar a Montanha e os montanheses.

Alguns o fazem sob a impressão de amoroso despeito, como Francisco Otaviano, cuja apóstrofe acusadora ainda era uma confissão de ternura: "Brilhante estrela do Sul, formosa Província de Minas, por que desmaias...?" Outros, na República, mal escondem a mágoa contra o inexplicável predomínio político do colosso central. Entre estes se destacam principalmente os oradores gaúchos, como Pedro Moacir ou João Neves, que, no fundo, não perdoavam aos pacíficos montanheses da Primeira República uma supremacia que a gauchada bravia não alcançara apesar dos lances de heroísmo das correrias pampeiras, ponchos despregados e lanças em riste, tantas vezes tintas de sangue sem que se soubesse bem a razão.

Apaixonado leitor de tudo o que se refere à minha terra, sinto, ao percorrer tantas páginas variadas, que o caráter mineiro é algumas vezes submetido a processos de simplificação, que podem conduzir a errôneas conseqüências. Estes erros de apreciação é que levam a esperanças ou decepções igualmente de pouco fundamento, pois são conclusões fatais de premissas erradas.

Eu me pretendo mineiro, totalmente. Mineiro das Gerais e dos Gerais, isto é, com avós mineradores das Minas Gerais ou criadores dos Campos Gerais. Devo, pois, na idade a que cheguei e com a experiência que pude acumular, conhecer um pouco dos sentimentos mineiros, avaliar, desapaixonadamente, o sentido da civilização e da influência mineiras no destino do Brasil. Baseado nisto é que pretendo trazer aqui minha contribuição ao bom entendimento de Minas.

Começaria por dizer que a primeira coisa que se deve afastar da mente, para compreender o papel de Minas no processo histórico brasileiro, é a idéia de unidade na formação do estado. Devemos sempre ter presente que o que prevalece em Minas, nos seus melhores momentos, nos lances em que ela melhor deu de si ao Brasil, foi o espírito de união e nunca o fator unidade. E, para sermos verdadeiramente fiéis à autêntica vocação mineira, temos de compreender até o fundo, sem deixar nada obscuro, a diferença substancial que existe entre a unidade, como fato, e a união, como espírito.

Devo acentuar, aliás, que esta maneira de entender a missão de Minas não é nova em mim. Na biografia de meu pai, publicada já lá vão quase dez anos, procedi a uma longa exposição da velha dualidade histórica da civilização mineira. Ali procurei retratar, de um lado, a Minas da mineração, concentrada, urbanizada, literária e plástica, impulsiva, ocasionalmente leviana, oratória e revolucionária e, do outro, a Minas agrícola do café, dispersa entre Sul e Mata, pouco imaginosa, austera, às vezes autoritária.

O grande milagre da civilização mineira foi ter sempre conseguido (pelo menos até agora) reunir estas duas correntes formadoras, perfeitamente distintas, quando não opostas, em um único leito histórico, ao mesmo tempo capaz de conservar e de renovar, leito em que as águas da tradição se misturam com as da evolução. Todo o segredo da influência de Minas na Primeira República foi, no fundo e bem apreciadas as suas manifestações, a união moderada da política mineira. Era a famosa *carneirada* montanhesa, o irresistível rebanho dos eleitores dirigidos pelos prudentes coronéis e, em seguida, o rebanho dos eleitos da mais numerosa bancada da Câmara, apoiando o Presidente mas fazendo valer o seu apoio, de forma a imprimir, tanto quanto possível, aos governos nacionais, a mesma marca de união moderada. Minas, na Primeira República, foi uma espécie de sucedâneo do Poder Moderador da Carta de 1824.

Mas não devemos esquecer algo de muito importante, que é o seguinte: tanto a união como a moderação mineiras eram o resultado do equilíbrio entre as duas Minas coexistentes, a mineradora e a agrária. A união e a moderação eram, portanto, resultados de uma ação política corretiva sobre uma oposição interna latente, entre duas forças distintas. A Minas da mineração era a força intelectual, a liberdade. A Minas agrícola era a força eleitoral, a autoridade. Aquela forneceu à República, desde os seus primórdios, os oradores e pensadores políticos, os escritores e juristas, homens de espírito liberal, como Cesário Alvim, João Pinheiro, Augusto de Lima, Calógeras, Antônio Carlos. A Minas agrária deu os governantes fortes, de tipo autoritário, como Silviano Brandão, Carlos Peixoto, Raul Soares, Artur Bernardes.

As duas forças tradicionais que confluíam na ação política do estado, se não encontrassem um plano de equilíbrio e ficassem vivendo isoladamente, terminariam por se opor uma à outra, enfraquecendo-se reciprocamente e comprometendo a influência de Minas na Federação. O que permitiu consolidar o prestígio montanhês foi a plasticidade do seu gênio político, que superava e compunha as divergências de formação e de interesses. Era um processo simples e necessário de composição.

Minas sabia que, desunida, se enfraquecia, e isto aconteceu durante o Império quando se acirravam as lutas entre liberais e conservadores.

O livro célebre do padre Marinho, sobre a Revolução de 1842, mostra um dos momentos críticos dessa divisão e desse enfraquecimento: os partidos em armas, as cidades sitiadas, as famílias separadas e a Província invadida pelas tropas imperiais. O sentimento da autonomia, o amor da terra, o culto da liberdade, tudo levado no roldão das lutas radicais. E a influência mineira que contribuíra para o Fico com o Visconde de Caeté; que fundara a monarquia parlamentar com Bernardo de Vasconcelos, no seu genial discurso contra o radicalismo liberal, e que advertira, pela voz dos sinos de Ouro Preto, o jovem Imperador contra a ditadura, caía agora, graças às lutas radicais, ao ponto de merecer, mais tarde, o eloqüente apelo de Otaviano: "brilhante estrela do Sul, formosa Província de Minas".

Quando observamos, atualmente, o panorama mineiro, vemos desde logo que subsiste, em novos termos, a velha divisão. A Primeira República herdara do Império a separação entre zona mineradora e zona agrícola. Hoje podemos identificar a mesma dualidade, com a diferença que a zona mineral, sem deixar de ser mineral, evoluiu para zona industrial.

Isto explicará bastante aos observadores desprevenidos, que se surpreendem com o fato de Minas, terra pacífica e ordeira, estar se transformando numa espécie de exposição permanente do choque entre os radicalismos.

Estimuladas pela grande siderurgia e a expansão da energia hidroelétrica, as indústrias se multiplicam, não só em Belo Horizonte como em várias zonas do estado servidas por aqueles elementos, de forma a constituírem concentrações operárias bastante consideráveis. Ao lado destes trabalhadores surgem os técnicos de várias especialidades, formando todo o conjunto uma forte corrente progressista e socialmente reivindicante. Esta corrente começa, por outro lado, a transformar rapidamente a mentalidade dos trabalhadores rurais. A prova disto é a ampliação irreversível do fenômeno da sindicalização rural em todo o território do estado, sabido como é que, mais que o partido político, o sindicato profissional representa, no meio das massas trabalhadoras, a prova da consciência política e o instrumento de ação desta mesma consciência.

A situação é agora mais complicada do que já foi antigamente, por duas razões. Em primeiro lugar os conflitos sociais na nossa época são mais agudos, e se apresentam com uma formulação mais nítida do que em outros tempos. Isto é verdade em toda parte, e Minas não poderia aparecer como exceção. Em segundo lugar a oposição entre zona industrial e zona agropecuária, e, naturalmente, entre as mentalidades dominantes nas duas zonas, se apresenta de forma especialmente difícil, dentro do estado, porque a região industrial, que é recente na sua parte mais importante, se acha equipada de forma também nova ou relativamente nova, enquanto as regiões de gado e agricultura ainda funcionam com processos rotineiros.

Assim, a natural oposição de interesses fica agravada por um caráter mais acentuado dos respectivos elementos representativos. Os da zona industrial, mais modernos e evoluídos, tendendo para uma radicalização de esquerda. Os da região agropecuária, mais antigos e tradicionalistas, tendendo para a radicalização de direita. A situação em conjunto, que procurei definir objetivamente e sem fantasias, explica bem por que Minas se está transformando no palco de eleição para as pantomimas do radicalismo. É bem significativo, a este propósito, que a divisão latente dentro da Igreja, no Brasil, tenha alcançado a sua expressão mais pública e declarada em Minas, que é talvez a parte mais católica do País.

A primeira das considerações que se impõem é a de que não assiste nenhuma razão aos que proclamam um dos lados da Minas de hoje — especificamente o lado da direita — como sendo o verdadeiro depositário das tradições montanhesas, daquelas tradições que fizeram a grandeza de Minas e deram valor à sua influência nacional. Com efeito a radicalização direitista manifestada na reação violenta de certos proprietários de terra à reforma agrária e na mobilização do fanatismo político e religioso de certas camadas das populações urbanas, aquela radicalização, dizíamos, representa, pela sua imponderada violência e pelo seu fatal resultado divisionista, não a continuidade, mas precisamente o contrário, ou seja, a negação das tradições de união moderadora de Minas Gerais.

Até agora, pelo que tem vindo a público, as violências têm sido praticadas de preferência pelas facções direitistas, excitadas por hábil liderança ao estado de indignação. E, não esqueçamos, a decisão de impedir violentamente o comício já estava tomada pelas direitas, antes mesmo que se soubesse da presença de patrulhas esquerdistas armadas. Não se deve ter dúvidas de que, em breve, caso continue o clima de radicalização contrário às melhores tradições mineiras, os atos de violência começarão a ser praticados também pelas esquerdas. Então já será a luta aberta, ao feitio de 1842, quando os mineiros haviam esquecido o discurso de Bernardo de Vasconcelos, que é o Sermão da Montanha de moderação mineira.

Tenho sobre isto um depoimento expressivo. Quando passei agora por Belo Horizonte, um dos meus amigos, líder católico da maior respeitabilidade e uma das mais marcantes figuras da intelectualidade mineira, mostrava-se profundamente irritado com o que chamava exploração política da religião feita pelos grupos reacionários. E dizia-me que, a continuar tal situação, inclusive os ataques ao Bispo de Belo Horizonte, os católicos partidários das reformas sociais deveriam também se organizar, com suas famílias, e ir enfrentar nas ruas os adversários, da mesma fé, mas de diferente posição política. Esta opinião, exposta sem reservas pelo ilustre professor católico, deu-me a medida do quanto andam errados os que descobrem, na violenta divisão mineira de agora, qualquer coisa de aparentado com as gloriosas tradições montanhesas de cordura, entendimento e liberdade. Minas sempre lutou pela paz.

Não há dúvida de que, pelo seu espírito religioso e pelo seu amor à liberdade, o povo mineiro, em maioria esmagadora, repele a tirania comunista. Mas o fato de repeli-la não significa de nenhum modo que aceite outras formas de radicalismo violento, sobretudo aquele que se mascara como defensor de princípios espirituais, para sustentar injustos privilégios materiais, cuja eliminação virá inclusive estimular o progresso econômico.

A tradição não é incompatível com o progresso, mas se opõe ao imobilismo social, nas fases de transformação histórica. Tal imobilismo chama-se reação e rima com revolução. Rima também, embora não pareça, com violência e com sangue. Os responsáveis pelos destinos de Minas ainda não envolvidos na luta radical (seguramente são ainda eles os mais numerosos) devem refletir e agir.

Devem, com urgência, fazer voltar o povo mineiro ao caminho de suas verdadeiras tradições republicanas, que estão sendo subvertidas pela onda de violência irracional despertada por algumas lideranças fanáticas a serviço, consciente ou inconsciente, da reação; e que estão sendo igualmente postas em risco pela organização revolucionária no campo e nas cidades, habilmente preparada pelo comunismo, ou pela demagogia esquerdizante. Não é possível que a tradicional lucidez mineira se afogue nas duas ondas de obscurantismo.

A batalha da moderação e da união dos mineiros precisa ser travada com energia. Uma das maiores tolices, permitam-me repeti-lo, é supor-se que a posição moderada significa tibieza ou frouxidão. Mais energia e destemor precisam muitas vezes mostrar os moderados, que lutam contra dois campos de paixões desatadas, do que os componentes de qualquer destes dois campos. Uma coisa é certa: a contradição atual existente na economia, na sociologia e até na geografia mineiras precisa ser resolvida e pode ser resolvida. A indústria não deixará de crescer nas zonas do ferro, da energia elétrica e das comunicações. E este crescimento não se pode desenvolver pacificamente sem um correspondente progresso no campo, com a transformação da obsoleta organização atual. A colocação destes graves problemas em termos de paixão política, que se serve da indignação de grupos sociais não preparados para compreender a sua complexidade, é uma maneira de obstar à solução desses mesmos problemas, mas não de fazê-los desaparecer. Ao contrário, por tal processo, eles só tenderão a se agravar, com o aprofundamento da radicalização e o crescimento da violência dos dois lados.

Minas possui nas suas elites políticas, técnicas, religiosas, administrativas e financeiras nomes que estão entre os mais altos e capazes do Brasil. Desgosta ver toda esta admirável geração de capacidades desaproveitada ou envolvida em berros e cadeiradas mais ou menos grotescas em vez de utilizar as reservas de prudência e união, peculiares à civilização mineira, para a avaliação sensata dos problemas e a sua justa solução. Imagino o que seria a reconstrução da democracia na Europa devastada pela guerra, o espetacular ressurgimento da Bélgica, da Holanda, da Itália e da Alemanha, se as elites dirigentes destes países, com problemas econômicos e sociais muito maiores que os nossos, ficassem a se invectivar exibindo trabucos e cadeiras em vez de se juntar e *pegar no duro* do trabalho. Não é só desgosto que se sente, no Brasil: é também pesar.

Um dos mestres da minha mocidade foi o Presidente Antônio Carlos. Era eu ainda estudante de Direito, quando ele me convidou espontaneamente para Promotor de Justiça em Belo Horizonte. Durante o ano e pouco em que exerci a função, no quadro do seu admirável Governo, não era raro entreter-me com o velho Andrada, na sua simples mesa de jantar do Palácio. Ali ouvi eu, daquele homem típico da elite mineira, algumas lições políticas de que jamais me esqueci.

Uma das lições daquele que foi dos maiores do seu nome se afigurava a muitos como uma simples frase de espírito. Mas, bem considerada, não era nada disso, e resumia apenas, em síntese lapidar, toda a teoria da voz de Minas na História do Brasil. A frase, como os leitores já devem ter percebido era esta: *Façamos a revolução antes que o povo a faça.*

17

O COMÍCIO E O SENADO

Quem conhece Roma deve lembrar-se de que a tribuna dos oradores, no Fórum, fica situada entre o edifício do Senado e a esplanada dos comícios. Plutarco, escrevendo a vida de Caio Graco, refere um episódio simbólico ocorrido naquele lugar, ainda hoje venerável e bem conservado, tão capaz de estimular a imaginação evocativa dos visitantes. Caio Graco, tribuno do povo, estava empenhado em levar avante as reformas democráticas deixadas inacabadas pelo seu infortunado irmão Tibério, das quais a mais importante era a reforma agrária, que visava à distribuição de terras aos camponeses pobres. Mas outras mudanças estavam sendo defendidas pelo mais jovem dos irmãos ilustres. Uma era a reforma eleitoral, com o propósito de se atribuir direito de voto a todos os nascidos na Itália, e não somente ao diminuto círculo dos nativos de Roma; outra visava à melhoria das condições de vida dos simples soldados, freqüentemente esquecidos nos triunfos e recompensas atribuídas aos generais vitoriosos. Socialização da terra, ampliação do sufrágio, atenção para os soldados, eis o que, perto de duzentos anos antes de Cristo — portanto mais de dois mil anos antes das mensagens presidenciais de hoje —, sustentavam os dois irmãos Gracos, legítimos expoentes da elite republicana; filhos de Cornélia, netos de Cipião.

Ao defender, porém, como de hábito, perante o povo reunido, as reformas que preconizava, Caio Graco assumiu inesperadamente uma atitude que desvendou de súbito as suas recônditas intenções. Dou, aqui, a palavra ao grande Plutarco: "À medida que ele discursava, pedindo a retificação da lei, sua atitude foi observada como demonstrando, a vários respeitos, singular gravidade. Enquanto outros líderes populares, até então, voltavam a face para a casa do Senado, ele, ao contrário, arengando ao povo, virou-se para o lado deste, e continuou daí por diante a sempre proceder da mesma forma. Um movimento insignificante, uma mudança de posição marcou contudo uma revolução não pequena nos negócios do Estado... Sua ação significava que os oradores públicos deviam dirigir-se ao povo, mas não ao Senado."

O ilustre historiador identifica, na posição oratória de Caio Graco — e identifica com admirável lucidez —, o símbolo de um fenômeno revolucionário tantas vezes repetido depois, em vários países, na passagem sucessiva dos séculos.

Este fenômeno, que entrou hoje na terminologia da ciência política com o nome de *bonapartismo*, é a escalada do poder pessoal pelo conflito provocado entre o povo e as instituições, sob a proteção das forças armadas.

O estudo da História nos ensina que o homem conserva uma extraordinária identidade de sentimentos e de processos de ação no meio das mais variadas e mutáveis condições de meio e de tempo. Sobre a paixão do poder, esta estranha paixão humana que não se sacia, antes aumenta com a satisfação dos próprios desejos, nós podemos ver como ela se apresenta sempre igual, com os mesmos sentimentos e os mesmos processos, refletida num capítulo de Plutarco, num canto de Dante ou num drama de Shakespeare.

O processo de ação que a paixão do poder assume, quando desmedida, quaisquer que sejam as motivações ideológicas, é invariável. Pode-se revestir de muitas formas, mas é sempre o apelo ao povo contra as leis. Em Roma, os magistrados candidatos a ditadores, na República, ou os generais candidatos a imperadores, no Império, agiam de forma parecida à do general Bonaparte, quando, no golpe de Brumário, acuou o Legislativo e iniciou a marcha para o poder pessoal, dando nome ao fenômeno do bonapartismo. Seu sobrinho, Napoleão III, no golpe de dezembro liquidou também a República sufocando o Legislativo, provocando o vulcão de cólera vingadora de Victor Hugo, nos versos de *Chatments*.

O *Homem de Dezembro* confirmou depois o poder executando a doutrina do chamado *apelo ao povo,* por meio de plebiscito. Não esqueçamos que o plebiscito é o processo milenário de liquidar com as instituições constitucionais mediante o apelo direto ao povo; não para estabelecer o governo do povo, mas para instaurar o governo pessoal. Devemos distinguir o plebiscito como reminiscência da democracia direta dentro do moderno sistema representativo (e é como tal que ele existe na Constituição brasileira), do plebiscito como instrumento de ação violenta das minorias ou facções que, apoiadas na força pública, preparam as massas pela propaganda e delas se servem para golpear as instituições constitucionais. No vocabulário do Direito Público, a palavra plebiscito, como a palavra democracia, é suscetível de tendenciosas interpretações. Em artigo próximo procurarei desfazê-las, mostrando o que é realmente, o plebiscito, dentro das limitações do Estado de Direito.

O que aqui me interessa é fixar como, no Brasil dos nossos dias, estamos assistindo ao perigoso exercício do Governo, que, para falar ao povo, parece voltar deliberadamente as costas às instituições.

No entanto nada prova que as instituições existentes sejam incapazes, ou mesmo insuficientes, para a obra de ordenação legal do processo histórico de mutação, que se observa no País.

Convidado certa vez para proferir a aula inaugural na Faculdade de Direito da Universidade da Guanabara, escolhi para tema da minha dissertação o exame do seguinte assunto: "A Crise do Direito e o Direito da Crise". Meu objetivo principal era o de mostrar aos jovens estudantes que todas as transformações sociais podem se operar, no quadro jurídico democrático; que, sem uma organização jurídica, nenhuma alteração estável das instituições sociais, mesmo as não-jurídicas, é possível, e que os mais radicais movimentos revolucionários, representando embora a ruptura de uma certa ordem jurídica, não atingem aos seus objetivos senão quando conseguem instaurar uma outra ordem jurídica, que venha substituir a que foi destruída. Neste particular, o fracasso das previsões do marxismo-leninismo, com referência à posição do Direito dentro da sociedade, é indiscutível. Lenin sustentava que as regras do Direito não eram mais, no fundo, do que a expressão do predomínio de uma classe sobre outra, dentro do mecanismo do Estado, e que, com a instauração da sociedade comunista, na qual as classes seriam abolidas, o Estado tenderia a desaparecer e, com ele, o Direito. O Governo, segundo a presunção utópica daquele que era considerado o grande realista, seria afinal um processo muito simples e automático de registro administrativo, desligado de qualquer substância ou forma jurídica. No entanto, passado quase meio século da Revolução de Outubro, o que vemos é o gigantismo do Estado soviético e a elaboração do seu complexo e abundante suporte jurídico. Em certos campos, como por exemplo no Direito Internacional, o rigorismo formal dos juristas russos excede ao de qualquer escola ocidental, e é interessante observar que eles defendem com intransigência certas concepções do Direito Ocidental que já se encontram superadas, ou em vias de superação.

É verdade que certos juristas do Ocidente falam, como Rippert, em "declínio do Direito", ou, como Burdeau, aludem à Constituição como "concepção antiquada". São desabafos pessimistas de velhos professores, intimidados diante da pesada tarefa consistente em acompanhar a mutação social com o Direito, para evitar que ela se faça na violência. A verdade é que aqueles professores nunca puderam explicar bem o que poderia suceder ao Direito pretensamente em declínio ou à Constituição supostamente antiquada, como elemento de integração social.

Os povos mais capazes de evoluir socialmente em paz, como os anglo-saxônicos e os escandinavos, foram exatamente aqueles que souberam conter as mutações sociais no quadro das instituições jurídicas.

O grande desafio que a História oferece à nossa geração, no Brasil, é precisamente este, de fazer com que a ordem jurídica possa conter e acompanhar eficazmente a mudança social e econômica. Será isto impossível? Estou sinceramente convencido de que não, desde que haja uma quota razoável de boa-fé e capacidade nas nossas elites.

De passagem lembrarei que não há revolução nem transformação pacífica que não seja afinal levada a efeito pelas elites, e estranha ver historiadores porem em dúvida este fato, entretanto evidente, da História. É que os historiadores são muitas vezes burocratas sedentários, que nunca se engajam nos processos históricos de que falam *ex cathedra*.

As condições oferecidas pelo panorama nacional, a respeito do assunto, são facilmente identificáveis e aqui procurarei expô-las da forma mais franca e clara que puder.

A transformação imposta pelas condições econômicas e sociais do Brasil pode ser conseguida em prazo razoável e sem graves infrações da ordem, desde que se estabeleça um movimento convergente entre o Executivo e o Congresso. Para isto, é claro, algumas condições são indispensáveis, e não devemos esconder a dificuldade delas. Comecemos pelas que são exigíveis do Executivo. O Governo do Presidente Goulart deve aceitar o princípio de que as reformas de base, por isto mesmo que são nacionais, não se devem tornar monopólio de uma facção partidária, nem de grupos profissionais politizados. As reformas só serão pacíficas se processadas dentro das instituições.

Deve, portanto, procurar persuadir os partidos no Congresso a acompanharem até onde lhes seja possível as reivindicações da mensagem, que, segundo o presidente, consubstanciam as reivindicações principais do momento, mas não deve transformar a persuasão em coação, porque a esta o Congresso resistiria, segundo a linha histórica nunca desmentida, desde a Constituinte de 1923. Para qualquer parlamentar digno da sua missão, a dissolução do Legislativo, com todas as conseqüências que acarretará para o Executivo e as Forças Armadas, é muito preferível à sua submissão aos caprichos do poder. Como eu mesmo disse, quando do pedido extemporâneo do estado de sítio, para o regime democrático é melhor fechar um Congresso aberto do que manter aberto um Congresso fechado. Entendo que a pressão sobre o Congresso é lícita, desde que feita espontaneamente por grupos sociais organizados, tal como ocorre em outros países, sendo que na língua inglesa há até uma palavra especial para nomeá-la.

Mas a pressão feita direta ou indiretamente por um poder sobre outro, ou melhor, feita pelo Executivo, poder armado, sobre o Legislativo, poder desarmado, passa a ser coação e é intolerável. A pressão espontânea dos grupos sociais chama a atenção dos parlamentares para os problemas e urge pelas soluções. A coação governativa acua as maiorias a tomarem decisões contrárias à sua vontade. Pressões podem ser feitas por organismos profissionais, patronais ou trabalhistas, por funcionários ou estudantes, mas não põem em risco a liberdade do Congresso, que é inclusive garantida pela força pública. A coação é realizada pelo governo, diretamente através das armas, como em 1823 ou 1937, ou indiretamente mobilizando dispositivos atrás dos quais manobra, acobertado pela força armada, que, assim, deixa de garantir as instituições para servir ao poder.

O Presidente deve compreender que o seu papel histórico de reformador fica perfeitamente assegurado ao sucesso que obtenha nas negociações feitas dentro do Congresso, a fim de levar a maioria tão próxima quanto possível das posições assumidas pelo Executivo. As soluções das divergências de opinião serão certamente as resultantes mais condizentes com a situação real do País.

Por seu lado, o Congresso tem o dever de, como poder independente, começar por se tornar independente de si mesmo, das suas próprias deficiências e limitações. O Congresso tem funcionado no Brasil com eficácia somente nos momentos de crise. Mas esta crise brasileira, que se vinha agravando difusamente, agora parece que se aproxima do seu ponto culminante. Agora não se trata de defender as instituições, mas de fazê-las funcionar. O Congresso deve compreender que não há, na verdade, uma crise do Direito. As revoluções são rupturas e não crises das organizações jurídicas. O que certas vezes se faz necessário, como agora no Brasil, é um Direito da crise, ou seja, uma legislação que venha atender à crise social, permitindo a sua evolução dentro da ordem jurídica.

Como senador tenho pontos de vista mais ou menos firmados sobre todos os problemas de Direito suscitados pela mensagem presidencial, inclusive quanto às sugestões de reforma constitucional, que aceito umas e recuso outras.

Deixarei para artigos posteriores a exposição destes pontos de vista. O que pretendo aqui fixar é que, na minha opinião, todos os problemas focalizados encontram solução dentro do quadro institucional, mediante a colaboração entre os dois poderes políticos.

Mas, assim como é difícil que o Presidente aceite a função de coordenador, que é a que historicamente lhe cabe, abandonando a de líder pessoal, que lhe é imposta pela liderança dos seus grupos políticos, também parece difícil que o Congresso se torne independente de fato, quer dizer, independente de si mesmo, das suas divisões internas.

Foi sentindo isto que, desde o ano passado, me coloquei contra a antecipação do lançamento das candidaturas presidenciais pelos partidos. Diziam-me que era a única maneira de se fixar o processo sucessório, mas sempre me pareceu que era também a forma de se tornar impossível o trabalho das reformas dentro do Congresso e, portanto, de concorrer para a desmoralização do Legislativo, o que só virá agravar a crise política e, afinal, perturbar aquele mesmo processo sucessório.

Disse isto a todos os amigos com quem conversava, e em todos os tons. Mas a reflexão pouco pode contra a paixão.

Hoje estamos diante de um estado de fato: o PSD com o seu candidato escolhido e a UDN às vésperas de oficializar o que virtualmente já escolheu. Por esta razão de já estarem politicamente fixados, os dois grandes partidos, que unidos dominariam o Congresso e poderiam levar de efeito uma legislação reformista democrática, encontram-se presos a compromissos que nada têm a ver com as reformas. De um lado a esperança do apoio do Governo à candidatura pessedista imobiliza o PSD, prende-o na indefinição, pelo receio de comprometer tal apoio. Por outro lado o radicalismo anti-reformista da outra candidatura faz com que a UDN se imobilize numa espécie de sombria desconfiança, que até agora só tem contribuído para a paralisia do Congresso. Assim, partindo do propósito, em si mesmo louvável, de assegurar estabilidade ao processo sucessório, o lançamento prematuro do problema presidencial faz-nos correr o grave risco de imobilizar o Congresso em face das reformas, o que é a maneira mais certa de pôr em perigo a marcha normal do processo político.

Tenho porém a esperança de que a realidade das coisas e a consciência dos deveres do mandato poderão superar este divisionismo estéril e arbitrário e levar as duas bancadas a considerar a sério as incumbências que lhes cabem, dentro do Congresso e fora da política partidária ou sucessória. De minha parte, independente que sou em face das posições políticas assumidas pelo meu partido, procurarei fazer o que estiver ao meu alcance para o atingimento de soluções democráticas para o problema das reformas.

Imagino que, com o agravamento inevitável da situação geral, no caso de inércia ou divisão insolúvel do Congresso diante das reformas, uma revisão acabará por se impor. Mas o que temo é que tal revisão de atitudes seja demasiado tardia, e não permita tempo nem calma suficientes para o estudo adequado dos assuntos.

Afastado das lideranças parlamentares, desde que fiz parte do Governo Quadros, não tenho, hoje, funções que me habilitem a trabalhar autorizadamente na linha de entendimento entre os partidos, que preconizo, e que me parece a mais acertada para que a crise brasileira seja vencida pelo Direito. Mas confio na capacidade e no patriotismo dos líderes dos partidos nas duas Casas do Congresso. Há tranqüilidade e confiança no povo. Nada explicaria que os representantes deste mesmo povo fossem incapazes de corresponder a esta confiança majoritária, só desmentida por pequenos grupos de agitadores interessados, ou transviados pelo êxtase sucessório.

O Congresso é, para o povo brasileiro, uma instituição cujo significado transcende de muito o agrupamento de partidos que o compõem. É como instituição que o Congresso é respeitado, apesar das suas fraquezas humanas, dos seus erros e deficiências. Isto se observa particularmente agora, quando, entre civis e militares, se sucedem tão claras demonstrações de confiança no Legislativo. Esta é, para nós, uma temível responsabilidade, que somente nós mesmos poderemos defender, na medida em que nos libertarmos do medo ou da paixão, duas formas de servidão.

Quando oradores poderosos começam a apelar para o povo voltando as costas ao Congresso, é indispensável que o Congresso mostre ao povo que é capaz de ficar de frente para ele. Plutarco relata como a tentativa de atirar a massa contra as instituições conduz à guerra civil. Meditemos esta lição de Plutarco.

PARTE II

POLÍTICA INTERNA PÓS-REVOLUCIONÁRIA

2

VOLTA À LEGALIDADE

A RAPIDEZ vertiginosa dos acontecimentos que transformaram o panorama político e a estrutura jurídica do Estado brasileiro torna escusado e ocioso qualquer esforço atual de comentar, interpretar ou justificar a revolução triunfante. Quando o homem se integra, de fato, na realidade do seu tempo, e quando este tempo apresenta características, como o nosso, de dramática e rápida mutação, impõe-se, irresistivelmente, a todos e a cada um, aquela regra de conduta sintetizada na frase de Disraeli: "Never complain, never explain." De fato, justificar, explicar e interpretar são tarefas privativas do historiador. O quinhão dos que vivem a História é a ação. Os dias vividos são como frutos que caem da árvore da vida no solo do tempo. Alguns apodrecem e se perdem, mas outros germinam em novas formas de vida. Cumpre deixá-los germinar no tempo. Colhê-los na queda, tentar conservá-los artificialmente para o presente é inutilizá-los para o futuro. Todo o tempo gasto no esforço de explicar fatos e situações é tomado ao dever do homem público de contribuir para a orientação de uns e outros. O político que tem o senso e o gosto da História sabe o quanto é inútil tentar esclarecer, para os contemporâneos, a mutável atualidade. Inútil porque a fisionomia definitiva dela só se define quando o presente já for passado, que não é morte, mas perenidade. E inútil, também, porque o historiador vindouro é que vai fixar em termos justos — quer dizer, reais — essa confusa atualidade, desentranhando, da massa aluvional das paixões, as linhas puras da verdade essencial. A lição mais forte que a História nos dá está, talvez, menos na experiência dos fatos que nos lega do que neste tranqüilo desdém pelas agitações efêmeras que nos infunde, agitações que nunca se incorporaram, nem nunca se incorporarão às linhas severas da verdade.

Estas considerações, embora elementares, merecem ser meditadas pelo grupo de homens aos quais o destino conferiu tarefas mais altas na execução dos objetivos da revolução vitoriosa. Nunca nenhum Governo brasileiro, no Império e na República, encontrou situação semelhante à do Presidente Castelo Branco e seus principais colaboradores. Situação que se caracteriza pela enorme facilidade na disposição de instrumentos de ação do poder e pelas imensas dificuldades das tarefas a serem empreendidas por aqueles instrumentos de ação. Eis por que me parece que assiste toda razão ao Presidente, na observação por ele enunciada, quando da organização do seu Governo, de que a ação governativa imediata era o seu propósito dominante. Isto corresponde, em outras palavras, às idéias expostas acima, isto é, corresponde à convicção presidencial de que a fase justificativa da revolução terminou com a investidura legal do Presidente eleito pelo Congresso, passando a ser matéria histórica, e que a função precípua que cabe ao Governo não é mais agora trazer para o presente o que já é passado, mas, muito ao contrário, levar para o futuro o que ainda é presente.

Encontra-se o novo Governo, provido da forte autoridade que lhe foi dada pelo Ato Institucional, como um grupo de operários que tripulasse máquinas possantes. Como fazê-las funcionar é o problema, sobretudo porque a paisagem circundante se entremeia de ruínas e desertos. Parece claro que dois são os tipos de prioridade preferencial atribuíveis aos assuntos do Governo: prioridade devida à urgência e prioridade devida à natureza mesma dos assuntos. As matérias prioritárias por urgência são de ordem administrativa, enquanto que as que exigem precedência, pela natureza, são de caráter político. Urgentes são as providências administrativas relacionadas com o controle da inflação, o aumento da produtividade, o progresso do desenvolvimento, todas ligadas à consolidação, mais que da confiança, também das esperanças do povo nos propósitos da revolução. Tais providências se situam obviamente nos setores da administração financeira e econômica, interessando aos Ministérios da Fazenda, da Indústria e Comércio e das Relações Exteriores. Os assuntos prioritários pela natureza política dizem respeito, em linhas gerais, ao enquadramento jurídico da revolução, ou seja, ao encontro das formas legais de equilíbrio entre os poderes emanados do Ato Institucional e as instituições e garantias remanescentes da Constituição, de forma a que os órgãos desta última, especialmente o Congresso Nacional, possam ter uma presença efetiva no trabalho de reconstrução nacional. Esta parte do grande trabalho compete ao Ministério da Justiça, que se vê assim realçado às suas antigas e importantes funções.

O novo e necessário Ministério do Planejamento, se bem entendo as suas atribuições, ou se estão elas em consonância com as exigências atuais, não se deve limitar ao planejamento econômico, tal como ocorreu com o preparo do valioso e esquecido Plano Trienal. O novo Ministério do Planejamento, se bem o entendo, não é órgão político nem administrativo, porém um instrumento técnico capaz de oferecer inestimável contribuição tanto às tarefas administrativas quanto às políticas. Liberado da rotina da gerência dos próprios serviços, que praticamente inexistem, e que são nos outros Ministérios uma forma de autofagia, o Ministério do Planejamento pode oferecer uma contribuição concreta, tanto aos programas de urgência administrativa quanto aos de estruturação política.

É sobre esses assuntos da reforma jurídico-política, nos quais me sinto mais competente (ou menos incompetente, como quiserem), que pretendo concentrar as considerações finais deste artigo. Sou de opinião que qualquer tarefa administrativa permanente não terá solidez nem rendimento duradouro se não for precedida da adaptação das instituições constitucionais à realidade da nossa experiência dos últimos tempos. Isto não quer dizer, repito ainda, que a ação administrativa do governo não se exerça em caráter prioritário naqueles setores indicados como de primeira urgência. O paciente de uma enfermidade geral pode sofrer acidentes locais agudos. O Brasil é este doente. A necessidade de uma terapêutica geral não colide com a ação que visa a debelar certas crises agudas.

O grande trabalho de adaptação das instituições constitucionais brasileiras à realidade histórica nacional, sem qualquer prejuízo das garantias básicas da democracia, exige qualidades tão variadas como realismo político e conhecimento teórico; prudência e coragem nas decisões; sentimento de valores tradicionais e confiança em soluções originais. Exige também uma leal cooperação entre o Presidente da República, o Ministro da Justiça e os líderes principais do Congresso e dos partidos. Todos temos nossas idéias sobre as transformações que deve sofrer a Constituição nos seus principais capítulos políticos. A grande questão é fazer uma avaliação dessas idéias; coordená-las em conjuntos que sejam viáveis e que correspondam, de fato, aos dados da nossa experiência. Isto não pode ser conseguido sem uma ordenação prévia dos pontos sobre os quais devem incidir as atenções e sem um intercâmbio de opiniões entre os que forem, pelas funções que exercem ou pelas possibilidades de contribuição pessoal, necessários ou convenientes ao esforço comum.

A Constituição brasileira de 1946, em que pesem as suas notórias qualidades, bem como ao saber e dedicação de tantos dos seus redatores, não escapou, antes incidiu francamente no vício habitual de quase todas as Constituições democráticas elaboradas em seguimento a longos períodos de ditadura. Este vício é o de que as Constituições de tal tipo são muito presas ao desejo de evitar os riscos e excessos do sistema extinto, o que as torna freqüentemente irrealistas e incapazes de arcar com as responsabilidades da gerência de um Estado moderno. Este fenômeno é conhecido, e tem sido proclamado, mais de uma vez, pelos constitucionalistas de vários países.

No tocante ao capítulo do Poder Legislativo, tenho uma certa experiência pessoal.

Quando da elaboração da Lei Magna de 1946 eu não era constituinte. Só cheguei à Câmara em março de 1947, em substituição a Milton Campos, eleito governador de Minas Gerais. Não sendo constituinte, fiz parte, no entanto, de um grupo de estudos organizado pela UDN com o fim de examinar os vários pontos de elaboração constitucional. Na parte destinada ao Poder Legislativo, funcionávamos três companheiros do grupo de estudos, um deputado, que era Soares Filho, e dois que não pertenciam à Assembléia, Odilon Braga e eu próprio. Interessados nos trabalhos da Constituinte italiana, que funcionava contemporaneamente à brasileira, apresentamos algumas sugestões encaminhadas na Itália, de que tínhamos conhecimento, e que visavam à simplificação do trabalho parlamentar. Mas o relator na grande comissão (creio que era Capanema) não aceitou as nossas sugestões, preferindo manter inalteradas as linhas tradicionais do processo de elaboração legislativa, suprimido totalmente pela ditadura, o que não terá contribuído pouco para a relativa paralisia do Congresso brasileiro, até hoje, em várias incumbências importantes, inclusive em algumas que dizem respeito às próprias leis complementares da Constituição. Quando cheguei à Câmara propus a criação da Comissão de Leis Complementares (assunto que tinha sido a matéria da minha tese de concurso na Faculdade de Direito da atual Universidade da Guanabara), recebendo excelente acolhida a minha proposta. Criou-se a Comissão Mista de Leis Complementares, mas as inspirações da sua criação foram mais políticas do que técnicas, e ela se transformou em um pequeno parlamento com as mesmas dificuldades de funcionamento do grande, de que nascera. Sua produção, embora com alguns pontos positivos, não correspondeu ao que se podia esperar. De resto, ainda que ela trabalhasse com maior liberdade e mais eficiência, estaria sempre presa às limitações da própria Constituição, de cuja moldura não se podia afastar, e que era uma linha divisória demasiado estreita. Neste particular o Ato Institucional, redigido por jurista experiente, ofereceu soluções felizes. Duas delas, particularmente: a que veda o aumento de despesas pelo Legislativo e a que institui o chamado veto legislativo.

Na democracia clássica, havia a noção de que ao Legislativo competia zelar pelos dinheiros públicos. Daí a sua ampla competência em matéria de despesas orçamentárias e a prerrogativa que tinha de controlar as despesas do Executivo, através do Tribunal de Contas, das Comissões de Tomadas de Contas e outros órgãos semelhantes. Mas a noção citada da democracia clássica provinha do fato do voto censitário, ou seja, do fato de que o representante do povo o era limitadamente de uma classe de eleitores, com *status* econômico definido. Daí a velha noção do Direito anglo-americano de que a liberdade se achava intimamente ligada ao poder de criar impostos e de controlar as despesas do Estado. O velho Story, primeiro comentador sistemático da Constituição dos Estados Unidos, nos apresenta no seu livro clássico, a propósito do assunto, uma admirável exposição. Ele nos mostra como o conceito de liberdade na tradição anglo-saxônica, herdada pelos americanos, tinha um cunho principalmente prático e ligado à participação do cidadão nos encargos financeiros do Estado. O povo só era livre na medida em que concordava na formação dos tributos e fiscalizava a sua aplicação. A idéia da liberdade humana fundada em direitos subjetivos tal como se apresentou na revolução francesa, era estranha ao caráter anglo-americano, acentua o ilustre jurista. Inspirações desse tipo podem ser encontradas em vários discursos da Constituinte brasileira de 1823, proferidos por homens como Cairu ou Carneiro de Campos (Caravelas). Até mesmo na Constituinte de 1890 os antigos pontos de vista do liberalismo econômico eram moeda corrente nas discussões sobre discriminação de rendas, que foram as mais sérias da Assembléia e nas quais se destacaram Rui Barbosa e Júlio de Castilhos, entre outros. Mas tudo isto era, como disse acima, o resultado do voto censitário, oficial ou disfarçado. O eleitor era o homem que pagava impostos, fosse porque a lei assim o dispusesse, como no Império, fosse porque ele era apenas o pau-mandado do coronel, como na Primeira República.

À proporção, porém, que o sufrágio se foi alargando; que o voto se foi transformando em arma política dos não-possuidores e que o Estado se foi incumbindo de obras públicas mais consideráveis, o Legislativo passou a ser uma fonte de despesas e não um guardião da receita. No Brasil o fenômeno não é tão recente assim. Lembro-me de que Carlos Peixoto, como relator da receita, já reclamava contra o poder de aumentar despesas do Congresso e dizia que as emendas dos deputados ao orçamento não passavam de *bilhetes eleitorais*. Ora, tudo isto vem contrariar os princípios da democracia clássica, que viam no Legislativo a sentinela natural dos cofres públicos. Portanto a medida proposta no Ato Institucional e, de resto, já existente em algumas das nossas Constituições estaduais, é rigorosamente certa e vem dar ao atual Governo uma formidável capacidade de manobra na recuperação financeira. A outra, como disse, é a do chamado veto legislativo, ou seja a incumbência do Congresso de apreciar os projetos de lei vindos do Executivo, recusando-os ou aceitando-os em prazo fixo, tal como, nas regras clássicas, o Executivo faz com os projetos do Legislativo, sancionando-os ou vetando-os. Esta salutar medida vem facilitar bastante a tarefa do preparo das leis. Não é criação original do Ato Institucional. Vários autores, sobretudo os posteriores à Segunda Grande Guerra, a ela se referem. Compete agora ao Congresso a autodisciplina dos seus próprios trabalhos através de reformas regimentais e mesmo Constitucionais, se forem precisas, que corrijam os erros da Constituição de 1946 no particular. Muito teríamos que aproveitar na experiência de outros povos, principalmente na da Inglaterra, em matéria de delegação de poderes, de iniciativa de leis e outras correlatas. O deputado Capanema creio que procedeu recentemente a estudos aprofundados sobre estes assuntos, e sua colaboração poderia ser, agora, valiosa. Por isto tudo é que algumas medidas concretas do Ato me parecem salutares, embora a sua doutrina, ou melhor, a sua filosofia política expressa no preâmbulo, seja, a meu ver, extremamente (e facilmente) discutível, como ainda procurarei mostrar em outra oportunidade.

Em todo caso a obra ingente de composição política e jurídica entre as normas orientadoras do Ato e as instituições remanescentes da Constituição é matéria da mais alta relevância e deve ser objeto dos imediatos cuidados do Presidente, com assistência capaz do Ministro da Justiça, do Chefe da Casa Civil e das lideranças do Congresso. Encontrado este equilíbrio estará desvendado o roteiro da reforma política, que é, como disse, um pressuposto da ação administrativa a prazo longo.

Restaurar a disciplina social e a autoridade do poder, que se encontravam em termos de naufrágio às vésperas da revolução, não significa eliminar as liberdades públicas nem as garantias individuais inerentes à democracia em cujo nome e sob cujos auspícios a revolução foi feita. Este deve ser o norte sempre presente na bússola do timoneiro. Excelentes palavras foram as do Ministro Milton Campos, quando disse que todo o seu esforço estará em fazer voltar as águas transbordadas pela revolução ao leito da legalidade. Claro que esta é uma tarefa difícil.

Mais fácil que empreendê-la é defini-la em palavras precisas. Mas se o Governo, instalado na confiança da grande maioria do povo, não for capaz de levá-la a termo, também não lhe será possível o êxito em outros cometimentos, porque todos os propostos, quer no campo financeiro quer no da moralização quer no da ordem em geral, partem daquele necessário pressuposto da legalidade democrática. As críticas feitas ao feitio legalista da UDN eram injustas, ou antes, só eram justas quando visavam a uma exteriorização barroca da legalidade, caracterizada por um casuísmo leguleio cheio de sutilezas tabelioas. Há, porém, um aspecto clássico da legalidade — aspecto essencial e não formal — de que não se pode prescindir. Este se confunde com a própria estabilidade, ou melhor, com a própria realização da revolução. As revoluções só o não atingem quando não se completam, quando não se atingem a si mesmas e então explodem nos imprevistos das potencialidades não realizadas. A escolha do sr. Milton Campos, espírito muito mais clássico do que barroco, para o posto de maior responsabilidade em todo este processo é uma indicação de que o marechal Castelo Branco bem sentiu os superiores encargos da sua função civil.

2

SOBRE A REFORMA CONSTITUCIONAL

Para que se restabeleça verdadeiramente a legalidade é necessário que sejam encontrados os meios de integração jurídica entre o processo revolucionário em desenvolvimento e os fatores inerentes ao sistema democrático de governo. Com efeito, o prosseguimento do curso do processo revolucionário não pressupõe a idéia de que ele transcorra necessariamente na ilegalidade. Existe aí um dilema autêntico, que nada tem de sofisma e que se exprime com a naturalidade das coisas verdadeiras. Em abril houve uma revolução, e não apenas uma mudança de governo. Se o movimento de abril se apressasse, deposto o Governo anterior, em restaurar a legalidade formal, sem mais dar seguimento ao impulso de transformação que constitui a substância mesma da revolução, esta deixaria de ser uma revolução para se tornar num simples golpe militar, como tantos outros da América Latina. Mas, por outro lado, se o movimento de abril não pudesse encontrar, dentro da rica experiência da democracia, uma estrutura legal dentro da qual seja possível a obra transformadora, então ele deixaria de ser a revolução da restauração democrática e tomaria a configuração de uma ditadura revolucionária militar de que o regime de Nasser, no Egito, é o mais acabado e completo exemplo contemporâneo. Revolução sem conteúdo transformador é golpe a serviço de interesses estabelecidos. Revolução sem legalidade não é democrática, mas ditadura, seja de classe, seja de partido, seja militar. Deste dilema não se pode fugir. O movimento brasileiro de abril, como tudo indica, foi uma revolução democrática. Foi uma revolução pelos métodos de execução, que exigiram o emprego da força, e, também, porque se propõe a acelerar um processo de reformas nacionais necessárias que o Governo anterior transformava em simples expedientes de agitação subversiva. Mas sendo uma revolução, teve inequivocamente caráter democrático, não só pelas inspirações deflagradoras do movimento como também porque procura, antes de tudo, conseguir que a tarefa das reformas nacionais não sacrifique os direitos e garantias essenciais da pessoa humana. Estes me parecem ser os dados que caracterizam a fisionomia histórica do movimento de abril e, com base neles (que são autênticos e não forjados), é que deve ser apresentada a conjuntura brasileira à observação do mundo, nesta hora em que a falta de informação faz com que se difundam tantas imagens distorcidas da situação do nosso País.

Para que a revolução democrática prossiga na sua rota, em benefício do Estado e do povo, torna-se indispensável que nem ela se esvazie do conteúdo revolucionário, nem sacrifique a forma democrática. Os grupos sociais economicamente privilegiados terão a tendência de considerar completa a revolução com a reconquista da forma democrática, sem atenção ao impulso de transformação; enquanto que os setores revolucionários não-democráticos pressionam no sentido oposto, ou seja, no sentido de se atingir as metas revolucionárias de transformação ainda que com sacrifício da legalidade democrática. Por aí se vê até que ponto é importante o trabalho de equilíbrio que o Governo atual deve observar — e conquistar — entre as duas linhas de conduta. Na verdade, se as reformas nacionais não forem levadas a termo, os problemas brasileiros mais importantes não poderão ser resolvidos. Mas se a legalidade se extinguir ao peso de uma ditadura, a questão da ordem e defesa do Estado vai-se antepor a todos os demais, pela natural resistência que uma ditadura despertaria no Brasil, de forma que os demais problemas se veriam, por igual, relegados a um segundo plano.

O primeiro passo para o atingimento do equilíbrio entre o dinamismo transformador da revolução e a permanência da legalidade democrática se encontra no processo de interpenetração jurídica do Ato Institucional com Constituição remanescente, que o próprio

Ato declara mantida, com as modificações que ele traz. Essa interpenetração, antes de ser uma questão de técnica, é principalmente um estado de espírito. Ou melhor, a solução dos aspectos técnico-jurídicos da integração de nada valeria, se permanecesse um obstinado espírito de oposição entre os dois textos, o da Constituição e o do Ato. É claro que, quando falo em espírito de composição entre os dois textos, quero me referir ao trabalho dos aplicadores e dos intérpretes, porque os textos legais só se vivificam pelo entendimento que se lhes dá. Em outras palavras: se os poderes do Estado (Executivo, Congresso e Judiciário) não se compenetrarem de que o Ato e a Constituição não são nem limitativos nem exclusivos um do outro, mas sim complementares; se o esforço respectivo de interpretação não se der no sentido da coexistência ambivalente, mas no da incompatibilidade ou oposição, então será impossível a tarefa de realizar juridicamente a revolução, e isto implica as conseqüências que tenho procurado ressaltar desde o dia mesmo da expedição do Ato, no documento que mereceu a aprovação de alguns líderes do Congresso e que li, posteriormente, da tribuna do Senado, para constar dos nossos anais.

Nem a Constituição mantida nem o Ato que a reformou são, em si mesmos, soluções para os urgentes problemas do Brasil; senão instrumentos que permitem tais soluções, dentro de um determinado regime de organização social, que é o democrático. Os elementos constitutivos deste regime são poucos, mais do que conhecidos e inalteráveis. Tais elementos dizem respeito à liberdade humana e, no plano das instituições políticas, que é o que aqui nos interessa, se cingem a um governo de maioria livremente eleita, à existência de uma minoria nas mesmas condições e à temporariedade das funções eletivas. Tudo o mais é complemento ou conseqüência destas premissas.

Ao reconhecer a permanência da Constituição, o Ato revolucionário colocou-a *ipso facto* no seu próprio nível, isto é, no nível institucional. Nos processos históricos não existem decisões de cortesia; todas decorrem das condições reais e das relações de poder. É claro que, materialmente, o movimento armado poderia ter varrido todas as instituições constitucionais, inclusive o Congresso e o Supremo Tribunal, bastando para isso mobilizar, para tal fim, algumas unidades militares. Mas a questão que se coloca não é a da possibilidade material, porém a da oportunidade histórica. As conseqüências do desaparecimento da Constituição iam além dos propósitos históricos da revolução, e, até certo ponto, lhes eram contrárias, na medida em que a revolução foi realmente uma reação da democracia contra a Corrupção e as ideologias antidemocráticas. Donde se conclui que a legalidade democrática, considerada historicamente, preexistiu, coexistiu e sucedeu ao movimento revolucionário.

O sr. Milton Campos declarou há poucos dias que pretende regulamentar o Ato Institucional, a fim de que sejam dadas seqüência e conseqüência jurídicas à sua aplicação. Isto me parece perfeitamente concorde com o raciocínio que aqui venho procurando desenvolver. Mas, se o Executivo procede à necessária adaptação do Ato ao esquema constitucional, torna-se reciprocamente necessário que o Congresso proceda à adaptação da Constituição ao esquema revolucionário de que o Ato foi a expressão inaugural. Trata-se, em suma, para o Congresso, de enfrentar com seriedade a tarefa da reforma constitucional. Sem esquecer que tal tarefa pode ser — e até certo ponto deve ser — levada a cabo em colaboração com o Executivo, segundo dispõe o próprio Ato.

A título de observação marginal cabe aqui recordar que os escrúpulos levantados sobre a possibilidade de o Executivo tomar a iniciativa de reformas constitucionais eram argumentos de pura circunstância, que não se baseavam nem na teoria jurídica nem tampouco nas nossas tradições constitucionais. Sem falar nas Constituições nacionais outorgadas pelo Executivo, como a duradoura e admirável Constituição do Império ou a Carta de 1937, convém não esquecer a excelente reforma constitucional de 1926, a qual foi, como se sabe, de iniciativa do Presidente Artur Bernardes. Desde a sua primeira mensagem ao Congresso, em 1923, Bernardes aludiu francamente à necessidade da reforma, da qual delineou então os pontos principais, e, mais tarde, é sabido como a Comissão Interparlamentar de Reforma se reunia no próprio Palácio do Catete, sob a sua presidência, no estudo preliminar do texto a ser oferecido. Hoje, então, a dúvida inexiste, visto que o texto do Ato Institucional é expresso a respeito, dando ao presidente o poder de iniciativa em matéria constitucional.

Fica, assim, perfeitamente claro, que as emendas à Constituição que se tornam necessárias à estabilidade jurídica da revolução democrática podem ser preparadas em colaboração entre o Executivo e o Congresso. O que se impõe agora é saber se tal colaboração, por parte do Congresso, deve ocorrer apenas na apreciação, por ele, das mensagens solicitando as emendas que lhe forem enviadas pelo Executivo ou se deve ela se iniciar no entendimento prévio na própria fase de preparo e elaboração das emendas. É certo que o poder de iniciar as emendas sendo agora igual, para o Legislativo e o Executivo, cada um deles pode juridicamente exercitá-lo sem audiência do outro, sendo também certo que as emendas iniciadas pelo Executivo devem ser apresentadas ao Congresso, enquanto a recíproca não ocorre.

Se, portanto, juridicamente, nada impede que o Presidente e o Congresso estudem separadamente as suas propostas de emenda à Constituição, politicamente parece mais acertado que haja um entendimento entre os dois poderes, no qual se definam, limitem e formulem, em linhas gerais, os propósitos da revisão. Neste particular o exemplo do Governo Artur Bernardes é bastante instrutivo, e não deve ser esquecido. Convém recordar, aliás, que, salvo em alguns poucos pontos, a revisão constitucional de 1926 foi muito boa, não tendo produzido os frutos que dela se esperavam apenas porque as condições gerais da política se agravaram da forma sabida no Governo Washington Luís, seguindo-se a Revolução de 1930, que veio suprimir, por tantos anos, a evolução do nosso constitucionalismo democrático.

Antigo deputado e atual senador, o Ministro da Justiça é um homem do Congresso, com grande área de simpatia e respeito dentro do mesmo. Ex-presidente da Comissão de Constituição do Senado, ligado desde anos às lideranças e aos técnicos das duas Casas, não lhe seria difícil encontrar, nelas, um amplo ambiente de cooperação. Outro elemento do Executivo, saído também do Congresso, no qual milita desde o regime de 1934, é o deputado Luís Viana, Chefe da Casa Civil da Presidência, posto que, ocupado por ele, que é professor de Direito, como o sr. Milton Campos, não pode deixar de ter ingerência direta no estudo das reformas constitucionais. Também o Chefe da Casa Civil conhece perfeitamente os homens e os métodos do Congresso brasileiro, não lhe sendo por igual difícil encontrar a melhor maneira de estabelecer os meios de comunicação entre os poderes na tarefa comum.

O Executivo é o intérprete legítimo das medidas saneadoras e transformadoras impostas pelo curso revolucionário. O Legislativo é quem pode representar melhor a moldagem do quadro jurídico em que aquelas medidas devem ser levadas a efeito, sem perda da sua forma democrática. Do trabalho conjunto dos dois poderes é que pode sair mais facilmente aquilo que aqui chamei a integração do dinamismo revolucionário com a estática democrática.

Se os dois poderes puderem empreender em colaboração a tarefa comum, para a qual a conjuntura brasileira oferece facilidades extraordinárias, que provavelmente não se repetirão, a marcha da Revolução e a legalidade democrática estarão praticamente asseguradas, em muito menor tempo, com muito menos esforço e com margem de erros mais reduzida do que se forem tentadas iniciativas independentes, resultantes de avaliações separadas e de projetos estanques.

Isto, que pareceu certo aos revisionistas de 1926, muito mais claro se torna neste momento, com as condições que prevalecem.

Uma Constituição não deve ser considerada na sua anatomia, nas linhas da sua estrutura, mas na sua fisiologia, ou seja, nos seus processos de funcionamento. Anatomicamente, todas as Constituições de um mesmo gênero, como as presidencialistas, do tipo brasileiro, se parecem obviamente. Poderes separados, competências determinadas, controle do Judiciário, direitos e garantias individuais, tudo vem do mesmo molde. Mas o funcionamento das instituições, aquilo que chamei acima a fisiologia constitucional, é que vem dar personalidade ao presidencialismo da República Dominicana e ao dos Estados Unidos da América. Na Primeira República tínhamos o hábito de ressaltar as semelhanças anatômicas do nosso presidencialismo com o dos Estados Unidos. Raramente, para não dizer nunca, os comentadores da Lei Magna de 1891 se lembravam de estudar as diferenças de funcionamento ao lado daquelas semelhanças de estrutura. É interessante recordar que foi precisamente um jurista norte-americano, o professor Herman James, da Universidade do Texas, quem, no seu livro *The Constitutional System of Brazil*, publicado em 1923, analisou sistematicamente as profundas diferenças de aplicação que separavam o presidencialismo dos dois países.

A tarefa de reforma da nossa Constituição não deve, assim, se limitar à alteração da sua anatomia somente, senão que deve procurar atingir os defeitos mais graves do seu funcionamento, postos a claro na nossa longa e sofrida experiência republicana.

Estes vícios de funcionamento parecem mais difíceis de ser identificados do que os aspectos formais, da mesma maneira que um diagnóstico médico é mais delicado quando a alteração da saúde não se traduz por sintomas visíveis.

Mas, de qualquer forma, eles são hoje bastante conhecidos pela prática, e estou certo de que um trabalho consciencioso os poderá seguramente identificar. Vou dar apenas um exemplo, a título de ilustração: o das autarquias providenciais e administrativas. O funcionamento destes órgãos hoje incorporados à vida brasileira, os limites da sua autonomia, o controle efetivo do Estado sobre a aplicação dos seus dinheiros, que, em conjunto, são mais vultosos que o próprio orçamento federal, eis um problema da reforma que nada tem a ver com a matéria formal das instituições. Outros no gênero poderiam ser citados, como os novos aspectos supra-estaduais do federalismo brasileiro (Zona das Secas, Vale Amazônico,

Vale do S. Francisco etc.); ou as relações financeiras da União com os estados, que também desafiam solução.

3
DEMOCRACIA E PLANEJAMENTO

Na sua primeira entrevista coletiva à imprensa nacional e estrangeira o Presidente Castelo Branco, além de responder a numerosas perguntas concretas e esclarecer situações especiais, enunciou diretrizes de ordem geral para a Revolução, das quais desejo salientar aqui especialmente duas. A primeira foi a de que o Brasil está em processo de reintegração na ordem legal, embora continue esta a serviço dos ideais revolucionários. A segunda afirmativa foi feita de maneira indireta, e anuncia os propósitos de Planejamento do Governo. Tais propósitos foram, com efeito, afirmados pelo Presidente nas passagens da sua exposição em que ele se referiu, de forma genérica, às incumbências do Ministério do Planejamento e mencionou, de forma específica, o plano da Sudene como digno de prosseguimento. Esta última declaração merece, ainda, ser considerada, porque o Presidente a enunciou contraditando, de certa maneira, a pergunta de um jornalista, vazada em termos de crítica àquele órgão federal.

Analisando os dois pontos citados, a primeira coisa a se observar é a existência, entre os mesmos, de uma seqüência lógica, e até de uma íntima conexão. Com efeito, na observação repetida de vários escritores que se vêm ocupando com os problemas teóricos do planejamento democrático, a idéia de planificação dentro da democracia corresponde precisamente à idéia de revolução dentro da legalidade. Desde que o alemão Karl Mannheim, o grego Angelos Angelopoulos, o italiano Luigi Einaudi, o inglês Lorde Beveridge, o sueco Gunnar Myrdal, o francês Charles Battelheim e tantos outros, a partir da Segunda Guerra Mundial, começaram a pesquisar e construir uma teoria e, mesmo, uma filosofia do planejamento democrático, foi-se chegando à conclusão, em seguimento àqueles estudos, de que tal planejamento não é senão a "revolução consentida", segundo a expressão tornada corrente. A revolução consentida é a transformação acelerada de certas estruturas econômicas da sociedade, obtida sem violência, nos Estados democráticos, seja com vistas ao aumento da produtividade e à incorporação de setores mais amplos do povo aos benefícios da civilização, nos países desenvolvidos; seja com vistas a este último resultado, mas, também, ao pleno rendimento das forças produtivas nacionais, nos países em vias de desenvolvimento.

À medida que a situação brasileira tenda a se normalizar, ficaremos, portanto, nos termos da definição do Presidente, dirigidos por um governo que se revestirá, ao mesmo tempo, de uma forma legal e de um fundo revolucionário. Legal no que concerne à manutenção dos princípios da democracia representativa e às garantias dos direitos humanos; revolucionário no que diz respeito aos propósitos e métodos de acelerada transformação de pontos obsoletos da estrutura política, e de pontos de estrangulamento da estrutura produtiva, com vistas a uma maior justiça social e a um maior desenvolvimento econômico.

Este quadro apresenta, no entanto, uma condição prévia, sem cujo advento tudo o mais é impossível: o encerramento da fase preparatória, na qual as medidas chamadas de expurgo ou de preparação de terreno tenham atingido os seus objetivos. Considerada historicamente, em si mesma, não se pode colocar o caminho de uma revolução vitoriosa em termos pessoais de justiça ou injustiça. As injustiças praticadas por uma revolução, no seu curso, são afinal, erros mais ou menos graves, segundo prejudiquem mais ou menos os objetivos predominantes da própria revolução. Não quero dizer, com isto, que, do ponto de vista moral e humano, não se deva lamentar e protestar contra as injustiças pessoais cometidas, e que são sempre inevitáveis nas fases de ilegalidade, em que as paixões dominam a razão e em que medidas próximas e imediatas são tomadas sem a devida consideração das situações em conjunto. O que quero acentuar é que, historicamente, a repercussão das injustiças sobre a revolução não é moral, mas política, e por isto mesmo é que elas se manifestam na forma de erros, ou seja, na forma de medidas contraproducentes aos objetivos da própria revolução. A maior e mais bela das revoluções da História, que foi a francesa, mostra de modo impressionante, no seu declínio e nas suas conseqüências, o rigor dessa verdade.

Os erros cometidos dentro dela, exacerbados por uma espécie de mecanismo trágico até à autofagia sangrenta, levaram-na à negação tirânica de si mesma, com a instalação sucessiva do autoritarismo napoleônico e do conservadorismo dos Bourbons. Pode-se dizer que só em 1830, com a Monarquia de Julho, os ideais liberais da grande Revolução começaram a ser atendidos. Enquanto isto, observamos a diferença no prosseguimento da Revolução americana, levada a efeito sob os mesmos auspícios e necessidades, e sob as mesmas inspirações intelectuais, mas sem o cometimento dos erros do movimento europeu. Nos Estados Unidos, talvez em virtude da circunstância de a política se haver baseado mais na experiência empírica do que no racionalismo abstrato, a verdade é que, apesar das distorções (a mais grave das quais foi o problema da escravidão e a violenta solução que exigiu, deixando resquícios até hoje), os elementos essenciais da democracia foram-se desenvolvendo mais naturalmente, e assim progridem.

Voltando ao caso brasileiro atual, observamos que as medidas preparatórias ou instrumentais, necessárias ao atingimento da legalidade revolucionária, ficaram, desde o começo, confinadas a dois pontos: combate à subversão comunista e combate à corrupção administrativa. A identificação dos agentes e dos fatos enquadráveis nas duas situações previstas é, portanto, uma exclusiva questão de prova, visto que a definição dos propósitos não poderia ser mais nítida, nem mais limitada. As pessoas que, no exercício de mandatos políticos ou de funções públicas, estiveram comprovadamente a serviço do comunismo, bem como aquelas envolvidas em atos de corrupção administrativa, deverão pela lei revolucionária, ainda vigente (Ato Institucional), ser colocadas fora das possibilidades de agir.

    Para os mandatos políticos existe o prazo de dois meses a partir da posse do Presidente, ou seja, até 15 de junho. Para as demais funções públicas o prazo é de seis meses, portanto até 15 de outubro. De acordo com o raciocínio aqui exposto, a situação de legalidade, definida pelo Presidente como já instalada, está de fato em vias de ser atingida e só se completará quando a fase preparatória da Revolução estiver concluída. Por isto mesmo é mais exata a conjuntura tal como a entendeu o líder do governo na Câmara, deputado Pedro Aleixo, quando declarou que a legalidade tendia a se reinstaurar.

    Uma coisa, no entanto, é certa, e não deve de forma nenhuma ser esquecida nem negligenciada: a Revolução só poderá marchar para as suas projetadas reformas, a partir de quando tenha atingido o seu próprio equilíbrio legal. De fato, se repararmos bem nas medidas legislativas e administrativas que têm sido tomadas no Executivo e no Congresso, fora do âmbito da investigação, da repressão ou do expurgo, verificamos que elas também se inserem no quadro geral das providências preparativas tal como as outras, que vêm sendo tomadas em relação a pessoas. Medidas instrumentais são, com efeito, as emendas constitucionais apresentadas para retardar a remessa da proposta orçamentária, ou para permitir a inclusão de tributos no orçamento referente ao mesmo ano de sua votação pelo Congresso. Medidas instrumentais são, igualmente, as que o Congresso vem tomando para adaptar-se aos novos aspectos das suas próprias funções, entre elas a reforma do Regimento comum.

    É possível que, no prazo que ainda medeia entre o presente momento e o termo do período fixado para a chamada preparação do terreno, venham novas iniciativas, algumas importantes, mas, logicamente, e segundo as maiores probabilidades, elas deverão colocar-se sempre no plano instrumental. Assim, por exemplo, a modificação da lei eleitoral e do estatuto dos partidos, em cogitação.

A Revolução criou a sua própria legalidade. Esta tendência ficou patente desde o preâmbulo do Ato Institucional, que se apresenta a si mesmo como um instrumento de autolimitação jurídica do poder de fato, o poder revolucionário. Toda a questão, daqui por diante, está exatamente em se saber se o Governo de fundo revolucionário e de forma legal, tal como foi definido pelo Presidente, poderá conservar-se, até 15 de outubro, dentro da moldura legal que a si mesmo se traçou.

Esta possibilidade se exprimirá muito simplesmente em termos de uma alternativa; e a alternativa consiste em o governo levar avante a tarefa preparatória dentro de uma linha predominantemente jurídica, ou dentro de outra, predominantemente política. Claro é, e eu não o ignoro, que, em todas as transformações como a que atravessa o Brasil, o jurídico e o político se misturam estreitamente, sendo o ato jurídico apenas uma maneira de formulação da medida política. Por isto mesmo falei na predominância de uma linha, e não na sua exclusividade, que é, para qualquer delas, inatingível, porque, se de um lado, o ato jurídico não é senão a formulação legal de uma política, do outro uma política que se manifestasse fora da formulação jurídica não seria estatal, mas anárquica, não representaria um poder, mas o caos. A Revolução Francesa, da Convenção ao Terror, é a prova disso.

A predominância da linha jurídica, programada pelo Presidente Castelo Branco, consiste na possibilidade de o Governo manter-se dentro do estatuto legal traçado pela Revolução, no Ato Institucional e na sua regulamentação. Juridicamente, como já disse, o problema não é difícil: traduz-se apenas, como também avancei, em uma questão de prova: identificar exatamente os agentes da subversão comunista e da corrupção administrativa. A predominância da linha política afastará a legalidade revolucionária na medida em que conseguir identificar aqueles agentes, não através de prova (único processo de verificação jurídica da realidade), mas através de interesses, propósitos ou paixões de natureza política, isto é, de natureza a assegurar o poder a um determinado grupo (facção, classe ou ideologia), com exclusão dos demais.

Se tal acontecer é porque as finalidades da Revolução não seriam as que foram proclamadas na definição jurídica do Ato Institucional, isto é, não seriam as de instalar um sistema democrático-representativo livre do comunismo e da corrupção, mas sim outras finalidades, que se manifestariam predominantes no curso dela, como, por exemplo, a instalação de um regime ditatorial direitista ou militarista. Na fria análise a que procedo, não vou aqui exprimir julgamento de valor sobre esta hipótese; apenas considero a sua existência como uma das alternativas, a meu ver forçadas, diante de que nos defrontamos.

Chegados a este ponto, cumpre que examinemos as conseqüências para a questão do planejamento. É sabido que a "revolução consentida", ou seja, o planejamento democrático, levado a efeito nos Estados Unidos, na Inglaterra, na Austrália, na Suécia, na Alemanha Ocidental e em outros países, e que tanta importância teve na solução dos problemas do mundo ocidental depois da Segunda Guerra, obedece a métodos e possui finalidades totalmente diferentes do planejamento autoritário, praticado pelos países que não adotam o regime democrático. Não é aqui o lugar para insistir nessas diferenças profundas. Elas estão em todos os livros que cuidam da matéria. O que desejo acentuar é o seguinte: o Estado moderno não resolve mais os problemas de Governo sem planejamento. Por isto mesmo são importantes as disposições manifestadas pelo Presidente Castelo Branco na sua entrevista coletiva. A Revolução brasileira, disse ele, seguirá o rumo do planejamento democrático, pois o seu governo é uma democracia, animada por objetivos revolucionários. Mas, para que isso se verifique, é indispensável que a democracia se consolide. Para que ela se consolide é necessário que a fase de preparação termine. E para que esta se ultime democraticamente é imperativa a predominância da linha jurídica, nos termos que ficaram delineados.

Se isto não se der, estaremos marchando, como disse, para uma ditadura de fato, provavelmente militar, e então duas novas possibilidades se abrirão, diante dos graves problemas nacionais: ou ausência de planejamento, ou ocorrência de um planejamento autoritário.

A ausência de planejamento significaria insolubilidade e agravamento progressivo dos problemas nacionais. As conseqüências políticas e sociais disso não podem, é claro, ser previstas em pormenor, nem com rigor cronológico. Mas, em conjunto e a longo prazo, não preciso dizer quais seriam elas.

Quanto ao planejamento autoritário, o exame desta hipótese requer mais alguns pormenores. Sob um regime autoritário de caráter militar (que seria, como disse, o mais provável, em caso de colapso democrático devido à impotência da legalidade revolucionária), é sempre possível o planejamento. Existem exemplos convincentes deste fato, entre os quais sobressai o Governo de Nasser, no Egito. A questão, porém, é que o planejamento autoritário viria, no Brasil, a contracorrente de todas as forças econômicas, nacionais e internacionais, que encontraram sua expressão no movimento de abril. O regime autoritário, em hipótese, teria de travar, assim, tremenda luta, interna e externa, para atingir os seus objetivos planificadores. Não terá sobre isto a menor dúvida quem dispuser de alguma noção do que seja a planificação autoritária. Governar, hoje, é planejar; por isto pode-se dizer que o plano é que dá forma ao Governo, e não o contrário. Esta é uma fatalidade do Estado no século XX, neste ponto tão diferente do Estado do século XIX, quanto este último o foi do Estado-cidade da Grécia.

Instalar um poder ditatorial, de forma permanente, significa, para que este poder se transforme em Governo, planejar autoritariamente a sua ação econômica. É uma conseqüência fatal e inevitável, sem a qual o poder não será Governo, mas um simples dispositivo de força, destinado a se manter sobre uma ordem violenta, mas sempre precária. O planejamento econômico autoritário, por sua vez, significa sufocar no Brasil todas as forças da democracia econômica, que se realizaram na Revolução. Sufocá-las exatamente da mesma forma em que seriam sufocadas as forças da democracia política, que também através da revolução se mobilizaram. Não há como fugir deste raciocínio, que não tem a simples verdade da lógica, mas a forte evidência do concreto, do real, do histórico.

À vista dele, estou em que o mais provável é que um Governo autoritário, no Brasil, não terá condições internas nem externas para empreender um planejamento autoritário. Será, pois, um Governo incapaz de governar.

Diante da situação de fato que procuramos desenhar, e que me parece verídica, a conduta mais prudente e mais acertada se impõe por si mesma, tanto às forças divididas da Revolução, quanto às forças mutiladas da oposição. A realidade está aí; não podemos transformá-la, mas podemos conduzi-la no seu desenvolvimento. Creio que essa condução mais adequada será a declarada pelo Presidente na sua definição do Governo brasileiro, como democrático e revolucionário, ao mesmo tempo. Para tanto esperemos que a fase preparatória progrida dentro da linha jurídica de obediência aos atos legais da própria Revolução, evitando-se a predominância da linha política, que a levará à ditadura. Terminada a fase preparatória, e atingidos os objetivos considerados preliminares da Revolução, então urge que o planejamento democrático, ou a "revolução consentida", venha ocupar o lugar que lhe cabe no processo histórico brasileiro, que é o primeiro lugar.

Até agora o Brasil tem demonstrado ao mundo a sua já renomada capacidade de atravessar crises sem maiores violências. A grande experiência, o grande desafio, ainda não foi tentado, todavia, e não pode tardar. Esta sim, seria a admirável contribuição do Brasil à História do nosso tempo: a capacidade de progredir economicamente, de se elevar socialmente, também sem violência, e com liberdade.

4

PERSPECTIVAS PARA O FUTURO

Acentuam-se as tendências e possibilidades em favor da normalização, embora um pouco traumática, do processo revolucionário brasilciro, por meio daquilo que o Ministro Milton Campos chamou a sua canalização jurídica. No último artigo salientamos que este movimento é de caráter preparatório, ou instrumental, e representa o predomínio da linha jurídica no atingimento dos objetivos políticos fundamentais do movimento de abril, os quais são, como ficou declarado nos documentos básicos da Revolução, a eliminação da ameaça de subversão comunista e a supressão da corrupção administrativa. Procuramos, também, indicar que a outra alternativa é a predominância da linha política, com a instauração de uma ditadura, possibilidade que parece, de resto, cada vez mais afastada.

A cada solução correspondem meios e objetivos distintos. A solução jurídico-democrática erigirá uma certa estrutura de governo (meio) e procurará realizar um certo plano governativo específico (objetivo). O mesmo se dará caso prevaleça a linha político-ditatorial (com muito maior dificuldade, aliás), sendo certo, também, que tanto a estrutura quanto os planos de governo serão, aqui, totalmente diversos dos primeiros. Estas afirmativas quase tautológicas se afiguram, contudo, necessárias, como introdução às considerações que hoje visamos apresentar sobre um tema determinado: o da estrutura mais conveniente do governo que se deverá instalar caso predomine a linha jurídico-democrática no desenvolvimento da Revolução. Coisa que, repetimos, parece atualmente a mais segura.

Desde logo é importante acentuar um aspecto: a construção legal do futuro Governo brasileiro para ser levada a cabo com segurança e sabedoria precisa ser precedida de uma fase preparatória, a qual não deve ser confundida com a outra, que estamos vivendo, destinada a realizar os objetivos básicos da Revolução. Esta base, limitada à luta contra o comunismo e a corrupção, volta-se necessariamente para o passado; cuida de extinguir os restos e as influências de uma situação que já não existe. Ao contrário disto, a outra fase preparatória volta-se principalmente para o futuro, de vez que a sua missão é limpar o terreno sobre o qual se vai construir uma situação que ainda não existe.

Somente a 15 de outubro chegará o termo legal da fase preparatória voltada para o passado, o que corresponde a dizer que somente na mesma data se achará a Revolução completamente livre para iniciar a outra fase preparatória, ou seja, aquela voltada para o futuro e a construção da estrutura do governo democrático. Entre a ocasião referida e o termo constitucional do mandato do atual Presidente da República vão mediar, apenas, quinze meses, o que parece ser prazo demasiado exíguo para que se processem com a perfeição desejada as pesquisas de opinião, estudos e providências legislativas indispensáveis ao planejamento e levantamento do futuro sistema de governo.

Pelo rumo que as coisas vão tomando, e caso, como é desejável, tal rumo evolua sempre na melhor direção, o provável é que, terminado o período de insegurança e suspensão para o meio político, a 15 de junho, os partidos se sintam em condições melhores, livres de intimidações e capitulações, para tomarem a providência que tudo indica não possa deixar de ser tomada, ou seja, a retirada de todas as candidaturas presidenciais até agora apresentadas, e que só pequenos grupos de interessados não percebam (talvez já percebam, mas não o declarem) que não tem mais nenhuma razão de ser. Essas candidaturas sobrevivem a si mesmas, talvez por causa de melindres pessoais dos candidatos ou dos seus propugnadores, mas é evidente que, de fato, não mais existem, por motivos diferentes, mas com resultado igual, que é a mesma inexistência. A prova está em que, ninguém, hoje, imagina o início de verdadeira campanha presidencial. Entre o 15 de junho e o 15 de outubro nós veremos seguramente a liquidação formal das candidaturas subsistentes. Desvinculados de compromissos que nada significam, porque irrealizáveis na prática, ficarão os partidos dentro e fora do Congresso em condições de enfrentar a realidade, e esta se confunde com aquilo que chamei a fase preparatória voltada para o futuro. A vinculação a compromissos, embora irrealizáveis, impede ou retarda a ação dos partidos nesse terreno preparatório. Daí a importância do reconhecimento, por eles, da inviabilidade das candidaturas, a fim de terem as mãos livres para a construção do futuro. Na minha opinião esta construção será uma tarefa total, que a nossa geração política deve levar avante com coragem e determinação, sendo enormes as responsabilidades do Governo Castelo Branco e do Congresso na sua formulação e execução. Sei bem que esta opinião é uma, entre muitas. Mas ouso esperar que uma já longa experiência nestes assuntos, tanto no Congresso quanto no Governo, como também na cadeira de professor, possa atribuir à contribuição destas idéias e observações alguma utilidade. É isso tudo o que desejo.

Passemos, agora, à segunda parte da exposição, que trata da ação das forças políticas da Revolução, uma vez terminada a fase preparatória voltada para o passado, ou seja, uma vez concluída a eliminação da ameaça comunista e da corrupção administrativa e retiradas as candidaturas presidenciais. A ação, chegada nesse momento em princípio coincidente com o 15 de outubro, se desdobrará provavelmente em duas etapas, uma preliminar e imediata e outra conseqüente e duradoura. A primeira será a execução da reforma constitucional que estabeleça a coincidência do termo do mandato do atual Presidente, com o termo do mandato do atual Congresso, de forma a que um e outro tenham lugar a 31 de janeiro de 1967. Esta providência imediata é obviamente indispensável, tal como tem sido sustentada reiteradamente pelo *Jornal do Brasil* em editoriais com que concordo plenamente. Minha discordância com os meus amigos editorialistas do *Jornal do Brasil* diz respeito à segunda fase do período, ou seja, à estrutura do governo da democracia brasileira, como veremos adiante. A razão mais forte que tenho para sustentar que o Presidente Castelo Branco deve ter o seu mandato prorrogado até o fim do período do atual Congresso é a de que o atual Presidente, pela sua moderação e descortino intelectual, e ainda pela sua condição de militar desvinculado das lutas partidárias, é o homem que melhor pode, no momento, coordenar e orientar a fase de reconstrução da estrutura democrática do Governo brasileiro, dado que, como parece indiscutível, tal reconstrução, para ser adequada e justa, deve compreender uma verdadeira mudança constitucional. Com isso desvendo desde logo a fundo o meu pensamento:

deve compreender a mudança do regime presidencial para o regime parlamentar. Neste ponto capital é que minha divergência com os editorialistas do *Jornal do Brasil* é completa.

O Congresso brasileiro, e a opinião pública mais afeita aos temas constitucionais, conhecem possivelmente a modificação que se operou na minha maneira de pensar a respeito da aplicação do sistema de governo parlamentar ao nosso país. Ao leitor desprevenido darei aqui algumas indicações sumárias sobre a matéria. Eu fui, na Câmara dos Deputados, um dos mais convictos defensores do presidencialismo. Por duas vezes intervim na discussão do assunto, naquela Casa. Uma vez como relator da Comissão especial formada para estudar a primeira emenda parlamentarista (emenda nº 4, de 29 de março de 1949), e a segunda como relator do voto vencido à outra emenda parlamentarista, que teve o número de 4B, de 1952.

Nos dois pareceres que então ofereci às Comissões especiais, procurei tratar exaustivamente a matéria, o mesmo acontecendo com o meu amigo e contraditor, o ilustre deputado Raul Pilla, que lhes deu extensas respostas, sendo que o material destes estudos foi publicado em 1958, pela Editora José Olympio, em livro que prefaciei. Quando escrevi o prefácio, minha opinião já havia sido revista, e isto declarei com toda sinceridade. Desde então tenho votado sempre a favor da reforma parlamentarista e continuo disposto a emprestar-lhe toda minha contribuição, tal como pude fazer na adoção do Ato Adicional de 1961.

As razões principais da minha mudança de opinião não foram de ordem teórica ou jurídica, mas provieram, antes, de uma honesta revisão de atitudes fundada na experiência política. A terrível crise de agosto de 1954 apanhou-me na liderança da oposição e de meu partido, na Câmara dos Deputados. Não preciso recordar o que foram aqueles angustiosos momentos, vividos já lá vão dez anos. O que pretendo salientar é que aquele turbilhão, em cujo centro o destino me colocava, começou a abalar a fundo as convicções presidencialistas que eu absorvera na minha formação de mineiro da Primeira República e de filho de político influente naquela fase.

A segunda crise constitucional, de novembro de 1955, com o golpe militar e a deposição de Café Filho e Carlos Luz, encontrou-me, também, na liderança do meu partido e na vanguarda da atuação política na Câmara. Confirmou-se, então, para mim, graças à dura experiência vivida, a convicção de que o presidencialismo, no Brasil, não é capaz de assegurar a ordem e o progresso inscritos como lema da nossa bandeira. Por isso mesmo, ao prefaciar, a convite de Raul Pila, o livro que reúne os nossos trabalhos de 1949 e 1952, considerei oportuno apresentar algumas das razões determinantes dessa mudança de posição. Devo observar, aliás, que ela não foi caso singular. Numerosos constituintes de 1946, que então votaram convictamente pela manutenção do presidencialismo à americana, inaugurado em 1891, modificaram também, em seguida, as suas posições. Basta percorrer as votações subseqüentes das emendas parlamentaristas para que se verifique o número e a qualidade desses parlamentares. Apenas, como exemplo, direi que um dos homens-símbolo do presidencialismo brasileiro, que foi Artur Bernardes, ficou, no fim da vida, parlamentarista. Agamenon Magalhães foi outro que evoluiu. Entre os vivos o número dos que mudaram é legião, entre os quais juristas eminentes como Milton Campos ou Artur Santos. Hoje penso que o Congresso brasileiro, votando os partidos com desinteresse e liberdade, daria larga maioria ao sistema parlamentar.

Transcreverei, mais adiante, alguns tópicos do prefácio citado, feito a pedido de Raul Pila. Desse pequeno trabalho, que já tem seis anos e meio, constam algumas razões objetivas que o tempo veio robustecer cada vez mais. Falando do êxito do presidencialismo nos Estados Unidos, eu recordava que ele se funda em três condições, por todos reconhecidas: o religioso respeito do povo pela Constituição federal, que é uma espécie de evangelho leigo; a força política e a autoridade da Suprema Corte e a vitalidade nacional dos partidos, instituições enraizadas na vida de cada lar americano. Ora, como é fácil demonstrar, nenhuma destas três condições existe no Brasil. As Constituições são ignoradas e se sucedem como publicações periódicas; o Supremo Tribunal nunca teve nenhuma importância política e os partidos não passam de agrupamentos eleitorais, sem programas nem enraizamento na opinião. E, coisa típica do presidencialismo latino-americano, entre nós o vácuo dos partidos é preenchido pelas classes armadas, que se constituem, principalmente nas horas de crise, no único autêntico partido nacional. O grande problema é que o Brasil, pelo seu tamanho e desenvolvimento em vários setores, não pode ficar sempre à mercê das crises que abalam outros Estados vizinhos. Mas as condições propícias a tais crises são infelizmente inevitáveis e se sucederão sempre no quadro presidencialista nacional. Escrevia eu, em 1958: "O Brasil atual, pelo seu desenvolvimento econômico, político, demográfico, social e cultural, dificilmente iria para uma ditadura militar através de um golpe de Estado. *Tal ditadura só seria possível, entre nós, por uma espécie de consentimento majoritário, em face da anarquia social.*" Foi este o risco que corremos, e que ainda não está superado, em virtude da marcha fatal do presidencialismo reinstalado pelo plebiscito de 1963. Aliás, a eleição presidencial no Brasil tem sido nas últimas vezes e será sempre cada vez mais plebiscitária, daqui por diante.

Eis o que eu escrevia, a propósito, no meu prefácio: "E, neste sentido, eu me sinto inclinado, hoje, ao que chamo espírito conservador em política, *porque vejo o Brasil, na febre dos plebiscitos eleitorais, caminhar desatinadamente para a anarquia econômica e social e para a ditadura militar conseqüente.*" E, logo adiante: "O sistema presidencial degenerou, hoje, no Brasil, em plebiscito entre dois demagogos, que se enfrentam periodicamente nas campanhas eleitorais. Vence fatalmente aquele que mais esperanças privatistas despertou nos indivíduos, classes e grupos. Aquele que mais prometeu às coletividades e não à coletividade, aquele que mais mentiu a seções separadas do povo e menos falou a dura verdade ao povo, em conjunto. E isso será cada vez pior. É claro que as promessas mentirosas não podem ser cumpridas. Mas, se o demagogo eleito não pode fazer o que prometeu, pode, pelo menos, não fazer o contrário do que prometeu, e cuja feitura seria, em muitos casos, a salvação do país. Assim o demagogo eleito faz um governo negativamente populista, isto é, um governo que tem por norma não desgostar imediatamente o povo, ainda que tal desgosto redundasse em seu benefício final. Quanto tempo resistiremos a isso?" Não foi muito, este tempo.

Temos que encarar, agora, resolutamente a questão. Os fatos inexoráveis exigem do nosso bom senso e do nosso patriotismo uma decisão. O primeiro óbice a ser afastado é a consideração do pronunciamento eleitoral favorável ao presidencialismo, através do plebiscito de 1963. Mas esta decisão de democracia direta, tal como as tomadas pelos representantes do eleitorado na feitura da Constituição de 1946, foi anulada pela Revolução, e anulada não apenas juridicamente, senão que também historicamente, pois a Revolução foi, sem dúvida, o resultado do fracasso político da Constituição e do plebiscito. Outro argumento que imediatamente se apresenta ao espírito do brasileiro cultivado é o exemplo da França e a ascensão do gaullismo como corretivo necessário à debilidade parlamentarista. Mas o caso brasileiro é o contrário do francês. Por motivos que só mais longamente poderão ser apresentados, mas que desde logo se apresentam ao observador desapaixonado, a debilidade jurídica do governo reside, entre nós, no presidencialismo, e corresponde às condições históricas e sociológicas brasileiras que são, no caso, inteiramente diversas e, até mesmo, contrárias às existentes em França. Tudo isto poderá ser examinado e exposto, no devido tempo.

Os males do presidencialismo brasileiro são, em geral, os do presidencialismo latino-americano, agravados pelas condições especiais do Brasil, porque, como ensina o ditado, quanto maior for a nau, tanto maior a tormenta.

Exatamente em função dessas condições específicas do caso brasileiro é que me parece que o nosso sistema parlamentar deve ser delineado, tanto quanto possível, levando em consideração tais peculiaridades. Neste ponto é que, pessoalmente, entendo que o parlamentarismo ortodoxo (que de fato não existiu nunca fora da Inglaterra e que mesmo na Inglaterra tem sido muito alterado) deve ser adaptado convenientemente ao Brasil. Sei que isto não agrada nada ao meu velho e ilustre amigo Raul Pilla, mas penso que a evidência de certas demonstrações encontraria eco na sua retilínea honestidade mental.

É certo que uma das mais sérias dificuldades com que se defrontava qualquer governo no Brasil, tanto no plano político quanto no administrativo, foi afastada pela Revolução ao proibir, no Ato Institucional, a iniciativa do Poder Legislativo para o aumento de despesa pública. Esta medida salutar, que já comentamos em outro artigo desta série, provém da moderna técnica parlamentarista, e vem aumentar muito as possibilidades políticas de estabilidade dos governos parlamentares. Este problema da estabilidade continua a ser, no entanto, um dos mais graves, senão o mais grave de todos aqueles com que vão defrontar-se os partidários da emenda. Para o mesmo, existem, contudo, soluções sábias e aplicáveis, colhidas na experiência geral de vários países e também na de organismos internacionais. Pretendo abordá-los no prosseguimento do debate. O que interessa, por agora, é fixar os aspectos gerais da questão. Dentro deste quadro é que o grande movimento nos partidos e no Congresso deve ser feito, a fim de que o Brasil possa sair da crise sem a adoção de uma solução permanente, e não apenas de emergência. Não vejo tal solução senão no cumprimento das etapas aqui delineadas, de forma que sou o primeiro a reconhecer tosca e deficiente: retirada das candidaturas presidenciais; coincidência do mandato do atual Presidente com o Congresso e, dentro deste período, ação conjunta dos poderes no sentido de uma reforma constitucional, para a implantação de um regime parlamentar de governo.

5

NOVOS ARGUMENTOS

O mal das discussões que até agora se travaram sobre a instituição do sistema parlamentar no Brasil é que elas degeneram sempre em torneio de erudição, falsa ou verdadeira. Os temas resvalam rapidamente para controvérsias gosmentas e intermináveis, a propósito de idéias abstratas, de razões acadêmicas e de situações inexistentes, ou apresentadas aprioristicamente. Compatibilidade entre parlamentarismo e federalismo; possibilidade do controle judiciário das leis e atos do Executivo no regime parlamentar; fragilidade e instabilidade supostas do governo de gabinete; eis algumas teses, entre várias outras do mesmo gênero abstrato, que surgem discutidas *ad nauseam* pelos técnicos e diletantes, nas tribunas do Congresso, nas colunas dos jornais e até nas cátedras universitárias e nas associações jurídicas profissionais. Discussões sem sangue nem nervo, discussões quase que invariavelmente colocadas fora de foco, ou seja, desligadas dos seus elementos essenciais, que se encontram, não nas páginas gastas de livros estrangeiros, mas nos dados concretos da nossa experiência brasileira, sociológica, política e histórica.

É natural, portanto, e, mais do que isto, é inevitável, que tais discussões desajustadas logo se transformem em irresistíveis fontes de tédio; falatório interminável, acompanhado com irritação pelos que a isto são obrigados, ou com desatentos bocejos pelos demais. Lembro-me bem de que, depois dos primeiros dias de debates na Câmara, após haverem falado os elementos mais prestigiosos, as emendas parlamentares não encontravam senão plenários vazios, com raros e vagos deputados conversando pelos cantos ou lendo jornais, enquanto mestre Raul Pilla, o único sempre presente, infatigável no seu ardor apostólico, deveria ter razões, às vezes, para se felicitar da sua surdez.

Esta errada colocação do problema fez com que o parlamentarismo, entre nós, nunca chegasse a adquirir, por si mesmo, a configuração e a substância de um verdadeiro problema político. Os meios políticos e as direções partidárias consideravam-no como questão irrealista, ou, na melhor das hipóteses, completamente inatural. Deixavam-no, por isso mesmo, no limbo em que se recolhem as preferências subjetivas, uma espécie de brinco de desocupados e de sonhadores.

Só durante alguns dias — quase que poderíamos dizer algumas horas — o parlamentarismo deixou de ser, para os partidos e líderes políticos nacionais, esse amável motivo de conversa fiada: foi quando, em seguida à renúncia do Presidente Jânio Quadros, apareceu o veto militar à posse do seu substituto. O inopinado da renúncia e a fatalidade constitucional da sucessão colocavam o país em um impasse. A única solução seria a renúncia também do Vice-presidente, que, no entanto, se recusava a este passo, e tinha em seu apoio forças políticas, militares e populares consideráveis. O Terceiro Exército estava praticamente levantado, no Rio Grande, contra a hipótese da supressão da instância prevista na Constituição. A guerra civil parecia inevitável. Foi então que, como simples expediente político, mas ainda sem tomar realmente a sério a solução, os partidos e o Congresso, com tácito apoio militar, evoluíram para a aceitação do Ato Adicional. Não foi, assim, uma solução amadurecida e cuidadosamente elaborada, como, em circunstâncias normais, se exigiria. Foi um recurso de emergência, uma espécie de medicina heróica, destinada a evitar maiores males. Todos nós, que participamos da elaboração do Ato Adicional, temos bem presentes na memória as condições de ansiosa preocupação com que ele foi atamancado. O mais importante não era o que se estabelecia com ele, mas o que se evitava fora dele. A história conservará, sem dúvida, a ação prudente do Congresso, naqueles dias e noites vertiginosos, como uma contribuição positiva à paz do Brasil e à felicidade do seu povo, apesar das insanáveis imperfeições do Ato e do seu desajustamento com dados inafastáveis, tanto de um sistema parlamentar digno deste nome quanto da realidade nacional. Não é este o momento de se fazer a história do fracasso do sistema parlamentar instituído no Ato Adicional. Levar-nos-ia a caminhos muito distantes daqueles que nos interessa seguir. Uma só coisa, no entanto, deve ficar clara. Para que aquele instrumento constitucional pudesse preencher as suas finalidades, eram precisas duas coisas: primeiro que tais finalidades fossem realmente sentidas e desejadas pelos partidos; segundo que o Presidente da República estivesse disposto a desempenhar o altíssimo papel histórico que as circunstâncias lhe haviam criado. Ora, nenhuma das duas condições se verificou. Os partidos, que haviam adotado a solução, como ficou dito acima, como um recurso de emergência, não tiveram o menor interesse em praticá-la, nem em defendê-la no Congresso. Por duas vezes se cogitou de nomes que poderiam consolidar o sistema caso fossem chamados à chefia do Governo. Destes nomes, um deputado foi recusado e um senador não chegou a ser apresentado. Diga-se de passagem que a recusa do deputado foi acompanhada pela opinião nacional, através do rádio, com o maior interesse, o que pelo menos demonstrava corno a atenção pública se voltava espontânea e calorosamente para a prática do regime.

Longe de empregar os enormes poderes, que o Ato Adicional lhe conferia, no sentido de criar as condições propícias para a instalação, a consolidação e o aprimoramento do sistema parlamentar de governo, o Presidente não apenas se omitiu no exercício dessa alta missão histórica como, mesmo, se empregou a fundo no empenho de frustrá-la. Na realidade, a reforma dos métodos de governo, propiciando ao mecanismo constitucional a possibilidade de governar dentro do progresso e da liberdade, é condição prévia para qualquer reforma válida no Brasil. Reformador que passará à História, na primeira linha dos reformadores, será aquele que, na chefia do Estado, tiver as qualidades e condições necessárias para adaptar a máquina governativa às reais condições do país. O homem que tiver o preparo cultural, o desprendimento pessoal, o tato político e a autoridade moral indispensáveis para se colocar num aparente segundo plano histórico, o qual será, na verdade, o primeiro para o futuro, porque vai permitir que o país encontre a sua própria fisionomia. Seria uma espécie de Washington brasileiro, aquele que soubesse, na chefia do Estado, ajustar o Brasil ao seu verdadeiro feitio parlamentar, tal como o grande estadista americano fez com o presidencialismo, no seu próprio país.

Conforme procurei deixar claro no artigo anterior, o presidencialismo brasileiro, que já sofreu tantas adaptações e corrigendas, mostra-se cada vez mais inadequado como sistema nacional de governo. O mais grave é que os retoques sofridos, colhidos na inspiração parlamentarista, nada mais fizeram do que desvirtuar os dois tipos de governo, fundindo-os num amálgama burlesco e inviável. Estas modificações vinham sendo preconizadas desde muito, como remédios ao vício central do presidencialismo brasileiro (e latino-americano) que é o poder irresponsável do chefe de Estado. Sobranceiro aos partidos praticamente inexistentes no Congresso, dominando a Constituição que não encontra raízes na alma do povo e indiferente às frágeis resistências de um Judiciário impotente, o Presidente só tinha um limite verdadeiro ao seu poder, e este era o termo cronológico do período presidencial. Em países com menos desenvolvimento político do que o nosso, tal freio inexiste, e as eleições simuladas garantem a permanência do chefe no poder, até que a morte, a revolução ou o atentado lhe corte o fio. No Brasil a permanência procurava tomar o caráter indireto da influência preponderante na eleição do sucessor (arranjo responsável por todas as crises políticas sucessórias da Primeira República) ou, mais recentemente, o caminho franco ou disfarçado em prol da perpetuidade, por meio do golpe de Estado (1937) ou da pressão pela reforma constitucional, que não terá sido a menor das causas da crise de março. Nada impedirá, caso prossiga o regime, que esta situação perdure, pois as condições sociológicas do nosso país não se alterarão com rapidez. Dependem de fatores vários. Um dos maiores sociólogos brasileiros, adepto convicto do presidencialismo, sustenta precisamente a tese, cara ao seu espírito e objeto dos seus mais brilhantes trabalhos, que o regime nos convém porque é o que convém à nossa formação patriarcal. Argumento de historiador, mais do que de sociólogo. Porque, na verdade, as condições econômicas e técnicas que determinavam o sistema patriarcal da família e da administração já se desagregaram, em quase todo o País. Portanto o que compete é encontrar a forma de governo que corresponda à atual etapa da nossa civilização, que não mais pode ser considerada patriarcal. O mais grave é que as forças econômicas e técnicas, agora em desenvolvimento e em conflito, evoluirão, dentro do sistema presidencial, não mais para o romântico patriarcado, mas para a autêntica tirania. Isto é, que o brilhante sociólogo talvez não haja observado devidamente. Os formidáveis interesses hoje investidos na eleição de um só homem, detentor de todo o poder, fazem com que esta eleição, se direta e livre, se transforme numa gigantesca montagem, enormemente cara, de histeria e falsidade. Este é outro aspecto da questão, que mais de uma vez tive ocasião de debater com meu venerando e saudoso amigo João Mangabeira. Quando me converti ao parlamentarismo, o ilustre baiano, que se mantivera fiel ao regime de 1891, costumava dizer-me que a eleição presidencial era muito mais genuína e autêntica do que a parlamentar e entrava muito mais a fundo na intimidade do tecido popular, como ele costumava dizer.

Eu sustentava o contrário, com razões que ainda me parecem válidas, e que são, em resumo, as seguintes. A eleição presidencial se assemelha a uma inundação, e como tal lava a superfície do solo sem lhe penetrar as entranhas.

Provocando uma espécie de tempestade emotiva em todo o território nacional, ao mesmo tempo em que por ela se vê arrastado, o líder capaz de se eleger presidente emerge à tona empurrado por uma vaga imensa de paixão. Sua vitória é devida à concentração de desesperos e esperanças irracionais de uma massa inorgânica de milhões de seres humanos, cuja determinação prescinde da análise repousada e consciente. Irremediáveis equívocos de julgamento são então possíveis; irremediáveis porque suas conseqüências são totais e a prazo certo. Muito menos dramática, a eleição das centenas de figuras que compõem um Parlamento obedece a um infinito complexo de causas e motivações que decorrem das mais variadas circunstâncias e que oferecem uma realidade muito mais viva, uma intimidade muito mais estreita com o organismo nacional nos seus aspectos os mais variados e autênticos. Sendo muito menos dramática, a eleição das centenas de parlamentares espelha, assim, com muito maior fidelidade, o que existir de positivo e de durável em um povo como o nosso. Só o esquecimento destas verdades que me parecem evidentes justificará a insistente alegação de certos presidencialistas, de que parlamentarismo é uma forma livresca, artificial e requintada de captação da verdade nacional. Ao contrário, ele representa muito mais a tessitura íntima desta verdade, expressa no pleno conhecimento de causa dos seus interesses mais imediatos e das suas reivindicações mais espontâneas. Um Parlamento é o mostruário de um país permanente. Um Presidente é a máscara da paixão de uma hora. Qual dos dois é mais real?

Sendo, assim, muito mais consentâneo com a autêntica realidade nacional, o governo parlamentar é, por isto mesmo, muito mais flexível que o presidencial, o que é vantagem insuperável em um país nas condições do nosso, cuja mutação rápida exige o contrário da rigidez e da imutabilidade. O Presidente se elege em função de uma campanha cheia de promessas que ele pode estar disposto a esquecer, mas que não serão esquecidas pela grande maioria dos seus milhões de eleitores. Estas promessas são, muitas vezes, irrealizáveis, por dois motivos: primeiro porque já o eram ao tempo da campanha, sendo apenas chamarizes eleitorais; segundo porque, ainda quando feitas de boa-fé, podem-se tornar obsoletas ou inconvenientes, na hora da tentativa de aplicação. Encontrando resistências insuperáveis nos fatos da vida, o Presidente ou as abandona, desiludindo a nação, e criando graves crises de autoridade, ou tenta levá-las a termo, provocando atritos de imprevisíveis conseqüências. Governar é planejar. Planejar é adaptar as possibilidades a um sistema de prioridades mutável como a mutável realidade. Não se precisa insistir muito para se concluir até que ponto o mecanismo do governo de gabinete (não esqueçamos que pensamos sempre nele como em uma entidade forte e estável) pode ser superior, no domínio dessas conjunturas.

Estas considerações aqui alinhadas, ao correr da máquina, poderão e deverão ser enriquecidas e desenvolvidas abundantemente. Não perderei, daqui por diante, a ocasião de fazê-lo, convencido que estou de que temos tempo bastante e sobradas razões para examinar a fundo este magno problema do futuro brasileiro.

É fatal que as candidaturas presidenciais de agora não subsistirão para diante. Trata-se de uma questão de tempo, de pouco tempo. Os partidos se encontram, portanto, em condições ideais para entrar a fundo, com seriedade e senso de responsabilidade, no estudo do problema. Mas estudo a sério, estudo de caráter político e não livresco. Trabalho para estadistas e líderes e não para oradores diletantes, ou escapatória de políticos em dificuldades. A imprensa, a meu ver, deveria abrir também espaço amplo e sem preconceitos à matéria. Infelizmente todos os grandes jornais brasileiros são presidencialistas, embora a maioria dos seus redatores talvez não o seja, pela sondagem a que tenho procedido. O fato de se estudar a sério uma questão não indica abandono de posições anteriores. Ao contrário, mostra apenas, quando o debate é livre e sério, que as razões do nosso apego são sólidas e sinceras. Aqui, ao fecho deste artigo, assalta-me de repente esta desconfiança: será que os diretores dos grandes jornais brasileiros evitam discutir o assunto porque não estão muito convictos das suas posições?

6

O PRESIDENCIALISMO BRASILEIRO
(*HISTÓRIA EM QUADRINHOS*)

I

A 15 de novembro de 1889, uma sedição militar depunha o gabinete liberal do Visconde de Ouro Preto. Esta sedição culminava um processo longo de descontentamento e indisciplina no Exército, que datava de alguns anos, e cujas raízes remotas iam até a guerra do Paraguai. O republicanismo civil, movimento ideológico bastante antigo, mas que adquirira ímpeto e coordenação a partir da queda do Segundo Império e da fundação da Terceira República na França, em 1870, utilizou o motim militar para abreviar a revolução republicana, que, normalmente, para os seus próprios líderes, não viria senão depois da morte do Imperador. Dividido o meio político entre o bacharelismo liberal, o positivismo comtista e o espírito de classe militar, não houve, nem poderia haver, orientação intelectual e teórica coerente, no movimento que foi muito mais uma derrota do Império do que uma vitória da República. Não somente o sistema de governo não aparecia majoritário e claramente escolhido, como o próprio regime republicano não foi, desde logo, estabelecido com clareza e naturalidade. Até o dia 16 de novembro a República não foi propriamente proclamada; sucediam-se as hesitações, contradições e flutuações no ambiente perplexo. Os liberais tendiam para a República, com o Estado legal; os militares para a ditadura militar e os positivistas para o sistema autoritário reclamado pela sua doutrina. O chefe do Governo, militar bravo, honrado, desprendido, sensível, mas muito ignorante, não tinha condições para dirigir a nau no meio da bruma. A falta de unidade e firmeza na orientação dos vitoriosos, divididos quanto à forma de governo a se instalar, patenteia-se no ato inaugural da República, o decreto nº 1 do Governo Provisório, datado de 15, realmente, só expedido a 16 de novembro. Este decreto diz, no artigo 1º, que "fica proclamada e *provisoriamente decretada,* como forma de governo da Nação brasileira, a República Federativa". A insegurança daquelas primeiras horas quanto aos rumos da revolução se define ainda melhor com o texto do artigo 7º do mesmo decreto: "Sendo a República Federativa Brasileira a forma de governo proclamada, o Governo Provisório não reconhece nem reconhecerá nenhum governo local contrário à forma republicana, *aguardando, como lhe cumpre, o pronunciamento definitivo do voto da Nação,* livremente expresso pelo sufrágio popular." A vitória deixava, assim, o seu reconhecimento para o futuro. "O pronunciamento definitivo da Nação" veio na camisa-de-força da lei eleitoral revolucionária, tão criticada no tempo, o chamado "Regulamento Alvim", do nome do Ministro do Interior, Cesário Alvim. O "povo bestificado" (expressão de Aristides Lobo) aceitava o *fato consumado,* outra expressão corrente na época. A Constituinte, eleita pelo regulamento Alvim, veio consagrar a obra que o Governo Provisório não assumira a responsabilidade de dizer permanente. A Constituinte, repetimos, veio consagrar mais a derrota do Império que a vitória da República. Instituído o governo presidencial no artigo 41 da Constituição de 1891, não devemos esquecer que, dentro da Constituinte, o governo parlamentar teve prestigiosos defensores. Alguns vinham da monarquia, como César Zama, mas outros eram republicanos genuínos, como Nilo Peçanha. É interessante observar que um Presidente da República, Nilo, e um Vice-presidente, Rosa e Silva, condenaram energicamente o sistema presidencial na Constituinte. Instalado este sistema, com ele instalou-se a desordem institucional, em caráter de crise permanente, como demonstram os episódios que passarei a relembrar sem atavios nem comentários.

A eleição de Deodoro pelo Congresso, a 25 de fevereiro de 1891, colocou-se em termos de pressão militar contra o poder civil. Havia, sem dúvida, militares ao lado de Prudente, o candidato civil, como havia, muito mais numerosos, elementos civis ao lado do candidato militar, que era Deodoro. Mas isto não mudava os termos da questão, e esta era a imposição militar pela ameaça descoberta de levante e ditadura. A grande maioria dos civis votou em Deodoro exatamente para evitar este desfecho. Mas uma consideração se impõe, de grande importância, porque vem dar o colorido básico, presente a todas as crises sucessórias posteriores, que são praticamente tantas quantas são as sucessões: a paixão desencadeada em torno da eleição de Deodoro provinha somente, como declaram direta ou indiretamente vários figurantes do episódio, da importância da função unipessoal. Se se tratasse da formação de um governo de responsabilidade e poder coletivos, a divisão não se processaria em dois blocos odientos, e a ameaça militar sobre as instituições não seria o fórceps daquele difícil parto político. Daí por diante a situação repetiu-se quase que invariavelmente.

Mal preparado para as funções, inclusive porque ignorava o mecanismo do sistema a que presidia, Deodoro marchou para o desastre da renúncia. Habituado ao governo parlamentar em que se formara, embora o derrubasse pela força, não tinha idéia da liderança presidencial. O livro *Atas e Atos do Governo Provisório*, de Dunshee de Abranches, mostra isto muito bem. Deodoro passava incessantemente da preocupação da responsabilidade coletiva às manifestações de chefia autoritária. Ali o homem vindo do Império: aqui o caudilho militar republicano. A luta entre as correntes civil e militar evoluiu para uma luta entre o Congresso e o Presidente, que só se foi agravando. Em fins do ano a situação era de impasse, e Deodoro, a 3 de novembro de 1891, dissolveu o Congresso, assumindo poderes ditatoriais. O longo manifesto em que expõe as razões do seu ato é um verdadeiro requisitório contra o Congresso, que, segundo ele, estava reimplantando o regime parlamentar. Declara assumir pessoalmente "toda a responsabilidade da situação", embora, apesar de dissolver o Congresso, prometesse "governar com a Constituição". A reação civil não se organizou por causa do estado de sítio, mas a militar não se fez esperar muito. Custódio de Melo levantou a Marinha e ameaçou a cidade, de bombardeio, tendo sido atingida, por tiro de advertência, a igreja da Candelária. A 23 de novembro Deodoro renunciou, passando o governo a Floriano.

O Marechal de Ferro chegava ao governo politicamente forte. Na Constituinte tivera bem mais votos para vice-presidente do que o seu camarada Deodoro para Chefe do Estado. Acontecia, porém, que o novo Presidente, que se achava militar e politicamente forte, tinha o seu calcanhar-de-aquiles: o texto constitucional ordenava que, nas condições que prevaleciam (ou seja, na vaga do Presidente antes de decorrida a metade do seu mandato), fosse procedida nova eleição para o posto supremo. O ambiente nacional era de desordem política. Os governadores estaduais que se haviam solidarizado com Deodoro foram sendo depostos dos seus cargos; assembléias locais são dissolvidas; intelectuais são presos ou fogem; a imprensa cai na escuridão. Disposto a defender seu posto a todo transe, Floriano vai colocando militares jovens em funções políticas de relevo, inclusive à frente de governos locais. O grande alvo era evitar a aplicação do artigo 42 da Constituição, que impunha o novo pleito. Para tanto lançava-se mão de uma interpretação tortuosa de outro artigo, este do Ato das Disposições Transitórias. O bacharelismo a serviço da força dominava o jurisdicismo a serviço da lei, como antes, a reação legalista era mais fácil no próprio meio militar. Veio ela, em abril de 1892, no chamado Manifesto dos Treze Generais, documento em que um grupo de oficiais superiores das duas armas reclamava a eleição constitucional. Floriano os demite e reforma. Aproveita o ensejo para limpar a área. Decretado o estado de sítio, são presos numerosos adversários da situação ou simples suspeitos inocentes.

O Supremo Tribunal é, então, submetido à prova decisiva, caracterizadora do sistema presidencial. Seria ele capaz de conter o abuso de poder? Rui Barbosa, em abril de 1892, impetra *habeas-corpus* em favor dos presos políticos e dos adversários do Governo, desterrados para as lonjuras inóspitas de Cucuí e Tabatinga, punições mantidas mesmo depois da extinção do estado de sítio. Com razão, inicia Rui a sua defesa oral, afirmando: "A decisão que este requerimento vem suscitar de vós é a de maior gravidade cívica, a de mais vasto alcance moral, que jamais pendeu da Justiça brasileira." Com razão, mas inutilmente.

O Supremo Tribunal negou a ordem, consagrou a violência por unanimidade de votos, menos um, o do Ministro Pisa e Almeida, a quem Rui, num gesto dramático, beijou as mãos. Começava o Tribunal a sua carreira de espectador impotente, em tudo semelhante à do outro poder político entre nós sempre subordinado: o Congresso. Não propriamente por culpa de qualquer deles, nem, mesmo, talvez, do Executivo, mas por culpa do desgraçado sistema de governo que, pela dinâmica do próprio funcionamento, sufoca o que existe de melhor e impulsiona o que há de pior na alma brasileira, O "destino histórico na consolidação da República Federativa", que Rui, o grande artífice da Constituição, reclamou então para o Tribunal, transformou-se no melancólico destino de assistente passivo da consolidação da tirania.

Mas já se preparava a tormenta do sul. No Rio Grande o presidencialismo havia assumido, graças à liderança inconteste de Júlio de Castilhos, uma forma praticamente ditatorial, derivada dos princípios políticos do positivismo, de que Castilhos era autêntico representante. Foi ele o autor exclusivo da Constituição estadual de 14 de julho de 1891, a qual começa, no bom estilo positivista, invocando "a Família, a Pátria e a Humanidade". Dos três redatores, a princípio designados, Ramiro Barcelos estava no Rio e Assis Brasil não quis aceitar as idéias de Castilhos, de quem se tornou depois, como se sabe, extremado adversário. Castilhos era homem austero, capaz e enérgico; um grande líder, mas de mentalidade sectária. Era natural que, ao implantar no Rio Grande o seu implacável presidencialismo, Castilhos suscitasse, naquela província de velhas tradições guerreiras, obstinada resistência, principalmente quando o líder adversário, Silveira Martins, homem de estatura política comparável à sua, vinha frustrado do 15 de Novembro, candidato que fora à chefia do Governo monárquico, quando da deposição do Visconde de Ouro Preto. Em breve estalava a terrível revolução de 1893 com seu sinistro e glorioso cortejo de sangue e heroísmo.

Por debaixo daqueles dramáticos episódios travava-se, de fato, a primeira e última luta material entre o parlamentarismo civilista e o presidencialismo militarista. Passado um ano de confusas guerrilhas pampeiras, com vitórias e reveses alternados, que tendiam sempre, em conjunto, para a derrota da revolução, levantou-se, no Rio, a Marinha, em setembro de 1893, sob o comando de Custódio de Melo e, mais tarde, do admirável Saldanha da Gama.

As rivalidades entre a Marinha e o Exército, decorrentes do predomínio deste, vinham-se acentuando desde a República. A ação de Custódio contra Deodoro, de Wandenkolk contra Floriano, aumentavam essa hostilidade entre as classes. Temerosos de prejuízos aos seus nacionais, com os navios rebelados na Guanabara, as mais fortes potências estrangeiras intervêm diretamente no nosso drama interno. Esta intervenção se deu a instâncias reiteradas de Floriano e do seu Ministro do Exterior, que encontraram, a princípio, resistências dos Governos a que se dirigiu, como mostra Joaquim Nabuco no livro que dedicou especialmente ao assunto. Comentando a iniciativa do Governo presidencial, observa, judiciosamente, Nabuco: "Esse concurso, porém, que o Governo queria, as nações estrangeiras não lhe podiam dar; elas compreendiam o funesto precedente que seria, se tomassem o partido do Governo contra a revolta. O Governo que recorre ao estrangeiro para tirá-lo de uma grave dificuldade interna sacrifica sempre a sua altivez e pode muitas vezes comprometer a soberania nacional. Há casos em que o socorro estranho em uma crise política não abate o país que o recebe. Esses casos são raros e sempre delicados. Há, porém, uma preliminar para eles: é que o socorro não seja pedido pelo Governo."

No caso brasileiro foi indubitavelmente, e, depois de conseguido, contribuiu decisivamente para a liquidação da revolta no Rio. Ao entrar nela, o Almirante Saldanha sabia que abraçava uma causa perdida. Fazia-o como prova de um honroso sacrifício e como exemplo, que não frutificou, em prol da mudança do sistema de Governo e da restauração da ordem civil. Infelizmente, para Saldanha e para a opinião pública do tempo, parlamentarismo ainda se confundia com Monarquia. O caráter restaurador que tomou, por isso, a revolta da armada, reuniu em torno de Floriano todos os republicanos, principalmente a mocidade, que confundia a tirania presidencialista com a liberdade republicana. Centenas de revoltosos se haviam asilado a bordo de duas fragatas portuguesas, comandadas pelo Almirante Augusto Castilho, que resistiu a todas as pressões do Governo brasileiro, que insistia em reaver os perseguidos. Entre estes estava Saldanha, que, desembarcando com os demais em Montevidéu, depois de longas e dolorosas peripécias, assumiu o comando da rebelião na sua fase final, em que foi sacrificado. Rui, o inquebrantável batalhador pela restauração da liberdade republicana, com que ingenuamente sonhara, asilara-se, também, numa embaixada, e depois fugira para a Argentina, de onde partiu para a Inglaterra. Ele devia estar pensando com amargura na frase de Floriano às vésperas do julgamento do Supremo:

"Não sei quem vai dar *habeas-corpus* aos ministros..." Mas já Floriano, embora ainda concentrando nas mãos todo o Poder, declinava do seu fastígio. A saúde, que nunca fora muito boa, lhe ia decaindo rapidamente, e isto talvez não fosse razão menor para tornar inviáveis certos manejos em favor da sua permanência no Poder, apesar da Constituição. Que houve tentativas nesse sentido, não há dúvidas. Que Floriano as estimulasse não é certo, embora possível, dado o temperamento ao mesmo tempo inflexível, ambicioso e refolhado do Marechal. De resto este *continuísmo* está no âmago do sistema presidencial. Até nos Estados Unidos foi necessária uma emenda constitucional para torná-lo impossível. A eleição de Prudente se fez numa espécie de vazio, ou de calculada omissão do Executivo, que não pressagiava nada de bom. A posse do ilustre varão republicano se operou, como é sabido, numa atmosfera de apreensões e sob ameaças de golpe militar. Floriano, por acinte, não assistiu a ela. Não tivera nenhum contato com Prudente desde sua chegada de São Paulo. Prudente entrou sozinho no Itamarati, então sede do Governo. Na biografia de meu pai transcrevi uma carta do Marechal ao seu amigo Tomás da Porciúncula, escrita 12 dias depois de deixar o Governo, na qual deixa escorrer o fel que lhe enchia o coração.

O Governo de Prudente correu agitado pelas mais graves crises, como a Guerra de Canudos, o rompimento do Presidente com o Congresso, a brutal repressão do jacobinismo presidencialista, que quase elimina fisicamente Ouro Preto e deixa morto o amigo que o acompanhava. Finalmente vem a luta entre o presidente e o Vice, Manuel Vitorino, choque de ambições já verificado entre Floriano e Deodoro, e que se repetiu, depois, várias vezes. Toda a inquietação represada culmina no atentado de 5 de novembro, em que o Presidente escapa, mas é morto o Ministro da Guerra, marechal Bittencourt. Vem então a infalível repressão: estado de sítio, prisão de congressistas apesar das imunidades parlamentares, desterros para Fernando de Noronha, censura à imprensa, ambiente de terror. Cessado o estado de sítio, mas mantidas as medidas de exceção, volta Rui, em março de 1898, a bater às portas cautelosamente fechadas do Supremo Tribunal. Por duas horas e meia clama apaixonadamente em defesa dos perseguidos inocentes, estende-lhes, como em 1892, a mão radiosa da Justiça: "Se a política não recuar diante desta casa sagrada, em torno da qual marulha furiosa, desde o seu começo; se os governos não se compenetrarem de que na vossa independência reside a sua maior força, a grande força do princípio da autoridade civil.., ai de nós! porque em verdade vos digo que não haverá quem nos salve!" Mas o Tribunal não se sentia com forças para enfrentar o poder; na verdade não sentia o próprio poder: o *habeas-corpus* requerido por Rui foi denegado. O estado de sítio pôde produzir seus efeitos ainda mesmo depois de extinto. Nada nos salvou, de então até hoje.

Ao fim do seu Governo, aproximando-se a sucessão, Prudente aceita o nome de Campos Sales, levantado pelos oficialismos baiano, mineiro, paulista e pernambucano, embora talvez lhe preferisse o nome de Bernardino de Campos. Levanta-se uma débil oposição, chefiada no Sul por Castilhos, pretextando o princípio da não-participação do Presidente na escolha do sucessor. Este princípio, sempre negado e sempre exercido na nossa República, foi a causa principal das crises sucessórias, daí por diante, até a culminação de 1930. Curioso é que fosse invocado por Castilhos, cujo sistema de Governo o adotava oficialmente. A história do Governo Campos Sales foi contada por ele mesmo, em livro famoso. Grande estadista, sofreu, contudo, os males do regime. No âmbito federal a oposição mais de uma vez degenerou em conspirações, que o Presidente pôde debelar sem maiores esforços. Mas o triste legado do quatriênio não foi no meio federal, onde conseguiu se firmar, vitorioso, mas no meio estadual, com a desastrosa e famigerada *política dos governadores,* como ficou chamada, embora Campos Sales pessoalmente a denominasse *política dos estados.* Ela se resumia, afinal, em criar e alimentar oligarquias estaduais, cujos chefes, por sua vez, davam apoio incondicional ao Presidente, no Congresso Federal, graças à química do reconhecimento de poderes, no qual só saíam eleitos os adeptos e serviçais dos sobas estaduais. O Brasil iniciou, então, a corrupção e a opressão instaladas nas províncias distantes, onde os abusos e excessos se passavam muitas vezes a crimes. É a triste, terrível história das lutas sangrentas, das guerras de famílias, dos sofrimentos ignorados das populações, florindo afinal nesse instituto da intervenção federal nos estados, que, abalando, de fato, os alicerces do federalismo, provocou tanto discurso bonito, tanto parecer erudito nas Comissões de Justiça do Congresso, mas não passava, no fundo, de mais uma face da tirania presidencial. A triste história continua.

7

O PRESIDENCIALISMO BRASILEIRO
(*HISTÓRIA EM QUADRINHOS*)

II

Com a sucessão de Campos Sales pelo Conselheiro Rodrigues Alves a República presidencial parecia ter atingido uma fase de firmeza e estabilidade, duramente conquistada ao termo de quase três lustros de desordens, arbitrariedades e violências. Prudente conseguira, bem ou mal, transferir as fontes do poder, das casernas para o Executivo civil, poder que Campos Sales descentralizara, e ampliara, distribuindo o monopólio do Catete pelos palácios governativos estaduais. Não esqueçamos, contudo, duas coisas: primeira, que esta transferência do poder para o meio civil deixava resíduos militaristas radicais não-assimilados, os quais daí por diante poriam em risco de tutela o poder presidencial por várias vezes; e, segunda, que aquela translação das fontes do poder se fazia pela criação de novas tiranias, a federal, do Catete, e as estaduais, dos governadores, inaugurada por Campos Sales. O Legislativo e o Judiciário continuavam como astros sem luz própria, girando em torno do sol presidencial. Como é normal no presidencialismo latino-americano, começamos a transitar pendularmente da supremacia do Exército, que utiliza o Presidente como instrumento, à supremacia do Presidente, que faz seu instrumento do Exército. A Constituição, os partidos, o Judiciário, elementos que dão autenticidade ao presidencialismo norte-americano, sempre foram, no Brasil, como em qualquer República da América Central (não nos surpreendamos nem nos humilhemos com as comparações verdadeiras), simples cortinas de fumaça, que mascaram a brutal realidade sociológica e política.

Rodrigues Alves, estadista vindo do Império, mas duas vezes Ministro na República (de que fora, também, constituinte), chegava ao poder aparentemente sem resistências, pois a esboçada candidatura de Quintino Bocaiúva não chegara a ser um fato político, contando, além disto, com a ordem civil supostamente assegurada e com condições financeiras favoráveis, deixadas pelo seu antecessor.

Não vamos fazer, aqui, o elogio do antigo político parlamentarista que foi, sem dúvida, o maior chefe de Governo, até hoje, no Brasil republicano. Seu quatriênio interessa à nossa demonstração, porque, apesar de todo o êxito da administração federal e de respeito que cercava a figura do presidente, as incertezas e debilidades, que são consubstanciais ao regime, irromperam dolorosamente, também, naquele Governo. Isto é que me parece importante salientar, ou seja, que o fato de um Governo presidencial ter alcançado todo o sucesso e toda a popularidade desejáveis não impede que as falhas insanáveis do sistema surjam com evidência desalentadora. Vamos citar alguns poucos casos exemplares. No primeiro, que é o da Revolução da Vacina, em 1904, manifesta-se, em toda a sua crueza, como a ordem civil presidencialista, nos seus melhores momentos, fica sempre sujeita aos imprevistos da agitação demagógica e da intervenção armada.

A vitória de Osvaldo Cruz contra a febre amarela estava assegurada. Era questão de tempo. A ciência fizera recuar os retrógrados e convencera os céticos. Os setores da saúde pública, da remodelação urbana e das relações exteriores eram os mais indiscutidos da administração federal. Vejamos, agora, como, precisamente no setor da saúde, se armou estupidamente o temporal. Em junho de 1904 o senador Manuel Duarte apresentou projeto instituindo a vacina obrigatória contra a varíola em todo o país. Como a medida, embora incontroversa pela esmagadora maioria científica, ainda encontrasse opositores no Brasil, o projeto foi combatido no Senado por homens do prestígio de Pinheiro Machado, Joaquim Murtinho, Lauro Sodré e Antônio Azeredo. Uns o faziam, como Sodré, por falsas convicções positivistas. Outros, mais numerosos, por simples expediente político contra o presidente. Aqui estava a raiz do mal. O personalismo do poder presidencial transformava em caso de luta pessoal qualquer assunto, mesmo aquele. A discussão ganhou as praças públicas, levada por agitadores da palavra e da pena, por ativistas sectários ou jornalistas imprevidentes, como freqüentemente acontece. Das praças ganhou os quartéis. O ambiente, fermentado, envenenou-se. A desordem se instalou na cidade, o Governo perdeu o controle das ruas e, com fulminante rapidez, sem nada que o justificasse, ficou subitamente vulnerável à deposição por um golpe armado.

    A escola militar da Praia Vermelha levanta-se na noite de 14. Pelo *Diário* de Gastão da Cunha, infelizmente ainda inédito, temos um quadro impressionante do que foram as horas de angústia vividas no Catete, quando todos os apoios, civis e militares, pareciam desabar, a organização jurídica subitamente desaparecera e somente o velho presidente, centro de tudo, guardava a cabeça fria. "Aqui é o meu lugar", disse ele com calma, quando lhe propuseram refugiar-se em um navio de guerra. Se o houvesse feito, seguramente estaria deposto, por aquela maluqueira fanática, estúpida, e meio estudantil. Deposto graças à fragilidade do regime. Rui Barbosa, descrevendo no Senado o ambiente da capital amotinada, no discurso que fez dois dias depois dos fatos, diz lapidarmente: "Estávamos num desses momentos de que só se terá noção experimentando, e só se poderão experimentar nos países visitados pelas desordens militares, quando a sociedade se sente ameaçada pelos guardas legais da sua segurança. Quando os motins vêm das ruas, as classes pacíficas e úteis do povo se voltam, confiantes, para a força armada, como para uma defesa que não mente. Mas se a erupção brame nos quartéis, a impressão civil é de abandono de todos os remédios da terra, como nas catástrofes da natureza, quando o homem sente fugir-lhe aos pés o solo onde se firmava. É, transportada para a ordem moral, a sensação do naufrágio ou do terremoto. Como que a consciência da personalidade nacional desaparece. O indivíduo sente-se nu dos seus direitos. O povo pergunta que farão dele, que senhor vão dar à nação, se o cativeiro será misericordioso ou truculento, se Deus estenderá a mão à sua agonia, ou o entregará, para uma longa expiação, ao governo das baionetas." Pode haver algo de mais perfeito, de mais adequado ao presidencialismo brasileiro, passado, presente e futuro? Felizmente o plano gorou. E o plano, quase vitorioso, naquela hora de absoluta normalidade institucional, era, como bem sabemos, a instituição de um comando revolucionário militar, através de uma junta, a dissolução do Congresso e a declaração da ditadura. *Si cette chanson vous embête...*

Outros exemplos do presidencialismo, no Governo Rodrigues Alves, podem ser colhidos na satrapia dos estados longínquos, na sangueira de Mato Grosso, com o assassínio do caudilho Totó Pais, ou na sangueira de Sergipe, com o assassínio dos caudilhos Fausto Cardoso e, mais tarde, Olímpio de Campos.

O presidencialismo do suave Rodrigues Alves não escapou às brutalidades inerentes ao regime. Ao 14 de novembro sobreveio o estado de sítio, ao estado de sítio as habituais prisões injustas, a chibata nos presos dos porões de navios, as fugas de parlamentares, os degredos para o Acre...

Entremos, agora, no Governo de Afonso Pena. Este presidente foi uma vítima direta dos males habituais do sistema. Morreu vitimado pelo caudilhismo associado ao militarismo.

Rodrigues Alves, segundo o costume presidencial brasileiro, quis fazer o seu sucessor na pessoa de Bernardino de Campos. Pressentido neste propósito, levanta-se forte resistência dos ortodoxos republicanos (os da *linha dura* presidencialista) chefiados por Pinheiro Machado. Paradoxalmente, o nome de Afonso Pena, que se acabou impondo, foi o de um convertido, como Rodrigues Alves, e não de um *histórico*.

Mas, aos que dominavam a máquina política, interessava mais aquela meia-vitória, pois ela representava uma derrota do ex-Presidente, que conseguira escapar imune ao golpe de 1904. Entretanto, Afonso Pena nunca pôde contar, de fato, com o apoio dos que concordaram com o seu nome como um expediente. Pinheiro, desde logo, assume a chefia da oposição disfarçada. Sob o pretexto de manter a pureza dos princípios de 1889, funda o *Bloco*, embrião da futura máquina de opressão oficial, o Partido Republicano Conservador. Afonso Pena tenta consolidar-se no Congresso, através do *Jardim da Infância*. Esforço perdido para quem sabia, como Pinheiro e seus amigos, onde buscar o apoio que a tudo leva de vencida, o das baionetas. O caciquismo civil e o militar se unem, afinal, na candidatura Hermes, lançada fora dos partidos, engolida pelos governos dos estados — para lembrar ainda uma frase de Rui — autêntico contubérnio da arruaça com o pronunciamento. "Deslocara-se o eixo da política", como observou tristemente o patriarca Quintino. Todos cedem, até mesmo Rio Branco, que, na frase do líder governista na Câmara, foi "a bandeira" que cobriu com seu nome a candidatura militar. Diante da força e da humilhação, fraqueia o coração de Afonso Pena. Sua morte é terrivelmente estigmatizada, na Câmara, pelo indômito Barbosa Lima. Clama ele: "Enleado na insidiosa teia de infanda politicagem, o Presidente Pena sucumbiu aos golpes traiçoeiros da perfídia partidária. Sobre o túmulo inopinadamente aberto daquele que encarnava neste momento o necessário ascendente da liberdade civil, a pátria de Vasconcelos e Otoni há de vir dizer que o Presidente Pena não terá sido o último mineiro. Os moços que, em legião, protestam de serrania em serrania e de quebrada em quebrada, naquela vasta região onde se aninha o amor da liberdade, estes não deixarão que uma apagada e vil tristeza venha selar a lápide simbólica onde dorme o sono do justo o Presidente Pena." Bela retórica, mas incorreta previsão. Minas se aninhou foi na truculência da maioria. Venceslau veio para a Vice-presidência. Carlos Peixoto, o grande líder mineiro, foi riscado da atividade política, e a maior bancada do Congresso passou a apoiar, em silêncio, as maluquices do malfadado quatriênio. Não precisamos, tampouco, lembrar, aqui, aquela época ominosa, prevista por Rui na fulgurante campanha civilista, e por ele ferreteada em tantos discursos e escritos magistrais. Lembremos apenas alguns pontos culminantes. Em 1910, primeiro ano de Governo, o Presidente intervém no estado do Rio para apoiar a política de Nilo Peçanha, que no quatriênio anterior não conseguira firmar-se na sua província, nem mesmo quando exerceu interinamente a chefia do Governo. Em troca do apoio que, como Presidente, dera à candidatura militar, obtinha, agora, em contrapartida, a intervenção no seu estado para colocar na chefia do mesmo um candidato seu, Oliveira Botelho.

Deposto o presidente do Estado pela intervenção, seus correligionários impetraram *habeas-corpus* ao Supremo Tribunal, para o efeito de empossar o candidato contrário à política de Nilo, Edviges de Queirós, que diziam ter sido eleito. O Tribunal, a 4 de janeiro, concedeu a medida solicitada, por 6 votos contra 5. No dia seguinte o Ministro da Justiça, Rivadávia Correia, enviou com o maior desplante um ofício ao Tribunal recusando cumprimento ao julgado, sob pretexto de que tinha sido procedida a intervenção federal, que o Presidente entrara em relações com a parcialidade contrária e que estava esperando a decisão do Congresso. Diante de tão afrontoso desrespeito ao seu julgado, que faz o Supremo Tribunal? Enviou ofício ao Ministro da Justiça no qual, depois de dizer que o Governo Federal havia resolvido provisoriamente a dualidade de governos estaduais (coisa que pela Constituição competia somente ao Congresso fazer) conclui por esta espantosa declaração: o Tribunal declarava *sem objeto* a medida concedida! E Nilo Peçanha, apoiado pelas armas federais, contando com a omissão do Judiciário e a cumplicidade do Congresso, pôde tomar conta do seu estado. Aliás, este tranqüilo desrespeito à decisão da mais alta Corte Judiciária não ficaria sem seguimento. Em 1911, após longas e confusas lutas judiciárias, o Supremo, tendo como relator Pedro Lessa, concedeu *habeas-corpus* a uma parte do então Conselho Municipal do Rio de Janeiro, que contendia com a facção dirigida pelo Senador Vasconcelos, amigo de Pinheiro Machado. Com a maior calma o Ministro da Justiça (sempre Rivadávia) oficia ao presidente do Supremo, comunicando-lhe que o Poder Executivo não daria cumprimento ao julgado. A reação viril de Pedro Lessa ficou no vazio. Disse o grande juiz: "Como havemos de tolerar que, sob a República Federativa, e no regime presidencial, em que tão nítida e acentuada é a separação dos poderes, se estabeleça a inconstitucional intrusão do Poder Executivo nas funções do Judiciário?... Pela Constituição e pela dignidade do meu cargo sou obrigado a repelir a lição." Contou-me meu sogro, desembargador Cesário Pereira, reta consciência de magistrado, que tão chocado ficou ele com o insólito episódio, que pediu demissão do seu cargo de Procurador da República. Não lhe era possível servir a um Governo contrário à lei. Mas gestos como o seu eram raros. O País todo se acomodava, como sempre se acomodou, ao desvirtuamento do sistema que diz praticar. Continua o funesto quatriênio. O motim do batalhão naval seguido de estado de sítio provoca brutal e sangrenta repressão.

A revolta dos marinheiros, chefiada por João Cândido, põe à prova o heroísmo da oficialidade que se sacrifica estoicamente na defesa de uma disciplina mais comprometida pelos erros dos dirigentes que dos revoltosos. Ainda hoje vive um destes bravos, símbolo daquela geração sacrificada, o Almirante Álvaro Alberto. Vêm o bombardeio de Manaus e o terrível bombardeio da Bahia, que encheu de amargura as últimas horas de Rio Branco. Ferido no seu amor de filho da Bahia e na sua consciência de homem do direito, Rui clama às portas do Supremo. Pede três *habeas-corpus* sucessivos, em defesa do povo oprimido e do governo estadual sitiado, os quais o Tribunal nega, sucessivamente. Rui lembra admiravelmente que a falta de força para fazer cumprir os julgados não exime os juízes do dever de julgar contra a força. "A Justiça não se enfraquece, quando o poder lhe desatende. O poder é que se suicida, quando não se curva à Justiça." Esta foi a lição que segui, em discurso na Câmara, quando Café Filho apresentou seu pedido de *habeas-corpus* ao ser deposto pelo golpe de 11 de novembro. Mas o Tribunal, então como em 1912, preferiu curvar-se à força a declarar o direito. Note-se que não culpo individualmente os juízes da Alta Corte, onde tenho amigos que admiro. Culpo, sim, o regime brasileiro, que invalida as duas peças essenciais de defesa contra a tirania, o Supremo Tribunal e o Congresso, ambos, entre nós, submissos ao Executivo e incapazes de exercer verdadeiramente as suas funções. Prossegue o drama: conflagração no Ceará, seguida de intervenção; motim sangrento em Belo Horizonte (lembro-me ainda, menino, do horror que me causava o ambiente da minha cidade com soldados à solta, massacrando guardas civis); ocupação de Pernambuco... As chamas das *salvações*. Termina, enfim, aquele triste Governo. O caudilho gaúcho, enfraquecido politicamente pelo desastre da situação que ajudara a criar, não consegue influir na sucessão. Aceita o nome de Venceslau Brás como se tivesse participado da sua escolha. Venceslau fora uma compensação vitoriosa da política mineira, recalcada e sufocada desde a morte de Afonso Pena, embora atrelada ao carro de extravagâncias e loucuras do Governo que findava. As qualidades psicológicas do novo Presidente, sua moderação, sua honradez, sua experiência, apesar de jovem, facilitavam uma relativa contenção na onda de desmandos e violências que inundara o país. O povo, cansado de sustos e cóleras, ansiava, por outro lado, por algum sossego. Apesar de tudo isso o Governo Venceslau teve as suas dificuldades.

Começa com a nova intervenção no estado do Rio, então chamado romanticamente a "Polônia brasileira". Em pouquíssimas palavras darei o essencial do longo e confuso caso. Nilo, que, como vimos, conseguira a intervenção no estado em 1910, para colocar no Governo um candidato seu, Oliveira Botelho, estava rompido com este, ao termo do mandato, porque Botelho, em vez de apoiar a candidatura dele, Nilo, à sua sucessão, tirara do bolso o nome de um militar: Feliciano Sodré. Sempre o propósito de continuísmo presidencialista, através da feitura do sucessor. O hermismo agonizante, com Pinheiro à frente, apóia Botelho e Sodré. Pinheiro não se refizera da irritação que lhe causara o fato de "o moleque Nilo" (como ele dizia aos íntimos) não lhe ter apoiado a candidatura à Presidência da República, inclinando-se pela solução mineira. Pinheiro sustenta, então, a intervenção no estado, para constituir uma Assembléia que reconhecesse Sodré. Nilo obtém do Supremo um *habeas-corpus* que o declarava vitorioso. A intervenção dependia do Congresso, que, para concedê-la, devia ser, como das outras vezes, espremido pelo Executivo. Mas o quatriênio terminara, e o novo Presidente não quis fazer tal papel. O próprio Venceslau contou-me o caso em detalhes, quando fui seu hóspede na acolhedora casa de Itajubá. Nilo empossou-se, protegido pelo Supremo, enquanto Pinheiro desafiava Venceslau, fazendo aprovar no Senado o pedido de intervenção remetido ainda por Hermes... O caso se arrastou até que o punhal de Manso de Paiva veio cortar a vida aventurosa do grande *condotiere* gaúcho. Nilo ficou no governo até vir para o Itamarati. O Supremo vencera o Congresso. Quanto ao povo, ao eleitor, deste nem se falava. Em 1916 repetiu-se, no Piauí, o caso do estado do Rio. Dois candidatos se apresentaram ao Governo, Antônio Costa e Eurípides de Aguiar, o primeiro sustentado pelos remanescentes do pinheirismo. Ferida a eleição, divide-se, como de hábito, a Assembléia, que devia reconhecer o eleito. Aguiar pede *habeas-corpus* ao Supremo, como fizera Nilo, e sai *eleito* pelo Tribunal, mais pronto a decidir dos pleitos do que a defender a liberdade. Enquanto isto, os amigos de Costa pedem a intervenção, sob o surrado pretexto da dualidade de Assembléia. A luta é forte, mas os mineiros se haviam consolidado no poder e negam a intervenção, aprovando o voto contrário do deputado Melo Franco. Enquanto isso o Amazonas estava em plena anarquia. A sucessão, no grande estado, do governador coronel Ribeiro Bittencourt, pelo governador eleito Jônatas Pedrosa, deu lugar aos mais incríveis e vergonhosos fatos de toda a nossa triste história presidencial.

Houve de tudo. Corrupção, deposição, revolta militar, massacre impiedoso dos amotinados vencidos, domínio da administração por uma empresa estrangeira, que provocou revolta popular, em suma um emaranhado, indescritível em poucas linhas, de lama e de sangue. Não faltou nem mesmo um *habeas-corpus* dado pelo Supremo, que foi ainda uma vez posto de lado descaradamente pelo Governo estadual. O caso do Amazonas pode ser considerado um *clássico* na nossa historiografia presidencialista. Quando chegou à Câmara o inevitável pedido de intervenção, meu pai, relator na Comissão de Justiça, assim desabafa o seu desencanto: "Se a dura experiência de 25 anos tem demonstrado que as instituições ideadas para desenvolver e garantir a liberdade se corrompem e se transformam, faltando aos seus fins, provocando o aparecimento do despotismo regional e facilitando o surdir de sátrapas provincianos — o dever dos patriotas é enfrentar corajosamente o problema da revisão constitucional e organizar a República Federativa em novos moldes, compatíveis com o nosso meio."

Esta severa advertência de meu pai soa-me, hoje, ao ouvido, como um conselho imperativo, vindo do fundo do passado e tornando irretratável o meu compromisso. Pedro Moacir, que fora colega dele em São Paulo, saúda com entusiasmo a conversão revisionista de Melo Franco: "Sr. Presidente, o que venho dizer tem por principal objetivo assinalar as horríveis confissões feitas perante o país inteiro por um homem político do caráter, da competência, do estudo e das tradições do sr. deputado Melo Franco." E faz um apelo caloroso aos mineiros dominadores, para que se lancem corajosamente na reforma. Apelo que deve ser hoje ampliado a todas as bancadas do Congresso. Termina o Governo Venceslau em relativa calma por causa, paradoxalmente, da guerra mundial, que uniu as facções e adiou as lutas entre elas até que estourassem impetuosamente no Governo Epitácio Pessoa, depois do interregno de Delfim. Venceslau terminava em paz interna, por causa da guerra externa, ele que começara com a guerra interna do Contestado, luta criminosa, fruto do fanatismo estimulado pelas ambições políticas próprias do regime. O Contestado é uma espécie de Canudos, que ainda não encontrou o seu Euclides da Cunha. Mas o "carro da miséria" (para lembrar Mário de Andrade) do presidencialismo brasileiro vai prosseguir no seu caminho...

8

O PRESIDENCIALISMO BRASILEIRO
(*HISTÓRIA EM QUADRINHOS*)

III

Bem antes do termo do Governo de Venceslau Brás já o meio político denotava que a sucessão viria de São Paulo. Cumpria-se, ainda uma vez, o movimento basculante que levava ao Catete os representantes de um ou de outro dos dois estados, que então dominavam a Federação. As combinações de cúpula (únicas que no tempo se faziam) foram fáceis. O presidente de São Paulo era o jovem Altino Arantes, que tinha sucedido, no posto, ao conselheiro Rodrigues Alves, o qual, depois de alguns anos de relativo afastamento, voltara, ainda uma vez, a presidir aos destinos da sua província. Por intermédio de Sabino Barroso, Altino entra em contato com Venceslau, já em março de 1912, buscando o seu apoio para o nome do conselheiro. Venceslau acolhe francamente a sugestão, e, assim, a eleição do glorioso ex-presidente se faz sem maiores empecilhos. O único político com prestígio suficiente para pôr entraves a essas combinações de antecâmaras, que era Pinheiro Machado, não mais existia. Certo é que Rui ficava de fora, candidato preterido daquela vez, como de outras. Mas o respeito que cercava o ilustre baiano não significava propriamente prestígio político. Eleito, Rodrigues Alves não pôde tomar posse, instalando-se então o que no tempo se chamou a *Regência* de Delfim Moreira, que viera, como mineiro, para a vice-presidência. Morto Rodrigues Alves em janeiro de 1919, já no mês seguinte uma convenção nacional das forças políticas (novidade inventada por Artur Bernardes, presidente de Minas), indicava para suceder ao estadista de São Paulo o nome do talentoso paraibano Epitácio Pessoa. Epitácio estava em foco por duas razões a bem dizer ocasionais. Tinha sido o orador oficial quando do banquete de lançamento da candidatura de Rodrigues Alves, proferindo um vigoroso discurso que muito calara na opinião, e achava-se, quando da abertura da nova sucessão, exercendo com brilhantismo o posto de Embaixador do Brasil na Conferência de Versalhes. Com a indicação do nordestino, feita por Minas e aceita por São Paulo, entrava-se numa nova fase da política presidencial. Os presidentes dos dois grandes estados, que eram então Altino Arantes e Artur Bernardes, não dispunham de prestígio suficiente para almejar o posto supremo. Velhos republicanos como Borges, no Sul, ou Rui, no Senado, se não podiam se impor, pelo menos podiam impedir soluções como aquelas. E foi o que se deu. Como nenhum dos dois jovens Presidentes estaduais queria trancar a sua chance futura indicando um conterrâneo mais velho, o resultado foi escapar o poder das mãos dos grandes estados, pela primeira vez, desde 1894. No momento não se percebeu como isto alterava profundamente o jogo. Só mais tarde, quando a aliança mineiro-paulista tentou restabelecer o seu predomínio, foi que se verificou como a coisa se tornara difícil. Vieram as revoluções, que quase impediram a posse de Bernardes e derrubaram Washington Luís.

Sendo um dos homens que, pelo talento, energia e experiência mais bem podiam governar a República, Epitácio Pessoa teve, no entanto, o seu mandato inteiramente absorvido pelas dificuldades inerentes ao presidencialismo brasileiro. Estas dificuldades não são, é óbvio, sempre da mesma natureza, mas não deixam de aparecer, apresentando somente novas aparências, com a evolução dos tempos. No fundo decorrem invariavelmente das mesmas causas: de um lado, o enorme poder acumulado nas mãos de um homem, e, do outro, a falta de instrumentos eficazes de contrapeso a esse poder, o que o torna praticamente irresponsável e sem limites legais.

Epitácio não pôde quebrar a rotina que fazia com que a cobiçada coroa presidencial pertencesse ainda aos herdeiros dos grandes estados. Por menos que o desejasse, teve ele, político de estado pequeno, de pôr o dispositivo federal a serviço da candidatura de Artur Bernardes. Não podemos aqui pormenorizar o que foi a tremenda luta que então se travou. Na ausência de partidos, as forças armadas vieram, como sempre, cobrir a lacuna. O idealismo da juventude militar se uniu às ambições, talvez justas, de um antigo político vaqueano de todos os tortuosos caminhos do presidencialismo, Nilo Peçanha. Ressentimentos e frustrações pessoais e regionais, engrossados por uma campanha de imprensa de inaudita violência, que diante de nenhuma arma hesitava, tudo isto de envolta com as reais transformações econômicas e sociológicas que se operavam no País, exigindo o alargamento das estreitas instituições de 1891, tiveram como resultado, entre 1922 e 1930, o ciclo das revoluções políticas. Numerosos estudos, alguns magistrais, já existem sobre esse ciclo revolucionário, analisando-o sob os mais variados aspectos. O que interessa aqui salientar, entretanto, é que ele só existiu pela intrínseca incapacidade que tem o regime presidencial de evoluir pacificamente. Incapacidade fundada — nunca é demais repetir — no excesso de poder pessoal e na ausência completa de um mecanismo de despersonalização do poder. Bernardes governou com o País sufocado pelo estado de sítio, e Washington com o País sublevado pela Coluna Prestes, embora nas grandes cidades pouca coisa repercutisse daquele longo drama sertanejo.

Foram anos de luta que exauriram a Nação, com enormes sacrifícios para todo o povo, tolhido no seu desenvolvimento, esmagado na sua liberdade. Finalmente, em 1930, seguindo a fatalidade histórica tantas vezes repetida, a revolução dos grandes estados contra o poder federal terminou paradoxalmente acabando com a política dos grandes estados. O presidencialismo brasileiro começara com a disfarçada ditadura da espada, prosseguira com a ditadura dos grandes governos estaduais e agora se instalava confortavelmente, durante anos, na ditadura pura e simples, ditadura de estância e galpão, ditadura sem mais nada. Getúlio, grande equilibrista político, encontrou a fórmula ideal para descansar a sua permanência, que era a de apoiar-se sobre nada. Nem doutrinas, nem organizações estáveis, nem programas positivos. Apenas o poder pessoal e o seu atraente fascínio. O último surto liberal esmagado em São Paulo; o esforço obstinado para tornar inviável o frágil regime de 1934; o ambiente internacional; tudo contribuía a contento para o desfecho de 1937. Então se instalou o verdadeiro presidencialismo brasileiro, o presidencialismo sem máscaras nem hipocrisia, devemos reconhecê-lo, hoje em dia. Não quero dizer com isto que a Constituição fascista de 1937 fosse o ideal do nosso presidencialismo. O que acentuo é que seu caráter genuíno se expressa exatamente porque aquela Constituição nunca foi aplicada, e servia, apenas, de biombo à prática pseudolegal do poder pessoal sem qualquer controle. Por isto é que era o nosso presidencialismo autêntico, puro como brilhante sem jaça.

Mas não esqueçamos o seu cortejo de ignomínias. A maneira como foi instalado, cortando a campanha democrática com um golpe de traição (plano Cohen) endossado pelas Forças Armadas; as ignóbeis violências policiais praticadas por causas ideológicas; o aviltamento intelectual; a sufocação das liberdades individuais; a castração do Judiciário (a lei da ditadura submetia os julgados do Supremo à revisão presidencial, tornando-se, portanto, legal a praxe política anterior); a hibernação do Legislativo, vários de cujos membros *dissolvidos* acomodaram-se em benesses e sinecuras. E o eterno cortejo: demissões, prisões sem culpa, torturas, degredos, exílios... Dá náusea esta monótona repetição, mas é indispensável como um cautério na nossa adormecida consciência.

Os pendores do governo pelo Eixo, na guerra mundial, foram sendo abalados com a vitória das armas democráticas no mundo. No campo interno, as provas de inconformidade começam a aparecer: declaração dos escritores, manifesto dos mineiros, reconquista da liberdade de imprensa. Getúlio é deposto em 1945, como Washington Luís o fora quinze anos antes; como Getúlio seria ainda uma vez em 1954; como Café Filho e Carlos Luz em 1955; como Jânio em 1961; como Jango em 1964. Como os outros, que o futuro nos trará, se o regime continua. Porque uma das maiores asneiras que ouço a propósito do presidencialismo brasileiro é esta de que é um *regime forte*. Confunde-se alvarmente força material com força jurídica. Sem dúvida a primeira é tão grande, mas a segunda tão pequena que os desfechos aí estão, envergonhando o nosso pobre País: sete presidentes depostos sucessivamente. Em todo o Império, desde que se estabeleceu verdadeiramente o sistema parlamentar, sob a Regência, nem durante a guerra do Paraguai se conseguiu depor um ministério pela força.

Voltemos porém a dedilhar as contas do nosso rosário de fracassos. Com a queda de Vargas o eterno vácuo partidário se preenche pela inevitável solução das candidaturas militares, que foram duas. Entre os dois foi eleito aquele general que se identificara com o golpe de 1937 e a ditadura: Eurico Dutra. A história é de ontem e sobre ela homens como eu depõem já como testemunhas diretas. O Brasil mudara; novas necessidades sociais surgiam, e a consciência delas se tornava mais nítida. A luta entre ordem e progresso se insinuava no fundo do combate entre as elites e as massas, aquelas se inclinando mais pela ordem, e estas pelo progresso. No regime parlamentar esta luta, quando surge (e tem surgido em numerosos países que o praticam), encontra sempre uma fórmula de equilíbrio. Mas no nosso sistema presidencial, graças à fatalidade do poder pessoal, a mesma luta evolui inevitavelmente para uma polarização dual; isto é, para uma radicalização. Preste bem atenção o leitor no que acabo de escrever, que é capital para o entendimento do fatalismo da radicalização entre nós. Não há saída para ela, dentro do sistema unipessoal que nos rege. Pode-se dizer que a bandeira se rasga em duas partes: ou a ordem sem progresso, como querem as elites, ou o progresso sem ordem, como almejam as massas. Quando o verdadeiro fim, para lembrar a palavra admirável do saudoso

Bernanos, é a ordem segundo a justiça. Mas prossigamos. Dutra, por seu temperamento, inclinava-se antes pela causa da ordem, mas o sistema eleitoral que o apoiara, principalmente o PSD, estava agrilhoado a Getúlio. Marchamos então para a desordem, sob o pretexto do progresso. Raramente o presidencialismo brasileiro terá mostrado a sua face sinistra tão claramente como naquela fase. O declínio pessoal de Vargas determinou, sem remédio, o declínio do seu governo. Envelhecido, enfraquecido, descrente, o outrora sutil caudilho sulino descambava como o sol no ocaso. Mas num triste ocaso cheio de sombras e tinto de sangue.

Café Filho tinha eméritas qualidades de estadista. Mas não tinha como vencer as dificuldades do regime. Não tinha nem estado nem partido atrás de si; nem mesmo o grande partido das horas de crise, que é o Exército. Por outro lado, sua doença, levando ao poder Carlos Luz, talvez haja determinado, na intimidade deste último, o desejo — ou a esperança — de mudar o curso da sucessão. Eu estava dentro dos acontecimentos naquele tempo e tive esta impressão, que não posso garantir seja exata. De qualquer forma, o presidencialismo funcionou, como de hábito. A prisão do meu amigo coronel Mamede e a demissão do general Lott deram à crise política o seu esperado conteúdo militar; e foi o golpe de 11 de novembro. Inutilmente nos levantamos na Câmara contra a força. Estou me vendo protestando na tribuna enquanto o deputado Brizola e outros, que hoje estão depostos, me escarneciam e se rejubilavam com a deposição de Café... Culpa deles? Não, como também não culpa nossa. Culpa do desgraçado regime que nos desgoverna. O "retorno às normas constitucionais vigentes" (como se se pudesse *retornar* a algo que *vige*) se fez, pois, pela voz dos canhões. Juscelino foi empossado pelas armas que agora o riscaram da vida pública. Jânio parecia a esperança, o encontro — o único possível — da ordem com o progresso. Sem partido, sem experiência, sem conhecimento do meio federal, mais atraído pelas aparências do que pela substância da sua missão, caiu também. As Forças Armadas intervieram para impedir a posse de Goulart. O Congresso, no mais extraordinário sinal de sintonia com o momento histórico, alinhavou rapidamente a solução parlamentar. Mas Jango se comportou em face desta solução exatamente como Getúlio, em 1934, se comportara em face da solução do presidencialismo liberal. Tudo fez para sabotá-la e só isto fez. Seu visível intento era conseguir, em 1964, o que o seu amigo e modelo fizera em 1937. Por isto levou o País aos *idos de março*. Para não sair fora da regra, a solução foi dada pelas armas, e o poder conseqüente a elas veio caber.

Chego mais desencantado do que cansado ao fim deste caminho de pedras, que é a recordação fria e objetiva dos nossos três quartos de século de República presidencial. Poderá o futuro ser diferente do passado?

9

SOLIDARISMO CRISTÃO

Refutando, faz algum tempo, um dos meus artigos sobre a conveniência, para o Brasil, da instauração do sistema parlamentar de governo, o meu amigo Celso de Sousa e Silva baseava sua divergência da minha tese no argumento de que a ausência de partidos verdadeiramente estruturados, entre nós, tornaria inviável a adoção do parlamentarismo. Não pretendo abordar, aqui, em profundidade, esta argüição do brilhante jornalista, embora seja possível que o faça em outra oportunidade. Limitar-me-ei, por enquanto, a observar que o argumento de Celso é bastante forte e abrangente para servir tanto aos seus pontos de vista quanto aos meus. Na verdade, se o sistema parlamentar, para funcionar convenientemente, pressupõe uma organização partidária estruturada e permanente, não é menos certo que o mesmo se dá com referência ao governo presidencial. Isto poderia ser demonstrado *ex-abundantia*, principalmente com exemplos tirados à doutrina e à prática políticas dos Estados Unidos, o que viria colocar a objeção de Celso naquele grupo de argumentos, dos quais se costuma dizer que provam demais. A questão dos partidos só seria decisiva como argumento (uma vez que a presença deles é condição necessária ao funcionamento de qualquer dos dois sistemas) se fosse possível provar que, no Brasil, o presidencialismo facilitaria mais a formação de um quadro partidário verdadeiramente representativo da realidade nacional do que o parlamentarismo. Ora, isto não foi demonstrado, e a nossa experiência de tantos anos de presidencialismo não é convincente no tocante à criação de condições propícias à vida partidária. Pelo contrário, a breve experiência parlamentarista, apesar de tantos fatores voluntariamente negativos com que se defrontou, é que demonstrou a sua capacidade de vitalizar os partidos e de fazer deles, e não de alguns homens, o centro da atenção política nacional. Basta lembrarmos, a este propósito, o interesse apaixonado com que a opinião brasileira acompanhou as combinações partidárias nas vezes em que o ex-presidente Goulart remeteu ao Congresso os nomes indicados para primeiro-ministro. Mas, repetimos, não é nosso intuito discutir, por enquanto, esta questão. Dela desejamos retirar somente algumas observações laterais, no propósito de tentar esclarecer alguns aspectos da nossa confusa conjuntura política.

O assunto que tenho em vista abordar hoje diz respeito precisamente às ligações entre o problema partidário e o conjunto das reformas políticas nacionais. Não me referirei à mais importante delas, a única que para mim traria solução histórica à estrutura governativa do Brasil, que é a implantação do parlamentarismo. Embora convencido das insuperáveis dificuldades da estabilização do sistema presidencial, sinto-me obrigado, como todos aqueles que colocam a pátria acima de tudo, inclusive das próprias convicções, a cooperar, ainda que modestamente, no aperfeiçoamento do que existe, embora sempre à espera do que deve existir, em futuro mais ou menos remoto.

As causas mais profundas do fracasso histórico do presidencialismo brasileiro residem na inexistência, ou melhor, no funcionamento extremamente defeituoso das três instituições que, nos Estados Unidos, sempre constituíram os instrumentos de equilíbrio do sistema e de controle do poder pessoal do Presidente. Estas três instituições, como é mais do que sabido, são a Suprema Corte, o Congresso (principalmente o Senado) e, precisamente, os partidos políticos tradicionais existentes desde o tempo da Independência.

Entre nós, a ineficiência destas forças de equilíbrio e de controle, sensível desde o período inicial do sistema presidencial, determinou a precoce evolução da doutrina constitucional brasileira para a instalação do voto proporcional, que surgiu como único expediente capaz de diminuir o poder praticamente ditatorial do chefe do Executivo. Ninguém, depois de Rui Barbosa, exerceu influência mais profunda, embora muitas vezes esquecida, nas adaptações que foi sofrendo o presidencialismo brasileiro, do que o velho republicano gaúcho, Assis Brasil. Muitas das inovações consignadas no texto da Constituição de 34 e desta transportada para a Constituição de 46 são, de fato, realizações decorrentes das idéias sustentadas pelo ilustre rio-grandense. Entre elas destaca-se, sem dúvida, em primeiro plano, a instituição do voto proporcional. A campanha pela conquista desta forma de sufrágio foi árdua e demorada, e sempre se confundiu com os esforços mais bem orientados no sentido da contenção do poder presidencial. Lembro-me, ainda, como estudante de Direito, das preleções que à nossa turma fazia o velho professor João Cabral, um dos arautos mais convictos da representação proporcional, à qual chegou a dedicar um estudo especializado. Outro mestre da minha geração que também se interessou pelo assunto foi o ainda hoje fecundo e admirável Gilberto Amado, no seu livro *Eleição e Representação*.

O propósito de todos estes estadistas e professores de estabelecer tal forma de representação entroncava nos estudos de Assis Brasil, publicados desde 1894, e visavam precisamente a substituir o controle jurídico e político do Supremo Tribunal, do Congresso e dos partidos pelo fracionamento fatal das forças políticas no Legislativo, que é o resultado inevitável do voto proporcional, através da multiplicação dos partidos. Assim, o presidente, impossibilitado de possuir uma sólida maioria partidária no Congresso, ficaria levado a contemporizar num trabalho constante de equilíbrio entre as diversas forças que o poderiam apoiar.

Os resultados, pelo visto, não foram satisfatórios. O que se verificou, na realidade, foi que os presidentes, na Constituição de 46, não contando com uma maioria partidária tranqüilizadora, ou têm sido obrigados a colocar os interesses da administração subordinados às competições e conveniências partidárias no Congresso, transigindo e, mais do que isso, transacionando, para conseguir base na multiplicidade de correntes, ou, o que é pior, têm sido levados a se apoiar em forças estranhas ao Congresso para pressionar a este, sejam organizações sindicais, entidades ou grupos econômicos e, como solução final, as próprias Forças Armadas.

Nestas condições, a verdadeira reestruturação do presidencialismo não deveria ser feita a partir da reconstrução da cúpula do sistema, através da implantação da maioria absoluta para as eleições presidenciais, mas, sim, partindo dos pilares ou alicerces da construção, que se encontram exatamente no sistema eleitoral. Considero que a maioria absoluta representaria um aperfeiçoamento do sistema presidencial porque, de um lado, ofereceria uma base popular mais ampla ao Presidente e, de outro, evitaria a vitória eventual de correntes extremistas ou radicais que, sendo sempre minoritárias em relação a todas as demais, podem, no entanto, tornar-se relativamente majoritárias, em momentos de exaltação ou de crise. De resto, o fundamento político verdadeiro do princípio da maioria absoluta é este, de impedir a constituição ocasional de governos radicais, que tenham contra si uma maioria moderada, porém dispersa. Por conseguinte, o aprimoramento do regime presidencial em nosso País está necessariamente vinculado a uma emenda constitucional que substitua a representação proporcional pelo voto majoritário. O melhor sistema seria o de se estabelecer a eleição por círculos uninominais, com a possibilidade de dois turnos, sendo que no segundo permitir-se-ia a desistência ou a aliança entre candidatos, de forma a se constituir, também, a maioria absoluta para as eleições legislativas. Este processo levaria fatalmente, ao termo de algum tempo, à formação de dois partidos que contem de fato, tal como existe no regime bipartidário da Inglaterra e dos Estados Unidos. E somente através do sistema bipartidário é que, no meu modo de pensar, será possível estabilizar, relativamente, o presidencialismo entre nós, porque seriam criados os dois instrumentos de controle que sempre faltaram e que são a vida partidária e a ação do Congresso.

Voltando ao panorama partidário brasileiro, não podemos deixar de consignar a sua total falta de correspondência, no momento atual, com a situação do país, principalmente considerada depois da vitória da Revolução. Em muitas democracias atuais se observa um movimento de reação coletiva do eleitorado contra as tendências representadas pelos partidos que dispuseram do poder, ou da liderança política, nos últimos anos. É curioso observar-se que esta reação pendular não segue uma mesma orientação internacional, senão que tende a contrariar as forças vigentes internamente em cada país. Por exemplo: nos Estados Unidos observa-se uma vigorosa renovação do pensamento conservador, como uma espécie de reação ao liberalismo que, naquele país, se poderia considerar esquerdizante, vindo dos tempos do *New Deal* de Roosevelt até a chamada nova fronteira dos Kennedy. Assim, a súbita e espetacular ascensão de um retrógrado temível como o senador Goldwater representa talvez menos a vitória de uma liderança pessoal do que a concentração de divergências contra vários anos de liberalismo democrático. Por outro lado, e em sentido contrário, vemos na Inglaterra a marcha desimpedida do Partido Trabalhista para o poder numa espécie de movimento inverso ao que se opera nos Estados Unidos, mas, afinal, determinado por razões semelhantes, ou seja, um mesmo tipo de reação contra o longo domínio da orientação conservadora. Portanto as mudanças se operam no plano interno e não têm qualquer significação internacional.

A vitória de De Gaulle, na França, exprime sem dúvida, em grande parte, o êxito e o predomínio de uma personalidade histórica excepcional, mas este predomínio não seria possível se o general De Gaulle não tivesse sabido encarnar no momento oportuno o espírito de desajuste e resistência contra o longo predomínio das esquerdas, através das alianças sucessivas entre os socialistas e os radicais. Se observarmos com objetividade a situação atual do Brasil, veremos que o regime democrático só poderá escapar legalmente das ameaças que o cercam na medida em que uma corajosa reformulação dos quadros partidários venha permitir a formação de instrumentos políticos capazes de traduzir os novos anseios populares, que não mais se podem enquadrar em nenhuma das legendas existentes.

Talvez uma solução para o vácuo político brasileiro seria a criação de um grande partido nacional para o qual pudessem convergir, sem ódios, ressentimentos ou incompatibilidades, todas as forças atuantes do meio político, que se orientassem no sentido do solidarismo cristão. Esta expressão solidarismo foi há pouco revigorada nos estudos do brilhante professor de Sociologia Política da Universidade de Minas Gerais, José Faria Tavares, suplente do senador Milton Campos, no Senado da República. Concordo plenamente com o ilustre mestre mineiro nas suas observações segundo as quais o momento brasileiro exige a convergência de todas as forças ativas da sociedade no quadro político, dentro de um sistema de ação e de pensamento que tenda a somar e não distanciar os homens. As denominações parciais ou sectárias, que marcam limitações programáticas, no interesse de classes sociais ou de grupos econômicos, só conseguem aprofundar a radicalização infelizmente já tão marcada no Brasil.

A minha contribuição à tese solidarista social do prof. Faria Tavares seria apenas a de enquadrá-la dentro do pensamento cristão, por vários motivos, dos quais ressaltarei somente os mais importantes.

O primeiro deles é a vinculação da idéia de solidariedade social com as teses da doutrina social da Igreja, teses estas já perfeitamente elaboradas e concatenadas, na série de documentos pontifícios memoráveis, iniciada por Leão XIII, continuada por

Pio XI e levada ao apogeu por João XXIII e Paulo VI. Assim, um partido nacional de tipo solidarista cristão teria, desde logo, a sua apresentação evidente, porque mostraria sua repulsa ao socialismo revolucionário, ao mesmo tempo que sua recusa ao capitalismo predatório e egoístico. Além disto, seria uma organização que não precisaria de credenciais particulares para se impor, nem de tempo para se afirmar, porquanto a sua notória e inicial adesão aos princípios sociais da Igreja a colocaria, tanto no plano interno quanto no internacional, na sua posição verdadeira sem qualquer esforço. Seria um partido já adulto ao nascer.

Uma organização desse tipo restituiria, por outro lado, dentro da tradição brasileira, a confiança desaparecida nos meios trabalhadores sobre a eficácia do sistema democrático. O ilustre professor Amoroso Lima, em uma das impressionantes crônicas políticas que ultimamente tem escrito, chamava a atenção, muito justamente, para o temível silêncio das massas populares diante dos resultados da revolução. Este silêncio traduz um sentimento de insegurança e desamparo, que muito se assemelha ao de orfandade. E a falta de canais de comunicação, entre as reivindicações das camadas mais profundas da sociedade e os círculos governativos, não pode pressagiar nada de bom. O partido, que desde 1946 procurou representar as reivindicações dos trabalhadores, comprometeu-se irremediavelmente com a ordem democrática, pela cobertura que foi levado a dar aos métodos antidemocráticos dos dois presidentes recrutados no seu seio. Por outro lado, o partido que sempre lutou pela defesa da ordem democrática também se encontra comprometido, aos olhos das massas trabalhadoras, pelos processos de luta que foi também obrigado a adotar e, agora, pela derivação conservadora que o vai levando a posições de extrema direita. O terceiro grande partido, com a chefia decapitada e os quadros divididos, não tem nenhuma mensagem capaz de atrair as esperanças do povo. Há poucos dias, falando no Senado, procurei retratar a temível situação de desordem nos quadros políticos brasileiros, em algumas palavras que creio acertadas, embora aparentemente pessimistas.

Os partidos, na sua configuração atual, só se preocupam em atingir ao poder supremo, através de lideranças mais ou menos caudilhistas, mas nenhum deles sabe ao certo o que vai fazer, quando de posse deste poder. Claro está que dentro de todos os partidos existem pessoas capazes de discernir e de se orientar com referência aos problemas mais urgentes do País. Mas nenhuma das organizações, em conjunto, pode dizer tal coisa, primeiro porque estão todas divididas profundamente, e, segundo, porque não se preocupam a não ser com as manhas e artimanhas da conquista de um poder que não sabem como utilizar.

Um novo partido exclusivamente revolucionário não resolveria a questão, porque os ideais da revolução são a curto prazo e correspondem mais à demolição de erros e vícios do que à construção de soluções. Por tudo isto é que a idéia em marcha do solidarismo cristão, na medida em que for capaz de se ajustar à situação nacional, poderia ser a porta de entrada de numerosas correntes que almejam, dentro e fora do Congresso, fazer qualquer coisa de realmente novo e eficaz para o Brasil.

10

SOBRE AS REFORMAS POLÍTICAS

Respondendo, há dias, a inquérito organizado por um matutino, sobre os mais urgentes problemas com que se defronta o País, procurei salientar a íntima conexão existente entre a reforma política, através da revisão constitucional, e os objetivos da revolução vitoriosa, segundo a definição que deles fazem os líderes civis e militares que atualmente desempenham as funções de maior responsabilidade no governo. O assunto parece de capital importância e merece, portanto, que sobre ele nos detenhamos sempre que se fizer necessário. Não podemos esquecer, nem ladear, a alternativa básica em que se encontra a revolução. Se ela tem por finalidade a restauração da democracia representativa, liberta tanto quanto possível dos vícios que a desfiguravam e dos riscos que ameaçavam a sua própria existência, então impõe-se a conclusão de que a reforma política, entendida muito concretamente como reforma da Constituição, é inseparável de tais objetivos. A democracia representativa, para funcionar nos terrenos econômico, social e administrativo, pressupõe necessariamente a existência do Estado de Direito, coisa que corresponde, precisamente, à existência de uma Constituição democrática, que seja expressão fiel das condições gerais do País e, portanto, um instrumento eficiente de ordenação e solução dos problemas nacionais. Destas verdades comezinhas conclui-se que o Governo atual, na medida em que tender sinceramente para fazer da revolução o instrumento da restauração democrática, não pode evitar a magna tarefa da reforma das instituições, que dão fisionomia e contexto ao Estado brasileiro.

O Governo se vê cercado e, mesmo, agredido, pelos mais graves problemas econômicos e financeiros, de que podem decorrer fundas, ameaçadoras conseqüências sociais. É, pois, plenamente compreensível o seu esforço na busca e aplicação de medidas que atenuem ou resolvam tais dificuldades. Mas essa tarefa de socorro urgente que atende aos sintomas mais alarmantes da crise brasileira não dispensa de forma nenhuma a ação paralela de reconstrução constitucional, que visa assegurar a normalidade democrática, uma vez vencida a crise, como ambiente no qual se venham desenvolver todas as potencialidades do destino nacional. A reforma política surge, pois, como a alternativa democrática da revolução, como o único caminho que pode conduzir ao ideal declarado por ela, de restaurar a democracia.

A outra alternativa, que se tornará inevitável com o abandono da primeira, é a instalação da ditadura que, no momento, só poderá ser militar. Não desejo discutir aqui, academicamente, os perigos desta segunda alternativa, nem repisar os eternos argumentos históricos e doutrinários sempre repetidos (e infelizmente tantas vezes esquecidos!) nas comparações entre os sistemas de liberdade e de tirania. Sempre houve governos livres e governos tirânicos. As motivações e justificativas ideológicas ou doutrinárias é que variam através da História, embora as conseqüências para a vida dos povos infelizmente não variem tanto assim. Não é este o momento, repito, de entrarmos em tal debate acadêmico. O que importa assinalar, somente, é que a recusa de se enfrentar, no momento atual, a tarefa da reforma política traduz a negativa implícita dos ideais de restauração democrática da revolução, e revela a preferência pela alternativa ditatorial.

Ontem e hoje

O debate sobre emenda ou revisão constitucional acompanhou toda a vida da Primeira República. Na própria Constituinte, juntamente com a aprovação do texto constitucional, surgiam os primeiros pruridos reformistas, por vozes tão autorizadas como a de Leopoldo de Bulhões. As teses da conservação e da modificação se defrontavam tanto no campo jurídico quanto no político. Neste último dois grandes líderes, ambos gaúchos, Pinheiro Machado e Assis Brasil, podem ser citados como representando respectivamente as duas tendências. No campo jurídico o reformismo de Rui Barbosa pode ser contraposto ao anti-reformismo de Pedro Lessa, para citarmos também dois expoentes. Sem discutirmos o mérito dessas posições contraditórias (assunto superado nos dias atuais), cumpre reconhecer que a evolução brasileira, desde o Império, tem mostrado o acerto das posições reformistas. E isto por um motivo muito simples: todas as vezes que reformas, tornadas imperativas, não têm sido realizadas, a ordem constitucional entra em colapso e o País se afunda em revoluções. Assim foi com as revoluções parlamentares (ou mais precisamente da Câmara dos Deputados) que decretaram o Ato Adicional de 1834 e a Maioridade em 1840; assim foi com a recusa à Federação, que tanto contribuiu para a implantação da República; e, sucessivamente, com as reclamações políticas não-atendidas na reforma de 1926 e que levaram à Revolução de 1930; culminando nos erros da Constituição atual, cuja ligação com a série de crises que tem sofrido o regime desde 1945 poderia ser abundantemente demonstrada.

Reforma e planejamento

Além de algumas emendas sobre pontos limitados ou secundários, a Constituição de 1946 sofreu duas reformas profundas, que podem ser denominadas de traumáticas: o Ato Adicional de 1961 e o Ato Institucional de 1964. O primeiro veio para evitar uma revolução com ameaça de ditadura militar. O segundo foi a conseqüência de uma revolução (pode-se dizer que a mesma de antes, a qual ficara adiada) e implantou uma semiditadura militar. Estamos agora em uma encruzilhada, que pode transformar-se em impasse, se o governo ao mesmo tempo legal e revolucionário que se instalou não puder planejar e orientar as reformas políticas que se impõem para que se atinja ao proclamado ideal da restauração democrática. O governo atual exprime, com a maior exatidão, a etapa histórica que o Brasil atravessa. É um governo de forma legal e de fundo revolucionário e, até certo ponto, ditatorial. A conjuntura nacional pode levar o atual governo (ou algum outro que o substitua) a acentuar o fundo revolucionário com sacrifício da forma legal. Será, então a ditadura, e o desmentido da realidade histórica aos ideais de restauração democrática preconizados pelos chefes revolucionários. Esta hipótese não se harmoniza, é claro, com a reforma política no sentido que aqui estamos considerando. Será apenas um golpe de força e a supressão da legalidade constitucional e do Estado de Direito, como desejam já quase abertamente certas alas radicais. Mas, por outro lado (e parece que as maiores probabilidades são estas), pode a evolução dos fatos seguir a linha contrária, ou seja, pode a forma legal do Governo ir ocupando também o espaço hoje ocupado pelo fundo revolucionário, de maneira a que, terminada a vigência prevista para o Ato Institucional, o país se encontre plenamente reintegrado no sistema democrático.

Certo é que este desfecho mais desejável dependerá bastante do êxito das medidas que o Governo está tomando na luta contra a inflação e as suas conseqüências, luta esta que se apresenta com as dramáticas características de uma corrida contra o tempo. Na verdade a repercussão, até agora, das medidas governativas no setor econômico e financeiro tem sido somente negativa e impopular, com a limitação de créditos, a alta dos custos e a recessão geral, que começa a determinar o declínio da produção e o desemprego. Segundo as autoridades responsáveis, os primeiros resultados positivos das medidas adotadas não se poderão verificar antes de alguns meses, e a dúvida está exatamente na questão de se saber até que ponto a legalidade em vias de recuperação poderá resistir ao empuxo contraditório, vindo de cima (produtores) e de baixo (trabalhadores) deflagrado pelos aspectos negativos.

Mas não pode o Governo, de forma nenhuma, abandonar os cuidados da reforma política em razão da urgência das medidas de outra ordem, porque, se aquelas não forem levadas adiante, ainda que tenham sucesso as providências tomadas contra a inflação, o país continuará correndo o risco da ditadura, por continuarem deficientes as instituições indispensáveis ao funcionamento do Estado democrático. Neste ponto é que a ação do Governo tem sido manifestamente insatisfatória.

Não se pode negar que as iniciativas do Governo em matéria de emenda constitucional têm sido freqüentes; quem sabe se demasiadamente. Aproveitando o ritmo especial das iniciativas do Executivo, disposto no Ato Institucional, vem o Presidente remetendo sucessivas mensagens contendo emendas à Constituição, a ponto de deixar atordoado o Congresso. Mas esta abundância não tem demonstrado um critério seletivo aceitável. Bombas de puro efeito moral, como as referentes à incidência do imposto de renda sobre determinadas categorias de atividades, ou a equiparação dos vencimentos para os funcionários dos três poderes, alternam com outras de alto poder explosivo (como se dizia antes da era atômica), como a maioria absoluta, a reforma agrária em preparo e as reformas eleitoral e bancária em avançado andamento.

Não parece razoável que, utilizando o processo de tramitação excepcional assegurado pelo Ato Institucional aos projetos de emenda constitucional do Executivo, o Governo empreenda essa espécie de bombardeio do Congresso com uma série de projetos fragmentados, desiguais na sua importância e, o que é mais grave, expressivos de opiniões sem dúvida respeitáveis, mas que são, ou bem pessoais, ou bem dominantes apenas em grupos restritos. De qualquer forma opiniões sobre as quais não se apura oportunamente o apoio das correntes partidárias, presumivelmente representativas das tendências populares. Um exemplo ilustrativo deste desencontro entre a posição reformista do Governo e as tendências dominantes no Congresso foi o da emenda que prorrogou o mandato do marechal Castelo Branco. Deve-se reconhecer, desde logo, a procedência dos escrúpulos do Presidente em tomar a iniciativa de uma providência que o vinha beneficiar pessoalmente, e contra a qual já se havia manifestado de público. Mas o erro do Governo foi o de fazer o seu líder na Câmara, o ilustre e honrado deputado Pedro Aleixo, tomar posição contrária (o que só seria compreensível na votação), apresentando uma subemenda pela qual a maioria absoluta seria inaugurada somente em 1970. Quando o bravo e caro companheiro e líder senador Daniel Krieger comunicou-nos ao senador João Agripino e a mim os termos dessa inaceitável decisão, insurgimo-nos imediatamente, ponderando ao ilustre colega que não nos interessavam as razões pessoais do Presidente, nem as pressões que sobre ele estivessem sendo feitas, desde que a prorrogação nos parecia a única saída para a crise política e que nos parecia evidente que a maioria do Congresso terminaria por reconhecer isso. Devo acentuar que Krieger, com a costumeira lealdade, reconheceu imediatamente a procedência das nossas posições, passando imediatamente a articular, sem mais hesitações nem dúvidas, a vitória da emenda João Agripino, que, em grande parte, lhe cabe. O desafogo nacional trazido pela emenda do Congresso mostra, de um lado, os riscos que podem existir quando a avaliação e a execução das reformas políticas ficam restritas ao Palácio do Planalto e, do outro, a necessidade cada vez maior de que, no Congresso, as correntes partidárias se mobilizem e se unam, quando necessário, a fim de que as reformas institucionais venham a ter a cooperação efetiva do poder que, por definição, exprime mais ajustadamente as tendências do povo.

Ação coordenada

É sabido que, nas mais avançadas e perfeitas democracias modernas, a função dos parlamentos e congressos tende a ser cada vez mais política e menos legislativa, no sentido estrito e tradicional desta palavra. Nas democracias atuais as leis administrativas — pelo menos as mais importantes — são de fato inspiradas ou preparadas pelo Executivo que, tendo a sua maioria política assegurada no Legislativo, obtém a aprovação do que deseja. Na Inglaterra parlamentar, o partido vitorioso nas eleições fica no governo até novo pleito, sendo hoje muito difícil, senão impossível, a formação de maiorias que derrubem o gabinete no intervalo das eleições gerais. E o gabinete (portanto o Executivo) é que responde pela feitura das leis. Nos Estados Unidos presidenciais a tendência é a mesma, como ainda agora vimos com a lei dos direitos civis, de tão grande importância na História contemporânea daquele país. Acho que, se a democracia se mantiver no Brasil, essa orientação, que se confunde com a própria fisionomia atual do sistema democrático, vai prevalecer, quer continuemos com o governo presidencial quer passemos para o parlamentar, como melhor solução.

É, portanto, perfeitamente aceitável e até imperativo que o nosso Congresso, que elegeu o Presidente por tão notável maioria, e que tão firmemente prorrogou-lhe o mandato, apesar das suas resistências, confie ao Executivo a responsabilidade plena no programa de leis destinadas a enfrentar nossa difícil conjuntura, sem que isto signifique, é claro, o abandono do seu dever de melhorar essas leis segundo a sua experiência.

O reconhecimento desses fatos não afasta, por outro lado, a presença atuante do Congresso no planejamento e execução da reforma política, porque, precisamente por ser ele predominantemente um órgão político, a sua colaboração se impõe no quadro institucional.

Se estas premissas são acertadas, a conseqüência é óbvia. Assim como o Congresso deve aceitar a responsabilidade do Presidente em todo o plano da legislação administrativa, deve, por sua vez, o Presidente coordenar sua ação com a do Congresso, no plano das reformas institucionais. E isto não está sendo feito, nem, talvez, percebido. O setor político do Governo precisa, a meu ver, empreender um largo movimento de articulação do Governo com o Congresso, no planejamento das reformas institucionais, desde o exame da mais profunda de entre elas, que diz respeito ao próprio sistema de governo (conforme acentuei no mais recente destes artigos) até ao preparo da revisão da constituição presidencialista. A fase fragmentária, subjetiva e desigual do bombardeio de emendas desligadas deve cessar, cedendo o passo ao período de uma ação coordenada de planejamento institucional. Sem isto a famosa recuperação democrática não passará de caminho tortuoso, junto à estrada larga da ditadura. Caminho de guaiamuns, que, conforme a lenda brasileira, eram povos que marchavam na direção contrária às marcas deixadas pelos pés.

11

A GRANDE OPÇÃO

Manifestações recentes de ocupantes de altos postos na política do País indicam a existência de uma situação de dúvida e perplexidade quanto à orientação reformista do Presidente da República.

Não me refiro ao escasso grupo de privilegiados cuja frustração decorre do sentimento (e quem sabe se da convicção sincera) de que a Revolução de abril foi feita somente para impedir *manu militari* qualquer alteração no quadro propiciador dos privilégios de que desfrutam. Essa mentalidade reacionária sempre se manifestou em todos os países submetidos a processos de transformação profunda, como o que existe agora no Brasil, mas a sua influência sobre os acontecimentos, segundo nos ensina a experiência histórica, é praticamente nenhuma. As manifestações a que fazia alusão são outras, e dignas de atenção porque decorrentes de personalidades detentoras de funções importantes no Governo e na Revolução. Duas posições, em particular, merecem ser consideradas com cuidado: a que sustenta que as reformas políticas e institucionais nada têm de prioritárias e que ao Governo saído da Revolução compete somente enfrentar problemas tais como o abastecimento e o custo de vida; e a que entende que o Brasil não tem condições para, em regime democrático, deslindar problemas como estes últimos. As duas posições, aliás, são aparentadas, posto que o desinteresse pelas reformas políticas que visem aprimorar a democracia é uma atitude que muito se assemelha à descrença na democracia como regime capaz de resolver os problemas nacionais.

Poder e governo

Trata-se, pois, de analisar, não teoricamente, mas tendo em vista a conjuntura brasileira, as influências que a forma do poder político exerce sobre a eficácia do Governo. Acredito que muita gente, no Brasil de hoje, tanto nos meios civis quanto nos militares, deseje a implantação de uma ditadura, gente convencida de que um regime ditatorial tornaria possíveis atos de governo necessários à restauração nacional, atos estes incompatíveis com o Estado de Direito. Esta é uma perigosa ilusão que, embora sempre desmentida pela experiência de muitos países (inclusive o nosso), não deixa de encontrar fervorosos adeptos em todas as gerações. Nas ditaduras, a falta de oposição e de entraves legais à ação do poder torna aparentemente fácil a tarefa do Governo. Mas só aparentemente. Porque as dificuldades suprimidas no campo administrativo se transferem para o terreno político, ou, em melhores palavras, os esforços poupados nos atos de governo passam a ser necessários na luta surda e permanente pela estabilidade do poder. Os governos ditatoriais podem ser fortes, através da violência, mas nunca chegam a ser estáveis, e a instabilidade é a permanente ameaça que sobre eles pesa. A instabilidade das ditaduras se revela fatalmente no momento da transferência do poder. Este momento é o calcanhar-de-aquiles de todas as ditaduras da história. Nos regimes políticos assentes sobre princípios de Direito reconhecidos, e pacificamente aceitos, princípios capazes de funcionar rotineiramente, como as monarquias hereditárias de antigamente ou as democracias representativas de agora, a transferência do poder — ou seja, a sucessão dos governantes — se processava e se processa sem abalos e automaticamente. Nas monarquias hereditárias o princípio básico do direito divino era bem simbolizado no velho brocardo francês: *Le roi est mort; vive le roi!* Nas democracias representativas verdadeiras, a transferência pacífica do poder se processa através das periódicas manifestações do corpo eleitoral. Outro, muito diverso, é o espetáculo invariavelmente apresentado pelas ditaduras. As mais poderosas que a História já conheceu, como o Império romano, ou o regime da Rússia soviética, não conseguiram, nunca, atravessar sem abalos, às vezes longos e tremendamente custosos, essa hora delicada da transferência do poder de um grupo de homens para outro. No Brasil, o 29 de outubro de 1945 foi o exemplo dessa invariável dificuldade histórica.

O Brasil atual

O Governo brasileiro de hoje, como já tive ocasião de acentuar em outro artigo, é em parte jurídico, mas em parte ditatorial, pelo menos até o fim da vigência dos plenos poderes outorgados pelo Ato Institucional. Na medida em que os governantes — principalmente o Presidente da República — acreditarem sinceramente na sentença tantas vezes proclamada de que a Revolução foi feita para reimplantar o sistema democrático representativo, têm eles o dever de estimular as reformas políticas, principalmente aquelas que visem ao objetivo de preparar o mecanismo normal da transferência do poder. Desde que se tenha em vista este objetivo, é evidente que as reformas levadas a efeito pelo Congresso, nas recentes emendas constitucionais, foram altamente convenientes. A maioria absoluta dificultará a tomada do poder presidencial por facções extremistas ou radicais relativamente majoritárias, e a prorrogação do mandato presidencial trará um período mais largo de desafogo político e dará ao Presidente Castelo Branco mais tempo para promover aquelas outras reformas que permitam o funcionamento rotineiro e automático das instituições representativas.

A solução parlamentarista

Se partirmos do princípio, a meu ver indiscutível, de que as reformas políticas são tão prioritárias, pelas razões indicadas, quanto as que mais o forem (reformas agrária, bancária, tributária etc.) porque, sem um conjunto de instituições políticas estáveis, nada mais poderá funcionar, então é evidente que a solução parlamentarista terá de ser examinada pelo atual Governo, com imparcialidade e espírito objetivo. Dizem-me que o Presidente Castelo Branco, como a maioria dos seus colegas de farda, é hostil à implantação do parlamentarismo no Brasil. Isto não quer dizer, no entanto, que um homem da sua experiência intelectual e da sua formação moral não perceba que a situação do Brasil exige que a grande opção política deve ser estudada e avaliada em termos de conveniência e de decisão nacional, independentemente das posições subjetivas daqueles brasileiros que detenham eventualmente o poder, como é o caso, falando genericamente, dos componentes das Forças Armadas, no Brasil de hoje.

Certa vez ouvi do general Góis Monteiro, de quem fui amigo e a quem visitava de vez em quando, que a razão da antipatia da sua geração militar pelo sistema parlamentarista era, talvez, devida à influência da missão militar francesa, ou melhor, do chefe dela, general Gamelin. O preconceito antiparlamentarista de Gamelin, se é que realmente existiu, conforme assinalava o general Góis, devia-se inserir na tendência antidemocrática de certa ala do militarismo francês, o chamado bonapartismo, aparente, desde o século passado, em episódios como a questão Dreyfus ou as agitações feitas em torno do general Boulanger, e continuadas, neste século, pela ação de homens como o general Mangin ou, finalmente, o próprio Pétain, com os resultados que conhecemos. O exemplo francês nos mostra que a hostilidade militar ao parlamentarismo envolveu quase sempre, para não dizer sempre, um tipo de hostilidade que não era dirigido contra um sistema de governo, o parlamentar, mas, no fundo, contra a própria democracia. Vem dos dois Bonapartes e é a espada rasgando quer o princípio do direito divino, quer o da soberania nacional.

Alguns líderes militares, como alguns líderes civis brasileiros, são hostis ao parlamentarismo, não por bonapartismo, mas porque são candidatos potenciais à Presidência da República, embora nenhum deles tenha possibilidade de transformar realmente o presidencialismo brasileiro em um sistema estável de governo. Razões pessoais como esta que indicamos, que condicionam o pensamento e a ação de generais e governadores, embora compreensíveis, não podem constituir obstáculo a que o assunto seja examinado e equacionado devidamente, e o atual Presidente, além das condições pessoais já citadas, conta também com esta outra, de que não é candidato a um posto que já exerce, e cuja permanência nele foi prorrogada à sua revelia. Mais um motivo para que ele tome a sério, como se impõe, a colocação franca e livre do problema, que pode vir a ser uma solução.

O meio político

Ninguém tenha dúvidas de que o meio político e os círculos parlamentares estão suficientemente atentos, e consideram em grande parte a implantação de um regime parlamentar bem estruturado como uma possível solução para o nosso sofrido Brasil, ao termo do mandato prorrogado do atual presidente. Estou seguro disto porque, a propósito dos artigos que venho dedicando à questão, neste jornal, tenho ouvido declarações concordantes de figuras expressivas de várias correntes partidárias, sobre a probabilidade e mesmo a inevitabilidade de o Congresso vir a tomar a decisão. Declaração de grande importância a esse respeito foi feita pelo presidente do Partido Social Democrático, sr. Amaral Peixoto, homem público indubitavelmente equilibrado e experiente. Disse o presidente do PSD, ao criticar, e com algum fundamento, o caráter fragmentário e indeciso com que vêm sendo encaminhadas as reformas políticas, que a opção básica do próprio sistema de governo não poderia ser esquecida, ou ignorada. As direções dos dois outros maiores partidos não deixarão, seguramente, de proceder a essa avaliação dentro dos seus quadros. Se tivermos, assim, o presidente, de um lado, não inclinado à idéia em si (o que envolveria mudança de posição subjetiva), mas disposto a contribuir para a sondagem da sua conveniência, e, de outro lado, os partidos políticos dispostos a uma análise realista da matéria, não há dúvida de que esta convergência de esforços seria a prova verdadeira do amadurecimento político do país e, ao mesmo tempo, o estuário final do reformismo político da revolução. Em termos imediatos, parece-me altamente conveniente, quanto aos partidos, o entendimento entre as suas direções, para formação de um grupo de trabalho interpartidário, que estude a sério todos os aspectos políticos e jurídicos do problema, bem como as possibilidades reais de vitória da solução. A meu ver, a formação de tal grupo de trabalho não deve tardar, sendo, mesmo, surpreendente que caso de tal monta não esteja ainda equacionado pelos partidos. As dificuldades existentes são de ordem pessoal e, por isto mesmo, devem ser afastadas. Acredito que a maioria absoluta da representação udenista seja adepta do sistema parlamentar, mas o partido encontra-se dividido entre duas candidaturas presidenciais existentes no seu seio. Não tenho condições para dizer até onde o PTB é hoje parlamentarista, mas suspeito que a situação do seu presidente, exilado e sem direitos políticos, possa representar outra fonte pessoal de constrangimento para a decisão do partido. Desta forma, o grande partido que parece mais livre de decisão é, mesmo, o PSD. Além das declarações públicas do seu presidente, figuras prestigiosas, como as do sr. Gustavo Capanema ou sr. Negrão de Lima (sendo de se notar, quanto a este, que exprime de certa forma a posição dos amigos do ex-candidato partidário), disseram-me da sua convicção de que o assunto deve ser colocado na mesa das decisões. Em face de tudo isto, parece claro que os partidos não podem retardar a avaliação conscienciosa da situação.

A maneira de fazer

Não podemos fechar os olhos às dificuldades existentes quanto à reunião dos líderes parlamentaristas ao se tratar da forma de um futuro governo parlamentar. Existe, é certo, uma emenda na Câmara, preparada pelo deputado Raul Pilla e alguns colegas, emenda esta que, segundo se diz, já conta com quase centena e meia de assinaturas. Não esqueçamos, porém, que o quorum mínimo para aprovação em dois anos seria o de mais de duzentos votos na Câmara, a não ser que a iniciativa parta do Executivo, hipótese (muito pouco provável) na qual a aprovação por aquele quorum exigiria somente um mês. O mais provável é que a iniciativa parta do Congresso, o que nos levaria aos dois anos. Coisa, aliás, razoável, pois é evidente que a implantação do sistema parlamentar, no Brasil, só teria sentido, como transformação institucional salutar e só evitaria a crise da sucessão, se feita ao termo do mandato prorrogado do Presidente Castelo Branco. Mas para que a iniciativa partida do

Congresso tenha reais possibilidades de adoção, é indispensável que o sistema de governo parlamentar, a ser instalado, congregue o acordo de todos os parlamentaristas. É duvidoso que a emenda existente possa fazê-lo. De alguns parlamentaristas convictos do Congresso, tenho ouvido que a emenda Pilla, na sua forma atual, não corresponde ao que convém ao Brasil. De minha parte acho-a discutível e mesmo imperfeita, em pontos substanciais, conforme tive oportunidade de declarar pessoalmente ao seu ilustre autor.

Mas, ainda assim, votaria favoravelmente a ela, porque entendo que, mesmo traduzido em termos insatisfatórios, o sistema parlamentar muito mais facilmente do que o presidencial (cuja formulação constitucional no Brasil também padece de erros graves) poderá pacificar e fazer progredir a Nação, e também porque a própria natureza do sistema parlamentar faz dele um instrumento dinâmico e flexível, capaz de corrigir as deficiências através da sua própria aplicação. De qualquer maneira, contudo, existe uma solução, caso o princípio em si mesmo seja visivelmente aceito pelos partidos, conforme apuração do grupo interpartidário acima aludido. Esta solução seria a aprovação, pelo Congresso, em 1964 e 1965, de uma emenda constitucional parlamentarista em termos muito simples, deixando-se para 1966 — último ano de mandato do Presidente Castelo Branco — a estruturação adequada do sistema. Concretizando a minha idéia eu diria que a emenda constitucional a ser aprovada nos próximos dois anos conteria somente os seguintes preceitos: a) a instauração do sistema parlamentar de governo, preservadas a Federação e a República; b) a declaração de que, antes de terminada a sessão legislativa de 1966, o Congresso Nacional promulgaria o texto da Constituição parlamentarista; e c) que essa nova Constituição entraria em vigor a 15 de março de 1967, termo do atual mandato presidencial. Ficaria, assim, o Congresso, em condições de congregar todas as correntes revisionistas, eliminando-se o risco de divergências que, afastando votos favoráveis em princípio, poderão comprometer estupidamente a aceitação do único remédio para a crise da nossa democracia representativa.

Faço daqui um apelo aos dirigentes de todos os partidos para que examinem sem preconceitos as sugestões que ouso formular neste artigo. Afastado, como me encontro, de posições de liderança, e inteiramente livre de aspirações e compromissos, formulo estas considerações com os melhores intuitos e somente por estar convencido de que elas dizem respeito ao que há de mais urgente e mais grave no atual momento histórico da nossa pátria comum.

12

APARÊNCIA E VERDADE

Absorvido pela ingente tarefa administrativa, não é possível, nem ao Presidente nem ao seu Ministério, proceder a uma avaliação efetiva do ambiente e dos problemas políticos. Questões como a manutenção ou alteração das diretrizes econômico-financeiras adotadas pelos Ministros do Planejamento, da Fazenda e da Indústria e Comércio; os esforços do Ministro da Viação para reduzir os tremendos custos sociais do nosso vacilante sistema de transportes e comunicações; o sereno e aturado empenho do Ministro da Justiça em reabsorver, no leito da legalidade, as águas desbordadas da revolução e também o seu esforço no encaminhamento da legislação permanente (códigos), ou de emergência (lei do inquilinato, situação da magistratura); as reformas em cogitação: agrária, tributária e eleitoral; a atenção dos ministros militares voltada para a solução do delicado problema da aviação embarcada (delicado para os militares, pois para a opinião civil é ele incompreensível, senão absurdo); as incertezas e apreensões unânimes geradas pelo custo de vida; eis alguns exemplos justificativos de como, premido pelo concreto e pelo imediato, não pode o Governo cogitar, como convém (isto é, com uma visão histórica, superpartidária e criadora), da questão política e institucional, a qual, não nos iludamos, é tão grave, senão mais do que as citadas ou quaisquer outras.

No entanto, a necessidade dessa reforma política salta aos olhos de todo mundo. Nos dias mais recentes que passei em Brasília, no Senado e na Câmara, entre correligionários e membros de outros partidos, entretive conversações com vários e destacados parlamentares. Recolhi a conclusão, que só parecerá insólita aos que se acharem realmente afastados dos acontecimentos, de que é praticamente unânime a impressão de que o que aí está, em matéria de instituições, só existe formalmente, e não vai funcionar. Se esta impressão é, como disse, geral, o mesmo não se verifica quanto às diretivas a serem tomadas no tocante à futura realidade, que deve substituir as atuais aparências. Aí a variação de opiniões é enorme, o que, além de parecer decepcionante, representa um sério risco para o sistema democrático. Na verdade, o número de pessoas do meio político que prefere uma solução ditatorial, ou que, mesmo sem preferi-la, consideram-na inevitável, é numericamente reduzido e intelectualmente medíocre. Parece que, pelo menos no momento atual, o mesmo ocorre nos meios militares. Mas o fato de ser a legalidade a meta preferida pela grande maioria não afasta o risco da ditadura, desde que, não funcionando as instituições no momento em que forem chamadas a fazê-lo, o país venha a se encontrar num beco sem saída.

Entre os pensamentos de La Rochefoucauld existe um exatamente ajustável ao Brasil de hoje. Segundo ele, "o bem trazido pela verdade é muitas vezes menor do que o mal causado pelas aparências É isto, precisamente, que acontece ao Brasil, enquanto permanecermos inertes diante de uma situação institucional, que sabemos todos ser apenas um dique legal provisório, levantado contra as ameaças de inundação anárquica ou ditatorial. Se deixarmos, um pouco, de lado os importantes assuntos administrativos, do tipo dos que foram referidos acima, e lançarmos um olhar sinceramente perquiridor sobre as instituições políticas nacionais, veremos com espanto que, diante de nós, se abre uma imensa farsa, ou um imenso vazio. Ninguém neste país, nem mesmo o sr. José Maria Alkmim, acredita que o Vice-presidente da República sucederia o Presidente, no caso altamente indesejável, mas infelizmente sempre possível, de falta ou impedimento permanente do titular. Creio, mesmo, que, político sagaz e experiente, o sr. Alkmim seja, de todos os brasileiros, aquele que menos deseja a ocorrência de tal possibilidade. De resto, depois da cassação de direitos de Jânio e Juscelino, dois líderes civis incontestáveis, parece difícil que algum outro seja bastante vaidoso para julgar que, ocupando a Vice-presidência, ocuparia também o Governo. Talvez haja um ou dois em condições, mas, seguramente, não serão aqueles que se julgam os tais. Nenhum governador de estado, seja ele dos antigos eleitos, seja dos novos levados ao Poder pela revolução, poderá tampouco afirmar se vai ter seu mandato prorrogado, ou como se processará a sua sucessão. O Congresso, com os partidos divididos e sofrendo a repercussão dos fatos federais e estaduais, não sabe também, nem aproximadamente, como se formarão as novas forças parlamentares saídas de uma duvidosa eleição futura, feita de acordo com um sistema eleitoral mais duvidoso ainda.

Tudo que aí está é, pois, no sentimento geral, uma grande montagem, uma espécie de cenário de ópera com castelos (sem alusão maldosa) e rochedos de papelão. Cenário a prazo curto, que todos sabem vai durar tanto quanto a representação em curso. A única diferença é que, na ópera, o palco pode ficar vazio, mas o mesmo não se dá com um país. Todo mundo sabe disto, todo mundo sente isto, mas ninguém procura uma saída, um acordo de salvação nacional, que se situe acima das ambições pessoais e dos interesses partidários. Tal inércia, passados certos limites toleráveis, passará a ser inépcia e, mesmo, crime.

Encarando frontalmente os fatos, verificamos que existem duas enormes dificuldades para a indispensável reforma política. A primeira é a contradição entre o acordo geral sobre a sua necessidade e o geral desacordo sobre o seu conteúdo. A segunda é o problema da oportunidade. Comecemos por este último.

De um lado, os meios parlamentares percebem que a reforma institucional não pode tardar muito. Com efeito, se ela for deixada para o fim do mandato do marechal Castelo Branco, ficará difícil levar a efeito, nas vésperas eleitorais, a movimentação e o preparo das forças operativas (partidos, lideranças eleitorais, ambientação geral das campanhas políticas). Na medida em que deputados e senadores são chefes regionais, esta situação lhes causa maior cuidado. Por outro lado é tarefa muito complicada o planejamento e execução de uma reforma política que corresponda não a teorias arbitrárias, mas à autêntica situação histórica brasileira. Não esqueçamos que, para atingir a tais objetivos, a reforma há de ser realista, inovadora e capaz de manter aplicados os princípios fundamentais do regime democrático.

Assim, portanto, no que diz respeito à oportunidade, devemos vencer a contradição entre dois termos: a urgência da reforma e o prazo inafastável no qual as correntes diversas possam estabelecer uma área de acordo, quanto à natureza das soluções.

Passemos, agora, ao exame das dificuldades inerentes ao encontro destas mesmas soluções. Desde logo seria inútil negar que elas são profundas e graves. Só o reconhecimento prévio das sérias divergências de opinião nos poderá levar, pelo confronto leal entre elas e pela capacidade multilateral de negociação e transigência, à conquista da área de entendimento. Se todos os grupos se mantiverem obstinados nos seus pontos de vista, nas suas teorias e ambições, então a solução será impossível e a ditadura estará à vista, em prazo relativamente curto. Não esqueçamos que as divergências são naturais, nas horas de reconstrução institucional. Nossos antepassados as conheceram, mas, entre eles, havia homens de estatura, capazes de enfrentá-las e superá-las. José Bonifácio pressentiu que a Monarquia constitucional uniria o Brasil, depois da Independência, e para ela atraiu a maioria moderada, afastando-a da Federação e da República, fórmulas generosas, mas irrealistas naquele momento, e que, se tentadas, nos levariam à divisão e ao militarismo anárquico em que se engolfaram os outros Estados do continente latino. Bernardo de Vasconcelos percebeu a urgência da criação do governo parlamentar e de um esboço federativo, no quadro da Constituição de 1824. Ele e seus seguidores permitiram, com isto, a estabilidade política do Império. Finalmente, Rui Barbosa deu a forma do Estado e do Governo, na Constituição de 1891, e muito lutou pela integridade dela, até que se desiludiu da sua adaptação e procurou, na reforma, a saída para o impasse presidencial, que só veio se agravando até agora.

Será que nossa geração não poderá fazer aquilo que as passadas conseguiram? Às vezes desanimo, cogitando que a gravidade dos problemas administrativos é hoje muito maior e que, por conseqüência, a tarefa de enfrentá-los não permitirá a concomitância da outra, isto é, da reforma institucional. Mas, também, penso que as possibilidades de solução cresceram com a complexidade das tarefas; que, bem ou mal, o Brasil criou um quadro técnico correspondente à complexidade da sua vida atual, e portanto este aumento de possibilidade de ação coloca a geração atual nos mesmos termos que as anteriores, que tinham menos problemas e menos meios para resolvê-los. De qualquer maneira, custe o que custar, o fato é que não temos alternativa: ou criamos uma verdade institucional, ou o mal das aparências irreais nos levará fatalmente à ditadura.

Como penso já haver dito em um destes artigos, creio que as responsabilidades do Congresso são muito maiores, no ponto de que tratamos, do que as do Executivo. Este último está diretamente a braços com os problemas nacionais, de que o Congresso só tem notícia pelas mensagens que recebe. Assim, apesar de toda a operosidade que o Congresso tem demonstrado ultimamente, o fato é que suas responsabilidades são muito relativas, nos assuntos concretos de governo, sobrando-lhe, assim, largo tempo para cuidar da reforma política. Além disto, como nunca será demais repetir, o Legislativo é hoje entre nós (como em todos os países democráticos) uma expressão muito mais política do que legiferante, e, portanto, sua responsabilidade avulta e se acentua no campo específico da reforma política. Em uma palavra: se chegarmos ao fim do Governo Castelo Branco sem as instituições de aparência adaptadas à verdade histórica, a culpa não será do Executivo, nem das Forças Armadas, mas somente do Congresso, que se mostraria incapaz de superar as divisões criadas pela cobiça de uns poucos e pela paixão de muitos. Esta é a contundente realidade.

Um dos maiores obstáculos ao estudo das fórmulas se apresenta nas divisões partidárias dentro do Congresso. Esta divisão, se considerada no terreno da reforma política, é absurda, porque não corresponde a nada de real. Ela se funda em ódios do passado e em ambições inviáveis do presente, mas não tem nenhuma relação com o futuro. Os fatos são irremovíveis, mas seus resíduos permanecem impedindo soluções, como se eles não existissem. A cassação de direitos políticos de três antigos presidentes é irreversível, pelo menos até que o País se reorganize em instituições estáveis. Mas aquela medida surge como obstáculo para que as correntes partidárias ou simpatizantes daqueles três homens públicos vençam a desconfiança e o ódio, e se unam para o trabalho que as espera. Três governadores são presentemente candidatos firmes a uma sucessão nada firme. Todos três sabem muito bem que a sucessão não virá, nos termos das instituições atuais. Mas os compromissos criados pelas três candidaturas potenciais tornam inviáveis os contatos e entendimentos entre as correntes que dizem sustentá-los (sem acreditar, tampouco, no que dizem), contatos e entendimentos indispensáveis para a reforma política. Disto se aproveitam os ditatoriais de todos os matizes, os cerebrais, os figadais e os estomacais. Os cerebrais são os levados pela adesão racional a fórmulas abstratas; os figadais são os conduzidos pelo desejo odiento de revanche e vingança; os estomacais, pelos apetites de vantagens e posições. Por mais diferentes que sejam, cerebrais, figadais e estomacais unem órgãos e vísceras em favor da ditadura, enquanto nós outros, a ela contrários, nos dividimos por causa de aparências, desconhecendo a verdade. Até onde irá isto? Até onde irão o oportunismo, a incompetência, a irresponsabilidade e a covardia dos partidos brasileiros?

13

ASPECTOS DA REALIDADE BRASILEIRA

A observação desapaixonada dos fatos políticos ocorridos nos dias comemorativos dos dez anos do trágico desaparecimento de Getúlio Vargas é da maior importância para quem quiser e puder interpretá-los. Eles podem servir, se corretamente entendidos, como preciosos elementos de instrução para a conduta de homens e partidos, no confuso Brasil de nossos dias. Na verdade, a tranqüilidade progressiva que vai sendo reconquistada no país — tranqüilidade cuja força se desvenda inclusive pelo insucesso evidente dos ensaios de agitação na área civil e militar — não trouxe consigo segurança nem nitidez quanto ao futuro. Podemos dizer, sem paradoxo, que estamos tranqüilos e incertos, calmos mas bastante confusos. Por isto mesmo é que se torna cada vez mais necessário que todos os que possuem autoridade e esclarecimento para fazê-lo procurem colher a lição dos fatos, de forma a que se possa entender realmente o que ocorre de substancial no panorama político nacional, propiciando-se o aparecimento de soluções institucionais, antes que a proximidade cronológica da mudança de poder não as torne impossíveis.

Ao escrever o que precede estou principalmente pensando no Partido Trabalhista Brasileiro. Cabe, aqui, uma observação marginal sobre a crise gerada com a leitura, pelo deputado Doutel de Andrade, do infeliz manifesto do ex-Presidente João Goulart. Adiante voltarei a este documento, que é, em si mesmo, de reduzida senão nula importância política, e que só veio a adquiri-la mercê dos erros de apreciação gerados principalmente pelos que se opõem legitimamente e acertadamente ao seu conteúdo. Procurarei mostrar, no momento oportuno, o que acabo de afirmar. No momento desejo somente desfazer certos equívocos.

Respeito aos tratados

Desde logo convém acentuar que não tinham nenhuma razão os que acusavam o governo uruguaio de violar o direito de asilo. Quem o violou foi o signatário do manifesto, e a sua publicação na imprensa do país irmão, onde os jornais são livres, é tão imputável ao governo local quanto a mesma publicação, feita no Brasil (onde também, graças a Deus, os jornais continuam em liberdade), seria culpa do Presidente da República ou do Ministro da Guerra.

As obrigações do governo asilante estão estritamente definidas no Tratado de Caracas, que conheço um pouco, por ter feito parte da sua comissão redatora. O governo uruguaio deve impedir a ação política (mormente a subversiva) dos asilados contra seu país de origem, devendo interná-los em locais distantes das fronteiras comuns, se existirem. Uma vez praticada pelo asilado a infração do comportamento que lhe é imposto, pode o governo local puni-lo, inclusive com a sua expulsão do território nacional. O governo uruguaio já impôs ao ex-Presidente a punição da advertência, e nada indica que não esteja disposto a levar mais avante as sanções, no caso de reincidência. O impossível era exigir dele a censura prévia da imprensa, coisa que não queremos, nem mesmo neste momento de transição, para o nosso próprio País. Ficaria muito mal ao Brasil, com a responsabilidade do seu passado, repudiar os termos do tratado que assinou, sobretudo estando em causa nossas velhas relações com um país pequeno como o Uruguai. Isto nos leva a pensar em outro caso, o da pretendida ronda de oficiais de uma das nossas Forças Armadas em torno da Embaixada uruguaia, para a captura possível de um asilado diplomático. Não posso acreditar que os boatos a este respeito tenham consistência. O Tratado de Caracas, assim como impõe comportamento adequado ao asilado territorial, atribui ao chefe da missão do país que concede asilo diplomático o direito de qualificar as razões do pedido de asilo; isto é, se se trata de razão política ou de direito comum. A honra militar está em defender a palavra do Brasil, empenhada nos tratados internacionais.

Não se pode exigir cumprimento parcial de tratados; ou seja, a sua execução apenas na parte que convenha ao país que o invoca. Não creio que se negue ao representante de um país amigo o direito, que lhe é assegurado, por um tratado que assinamos. Se houvesse ronda a ser feita seria em torno ao tribunal militar que expediu o *habeas-corpus* ao incriminado. Ninguém, no seio das Forças Armadas, terá esquecido o movimento de horror universal no episódio em que os militares soviéticos, no outono de 1956, quando do levante de Budapeste, fuzilaram o ex-Primeiro Ministro Nagy, quando ele deixava uma Embaixada estrangeira confiante na palavra do governo local. Um crime desta ordem não mancha só a farda dos que o praticam: mancha, também, a bandeira nacional. Até hoje, nas reuniões internacionais, os representantes húngaros costumam ouvir alusões ao drama inesquecível que, inclusive, contribuiu para a divisão do próprio movimento comunista internacional.

Atraso e desencontro

Mas, voltando à leitura do manifesto de Goulart, lembrarei que o mesmo constitui uma prova a mais da imaturidade e desambientação de uma ala, talvez ainda numerosa, do trabalhismo brasileiro. Revendo as horas tempestuosas que vivi há dez anos, em agosto de 1954, quando comandava, na Câmara, a oposição ao Presidente Vargas, tenho a impressão contraditória de uma grande distância e de uma estreita proximidade. Distância histórica e proximidade emotiva. Que a era de Vargas está terminada não parece duvidoso. O estranho é que alguns dos seus discípulos não se apercebam de que, para continuarem como seus discípulos, devem exatamente observar uma mudança completa nos métodos de ação.

O desencontro entre os métodos empregados e os que se tornam necessários, agora, para o progresso social, resulta imperativamente na adoção de novos programas e novos processos de luta, por parte das correntes políticas representativas deste mesmo progresso social. O patriarcalismo social getulista, que tão estreitamente se confunde com caudilhismo e poder pessoal, tinha, sem dúvida, sua oportunidade histórica, no tempo do chamado Estado Novo. Internamente, a falta de esclarecimento das massas em relação aos direitos sociais tornava impossível o surgimento de correntes políticas que os defendessem, no quadro constitucional. Pouco importa averiguar se a sensibilidade de Vargas, para tais problemas, tenha sido despertada por qualidades positivas de liderança popular, ou se manifestava, como simples cobertura política de um impulso subjetivo, a paixão do poder, que é capaz de tomar qualquer rumo para sua auto-satisfação. O certo é que o aumento da população, o começo da diversificação econômica com a criação de uma indústria incipiente, o crescimento das cidades e outros fatores eram elementos internos que se vinham juntar a um panorama internacional largamente favorável aos governos pessoais, de esquerda e de direita. Assim, internamente, não tínhamos uma organização capaz de, no quadro do sistema representativo, canalizar a transformação social que se operava espontaneamente, enquanto que, externamente, alguns grandes países nos ofereciam modelos ditatoriais.

O paternalismo social getulista correspondeu historicamente a essa fase. Naturalmente, graças à plástica inteligência e ao profundo senso político de Getúlio, sua ambição de poder caudilhista foi-se nutrindo com a representação, que ele e seu grupo se arrogaram, dos interesses sociais descurados pelo liberalismo. Hoje, com distância suficiente, devemos reconhecer que o paternalismo social do Estado Novo teve dois resultados positivos e grandes: permitiu a organização posterior de correntes políticas democráticas representativas do progresso social, impedindo, assim, que uma só corrente antidemocrática (o comunismo) viesse representá-lo; e, também, contribuiu, como conseqüência mesma deste fato, para a nacionalização do socialismo brasileiro. Não será, talvez, errado dizer que o fenômeno atual de nacionalização do socialismo, observável em todo o bloco comunista (sua última conquista é a Rumênia), nacionalização que pode contribuir para a libertação e democratização do socialismo, teve qualquer coisa de parecido no processo de abrasileiramento (perdoem o neologismo) que o Estado Novo imprimiu às reivindicações sociais, entre nós. Mas tudo isto, embora represente uma contribuição histórica, são águas passadas.

Erro de Goulart

O erro de Goulart, que também parece definitivamente superado, foi o de levar a extremos intoleráveis os métodos paternalistas de Vargas, em uma época em que tais métodos não mais correspondiam à realidade política nacional, e, ao mesmo tempo, introduzir, talvez por culpa de uma assessoria intelectual aventurosa e inexperiente, um conteúdo internacional nos seus planos de reforma social, que poderia tornar-se, como de fato se tornou, muito arriscado. Parece que o próprio partido comunista se dava conta de tal risco, e, no instinto de autoconservação, procurava caminhos mais moderados que os trilhados pelos imprudentes extremistas que cercavam o Presidente deposto. Assim, o que havia de brasileiro no esquerdismo de Vargas deixou de existir no esquerdismo de Goulart, que, do seu modelo, abandonou a substância para só conservar os processos caudilhistas.

O manifesto de Goulart, lido na Câmara e publicado em toda a grande imprensa, é um documento típico destes equívocos e desta desatualização. Seu resultado mais importante foi dar cobertura moral, intelectual e política à dissidência nas hostes trabalhistas. Com efeito as alas do partido mais afinadas com a necessidade da adaptação do trabalhismo à realidade brasileira atual têm todo o direito de recusar permanecer numa linha de conduta que só pode corresponder, na melhor das hipóteses, a um mal compreendido dever de fidelidade pessoal àqueles líderes, cuja liderança se revelou em completo desencontro com a realidade nacional. O importante é que essas alas possam vencer os obstáculos, quase todos fundados em melindres e ressentimentos, que as impedem de participar, com as demais forças democráticas, no trabalho urgente e comum de reformulação das instituições políticas brasileiras. Sem dúvida assiste razão aos trabalhistas que colocam, como orientação preferencial do partido, neste momento, a restauração, em toda plenitude, da democracia no País. Mas esta posição deve ser acompanhada do reconhecimento de duas verdades. A primeira é que cabem grandes responsabilidades ao partido pelo fato de se ter atrelado a uma liderança interna que comprometeu, mais do que qualquer outra razão, a vigência democrática. A segunda é que a restauração democrática não depende só do efetivo predomínio da legalidade, mas também da adequação das instituições democráticas à realidade do nosso País.

O problema da legalidade

A existência da legalidade, considerada juridicamente, nem sempre coincide com as possibilidades da sua vigência política. A lei existe, declara o Presidente, afirma o Ministro da Justiça, confirmam o Supremo Tribunal e o Congresso Nacional. Mas a existência da legalidade se manifesta principalmente por este reconhecimento por parte das mais altas autoridades políticas e judiciárias, e pelo desejo sincero que se nota, neles, de fazer prevalecer, no mais breve tempo, o império da lei, cuja existência jurídica é por eles proclamada. Não se pode dizer, com efeito, que a legalidade não exista. O Congresso está aberto e preenche suas atribuições satisfatoriamente, embora se vejam elas diminuídas (em certos pontos com acerto) pela lei constitucional revolucionária. O Supremo tem julgado com independência e coragem casos políticos espinhosos. A imprensa, em geral, está livre. Mas, também, não podemos menosprezar os restos de arbítrio e violência que subsistem em plena legalidade. Este fato, que parecerá estranho a algum observador estrangeiro, é, no entanto, explicável no Brasil, país cujas interessantes peculiaridades nem sempre são entendidas. Uma delas é a desigualdade evidente do desenvolvimento político em um país das nossas proporções. Sul e Norte diferem aí, tanto quanto em outros aspectos. Estas diferenças condicionam o desnivelamento, que observamos no processo geral de restauração da legalidade.

Certas regiões do País estão sujeitas, ainda, a um estado que se poderia chamar de legalidade revolucionária, como o Amazonas, por exemplo. Esta legalidade revolucionária se caracteriza pelo fato de ser mais apoiada na moral do que no direito. Mas não tenho dúvidas em concordar com o Ministro Milton Campos, quando diz que a linha geral da situação se orienta no sentido da restauração da legalidade jurídica, em toda parte. Não devemos, por exemplo, esquecer que a lei não impede o crime: pune-o. Os Estados Unidos, exemplo admirável de equilíbrio e solidez quanto às instituições políticas, só muito lentamente vão conseguindo reduzir o terrível problema social da luta de raças. Lá, também, o Supremo Tribunal, o Presidente e o Congresso proclamam a existência da legalidade civil, no campo da integração, mas encontram resistências tremendas de grupos sociais e de autoridades, inclusive de governos estaduais. Um candidato à Presidência, mesmo, se insurge contra a lei. Voltando ao Brasil, na medida em que o nosso Governo vá sendo capaz de passar das intenções aos atos, isto é, na medida em que for fazendo cumprir as decisões do Supremo contra os excessos da repressão; em que o Ministro da Justiça for encontrando mais ambiente para fazer prevalecer sua orientação, estaremos marchando, cada vez, mais para a legalidade. Creio, mesmo, que esta marcha é infinitamente mais fácil, no Brasil, do que nos Estados Unidos, consideradas as diferenças entre os problemas políticos que são os nossos, e problemas sociais, que são os deles, no caso da luta entre raças. O fato de, lá, as crises não se darem nas instituições do Estado, mas na vida da população, dá a falsa impressão de que a crise de legalidade é menor que a daqui, quando, a meu ver, dá-se o contrário.

Descobrimento do Brasil

Se a crise é aqui institucional e de mais fácil solução, torna-se evidente que a atual geração política brasileira não pode deixar de enfrentá-la. Todas as correntes representativas de forças sociais existentes e atuantes deverão não se unificar, o que é impraticável, se elas são verdadeiramente representativas, mas se unir, a fim de que seja encontrado aquele tipo de instituições democráticas finalmente adaptáveis ao Brasil. Não devemos ter mais o fetichismo das fórmulas e teorias. O presidencialismo, o parlamentarismo e até mesmo o comunismo dos nossos dias estão, hoje, nos países onde existem, muito longe dos modelos da época dos fundadores. O século XX assistiu, afinal, à libertação realista das novas gerações, dessas fórmulas de compêndio que tanto embaraçavam os países que as queriam imitar artificialmente. O Brasil exige soluções institucionais democráticas, mas brasileiras. Precisamos descobrir o Brasil.

14

REVOLUÇÃO E DIREITO

O Brasil está atingindo a metade do período que a lei básica revolucionária (o Ato Institucional) estabeleceu, como interregno das garantias individuais asseguradas na Constituição e confirmadas pela legislação ordinária. Em outubro, de acordo com a legalidade revolucionária, teremos concluído o ciclo de suspensão de algumas daquelas garantias, subsistindo do Ato Institucional as outras medidas que não se revestem de tal caráter, como, por exemplo, a tramitação especial das emendas constitucionais, ou dos projetos de lei emanados do Poder Executivo (artigos 3º e 4º do Ato); ou a vedação, para o Congresso, de aumentar a despesa pública (artigo 5º). Aliás, estas medidas, que ficarão vigentes, pelo Ato, até 31 de janeiro de 1966, bem que poderiam, oportunamente, transformar-se em texto permanente da Constituição, tão acertadas são elas e tão aceitas, desde algum tempo, pela nossa doutrina de Direito Constitucional. No meio de tantas emendas à constituição enviadas pelo Executivo ao Congresso nestas últimas semanas — algumas das quais versando, mesmo, matéria secundária ou inoportuna — bem poderia o Presidente remeter uma, aproveitando a tramitação especial que lhe confere o Ato, na qual se incluíssem, definitivamente, no texto da Lei Magna, os salutares preceitos dos artigos 3º, 4º e 5º, acima referidos. Esta seria uma reforma política necessária. Estou seguro de que o Congresso aprovaria facilmente tal emenda, com maioria, talvez, bem maior do que aquela que o Ato exige, tão concordes se acham tais providências com a experiência e o bom senso dos congressistas.

Mas voltando ao decurso da metade do prazo marcado para a vigência da outra parte do Ato, ou seja, a que suspendeu importantes garantias individuais, penso que é chegado, também, o momento de apreciar juridicamente a aplicação deste regime excepcional, que nem por ser excepcional deixa de ser jurídico, tendo em vista contribuir, ainda que insuficientemente, para o esclarecimento das autoridades civis e militares, incumbidas da temível tarefa daquela aplicação.

Comecemos por lembrar que o Ato Institucional é uma situação jurídica de exceção. Sempre houve, na História do Direito, estas situações jurídicas excepcionais, sendo uma de suas características a vigência transitória. O quadro de suas aplicações também não variou, em substância: elas decorreram, sempre, ou de guerra externa, ou de grave desordem interna, que ameace a segurança das instituições. Na Grécia, o poder dos *strategos* (comandantes militares habitualmente eleitos) aumentava consideravelmente na órbita civil, nas emergências referidas. Em Roma, na República, o que se chamava ditadura era o regime consentido de suspensão da legalidade, tendo em vista a segurança do Estado. O ditador era, assim, mais ou menos aquilo que é hoje em certos países (como na França degaullista) a autoridade suprema, quando revestida legalmente de plenos poderes.

Nos países de formação inglesa as situações de exceção se traduzem mais pela suspensão das garantias que asseguram o direito do que, propriamente, pela suspensão do direito. Por exemplo, a Inglaterra e os Estados Unidos não conhecem o estado de sítio como medida de exceção, mas chegam a resultados equivalentes (adaptados, naturalmente, às condições de cada país) por meio de suspensão do *habeas-corpus* que não é propriamente um direito, mas a garantia judicial do direito à liberdade.

No Brasil, nós preferimos seguir a tradição francesa do chamado estado de sítio (*état de siège*) embora adaptando-se às nossas condições. E, em virtude das crises contínuas do presidencialismo republicano, o estado de sítio foi, entre nós, uma das instituições de Direito Constitucional que sofreram mais profunda e cuidadosa elaboração.

O Ato Institucional da revolução de abril é, sem dúvida, o quadro jurídico de uma situação excepcional mais severa do que o estado de sítio tradicional do nosso Direito, cuidadosamente regulado na Constituição de 1946. O Ato Institucional aumentou a irresponsabilidade do poder e diminuiu as garantias dos cidadãos, em comparação com o estado de sítio. Mas, embora reconhecendo este fato indubitável, não podemos de maneira nenhuma esquecer duas coisas: 1º) que o Ato regulou *juridicamente* o poder da revolução e 2º) que esta autolimitação determina fatalmente o *controle* jurídico da sua aplicação e dos seus efeitos, controle exercido quer pelos preceitos escritos da Constituição, que continuam em vigor, quer pela aplicação de certos princípios gerais de Direito, que subsistem em qualquer circunstância ou situação, entre os povos civilizados.

A este propósito, a experiência que adquirimos, desde a Primeira República, com o estudo do estado de sítio, servirá enormemente para interpretarmos as novas situações criadas pelo Ato Institucional.

Desde os primórdios do regime republicano, tão cheios de abalos e lutas, os nossos maiores juristas, a começar por Rui Barbosa, foram construindo, solidamente, a majestosa doutrina da limitação jurídica do estado de sítio. No livro clássico sobre os *Atos Inconstitucionais do Executivo*, e em numerosos escritos e discursos posteriores, Rui, apoiado na razão jurídica e no direito estrangeiro, traça os fundamentos da doutrina que serviria depois à jurisprudência do Supremo Tribunal, nos seus momentos mais felizes, e à apuração do texto mesmo da Constituição, até à sua forma atual, tão bem regulamentada.

O essencial da doutrina brasileira do estado de sítio pode ser resumido em poucas proposições: a) o estado de sítio deve ser estabelecido pela autoridade competente e deve corresponder a determinadas situações que a Constituição prevê; b) para resolver as situações previstas, o estado de sítio permite a prática de certas medidas que importam na suspensão de garantias individuais, mas estas medidas praticáveis são também previstas e definidas; c) o estado de sítio não pode ser estabelecido se não ocorrerem as condições previstas de anormalidade; nem no seu decurso podem ser aplicadas medidas restritivas de direitos, se não forem aquelas previstas, ou se não decorrerem dos fins para os quais foi aplicado o estado de sítio; e d) se as limitações jurídicas do estado de sítio, que acabamos de mencionar, não forem observadas, os prejudicados poderão sempre recorrer ao amparo do Poder Judiciário.

Vejamos agora como, com as adaptações necessárias, estes sábios princípios que regulam, entre nós, a aplicação do estado de sítio podem e devem ser aproveitados na aplicação do estado de exceção, mais rigoroso, criado pelo Ato Institucional.

O Ato Institucional se compõe de duas partes bem distintas, no que concerne às restrições impostas aos direitos individuais. A primeira parte é a do artigo 10, e permite a suspensão dos direitos políticos, por dez anos, de quaisquer cidadãos, bem como a cassação de mandatos daqueles que exercitassem funções eletivas, tudo "no interesse da paz e da segurança nacional". Tais decisões, quer quando tomadas pelo comando revolucionário, quer pelo Presidente da República, depois da eleição deste, são insuscetíveis de revisão judicial. O artigo 10 é, assim, um ato de arbítrio, emanado da força de uma revolução vitoriosa. Considerado desta maneira, entra naquela categoria dos atos dos governos de fato, cujas conseqüências jurídicas são inegáveis. Vários são os estudos sobre esta matéria, e unânime é a aceitação da doutrina a este respeito. Via de regra, como aconteceu no caso brasileiro, estes atos de governo de fato são de natureza fundamentalmente política, isto é, dizem respeito a providências consideradas indispensáveis à existência do Estado. E como tal são acolhidos e respeitados pelos juristas, a não ser que infrinjam regras assentes ou reconhecidas do Direito Natural, como veremos mais adiante. No caso do Ato Institucional brasileiro não foram vulneradas essas regras de superdireito (ou Direito Natural). As cassações de mandatos ou suspensão de Direitos políticos não foram acompanhadas de mortes, confisco de bens, punição de terceiros que não os diretamente visados. Em suma funcionou aqui, ainda uma vez, a tradicional doçura brasileira, que é um dos padrões de honra da nossa civilização.

Já a segunda parte restritiva de direitos do Ato Institucional é a contida no artigo 7º, e merece um exame mais cuidadoso. Esta parte vai durar até outubro e colhe nas suas disposições centenas de milhares de brasileiros, civis e militares, pois se aplica a todos que exerçam funções públicas, nos níveis federal, estadual e municipal.

O direito individual ao gozo e exercício dos postos, patentes e funções dessa grande massa de brasileiros fica dependendo de decisão a ser tomada pelo Presidente da República, ou pelos governadores de Estado (inclusive, quanto a estes, as decisões de âmbito municipal) desde que, nos termos expressos do Ato, os visados pelas sanções "tenham atentado contra a segurança do país, o regime democrático e a probidade da administração pública". Tal como se dá com o estado de sítio, a condição para a aplicação deste ponto do Ato está limpidamente configurada. Os punidos devem, anteriormente, ter atentado contra a segurança do país ou o regime democrático, ou, ainda, contra a probidade da administração. Ficam aí bem expressos os fins declarados e vitoriosos da revolução: lutar contra o comunismo, a subversão social e a corrupção.

Ao contrário, porém, do artigo 10, referente a direitos políticos e mandatos, que exclui expressamente a apreciação judicial das conseqüências, o artigo 7º admite, também expressamente, essa apreciação. Fá-lo, entretanto, com duas reservas, ou condições consignadas no § 4 daquele artigo. A primeira é a de que o controle jurisdicional "limitar-se-á ao exame das formalidades extrínsecas" e, pela segunda condição, fica "vedada a apreciação dos fatos que motivaram" os atos de punição, "bem como da sua conveniência ou oportunidade".

Assim, pelo artigo 7º, o Presidente da República e os governadores, baseando-se nos elementos fornecidos pelas comissões de inquérito, decidem em última instância sobre se alguns de entre milhares de brasileiros atentaram contra a segurança do Estado, o regime democrático ou a probidade da administração, sendo os únicos recursos cabíveis aqueles vindos da instância estadual para o Presidente da República.

Estas disposições correspondem também, lidimamente, à situação jurídica dos plenos poderes. Habitualmente tais poderes se confundem com os governos de fato. Casos há, entretanto, em que governos legítimos podem ser investidos legalmente de plenos poderes, mas isto se dá sempre nos sistemas parlamentaristas. O governo presidencial, pela sua natureza, é infenso a tal solução. Quando ela ocorre, como nos Estados Unidos, depois da Guerra de Secessão, ou no Brasil de hoje, é porque o governo vigente participa, ainda que temporariamente, do caráter de governo de fato. Este é o caso do Governo Castelo Branco. Enquanto prevalecer, até outubro, a situação jurídica de exceção, ele será, em parte, Governo legítimo, e, em parte, Governo de fato.

Configurada assim, rapidamente, o que parece ser a interpretação do Ato Institucional, no que diz respeito à sua incidência sobre direitos individuais garantidos na parte suspensa da Constituição, vejamos, agora, como poderá ser entendida a aplicação do controle jurisdicional sobre os atos praticados.

Neste ponto é que as comissões incumbidas dos inquéritos devem proceder com cautela. Com efeito, os atos punitivos contra servidores públicos devem ser executados, pelo artigo 7º, mediante "investigação sumária", sendo evidente complemento desta disposição aquela outra, do mesmo artigo, pela qual a justiça poderá verificar "as formalidades extrínsecas" das investigações que precedem às punições. Conseqüentemente, a única — e quão importante por ser a única! — barreira oposta às injustiças sempre possíveis está nesta possibilidade de a justiça poder tomar conhecimento do processo observado nas investigações sumárias, o que é coisa completamente diferente do que seria examinar a motivação ou a conveniência dos atos punitivos. O que é, porém, examinar extrinsecamente uma "investigação sumária"? Para respondermos a este ponto devemos relembrar o que ficou dito no início do presente artigo, ou seja, que a justiça será chamada a se nortear pelos preceitos da Constituição, garantidores dos direitos individuais, aplicáveis ao caso, e ainda pelos princípios gerais de Direito, que orientam também a convicção e a decisão dos magistrados. São os mesmos princípios que antigamente se chamavam de Direito Natural (denominação ainda hoje usada por certas escolas) e que alguns juristas preferem chamar de superdireito. São aquelas regras superiores da convivência humana e da ordem social justa, que, para os católicos, vêm do sentimento inato de justiça com que Deus ilumina os homens; para os racionalistas emana do próprio funcionamento normal da razão humana; e para os adeptos da sociologia jurídica decorrem da influência que certos valores ou padrões de comportamento coletivo exercem sobre as mentes individuais. De qualquer maneira estes princípios existem objetivamente, não dependem de preferências subjetivas, impõem-se por si mesmos à maioria esmagadora dos homens, estejam ou não escritos nas leis.

Um deles, e o mais exatamente aplicável ao caso em exame, é que não pode haver incriminação sem defesa. Isto quer dizer que, por sumária que seja a investigação, ela não pode ser unilateral; tem de ser necessariamente contraditória, como exige a Constituição na parte vigente (artigo 141, § 25), e como impõem os princípios de Direito Natural mais antigos e respeitados. O conhecimento deste aspecto capital das investigações em curso é um exame das suas formalidades extrínsecas, que nada tem a ver, repetimos, com a motivação das punições, nem com sua adequação aos pressupostos estabelecidos no Ato. Mas, como tantas vezes acontece, é no conhecimento dessas formalidades processuais que se vai acolher a garantia da Justiça e a proteção da liberdade. Tenham bem presentes os civis e militares incumbidos das tarefas investigadoras o que acabamos de referir, porque as conseqüências da imperícia, ignorância ou sectarismo nesta matéria serão fatais depois de decorrido o prazo de suspensão das garantias individuais.

Antes de concluir esta exposição que eu desejaria mais amena e convincente, considero necessária uma palavra sobre a pretendida transferência para a Justiça Militar do conhecimento dos atentados previstos no Ato Institucional. Ela é impossível e o Congresso nunca a aprovará. Na verdade tenho visto muitas razões oferecidas para combater aquela sugestão, mas a principal delas, a que encerra a questão, ainda não vi citada até agora. É simplesmente a seguinte: a Constituição em vigor, no artigo 207, estabelece o único caso em que os atos que não constituem crimes militares como tal definidos em lei (artigo 108) podem ser sujeitos à jurisdição militar. Este caso único é o do artigo 207, no qual se diz que a lei que decretar o estado de sítio pode tomar aquela providência. Portanto, para que se dê a transferência pretendida seria indispensável que o Governo pedisse estado de sítio e que o Congresso incluísse a medida na lei especial que o decretasse. Mesmo assim a mudança só seria válida enquanto durasse o mesmo estado de sítio. Fica, assim, encerrada esta estranha questão.

PARTE III
POLÍTICA EXTERNA

I
BRASIL-FRANÇA
(IDÉIAS E SUGESTÕES)

Na História das nossas relações internacionais — História que ainda está, em grande parte, por se fazer — podemos distinguir as que se estabelecem predominantemente entre os governos das que se orientam mais no sentido da aproximação entre os povos. Quando ocorre o fenômeno da imigração, as relações entre o nosso e outros países se fazem mais de povo a povo que de governo a governo, e a influência exercida sobre o Brasil se efetua mais no campo da aculturação social do que no terreno intelectual ou político.

É o caso tradicional de países como a Alemanha ou a Itália e, mais modernamente, como a Polônia ou o Japão.

De São Paulo até o Rio Grande, as correntes imigratórias alemãs, italianas, polonesas ou nipônicas colocaram diretamente em face do nosso povo os problemas de acomodação, equilíbrio e ajustamento entre diversas culturas e civilizações, problemas que se vão resolvendo nos imensos espaços geográficos, demográficos e sociais do Brasil, de forma a nos encher de confiança e, mesmo, de admiração.

A tarefa orientadora dos governos é, nos casos referidos, discreta e, às vezes, quase nenhuma.

Nosso idioma se enriquece e se diversifica com a contribuição de outras línguas; o desenvolvimento econômico se acelera, sem planejamento governativo, com a importação de novas técnicas e novas necessidades impostas pelas massas de imigrantes, e a influência política ou intelectual se transfunde, através da receptividade transformadora da base nacional da população para com os elementos colhidos no convívio pacífico de grupos alienígenas. Não raro acontece que o reconhecimento e a aceitação da influência estranha chegam ao nível do nosso Governo quando já deixou praticamente de ser estrangeira, quando já passou a ser uma forma de regionalismo brasileiro. Sucessivamente podemos identificar este fenômeno com a incorporação de elementos espanhóis, no Rio Grande; alemães, neste estado e, ainda, em Santa Catarina; poloneses, no Paraná; italianos e japoneses, em São Paulo; e até portugueses, no Rio ou no Pará.

Nesses casos, repetidos, a ação dos governos é complementar. Vem para contornar alguma dificuldade circunstancial ou para corrigir algum erro, quando não para praticá-lo.

O ajustamento de interesses e a convivência entre brasileiros e portugueses, na grave crise da Independência, pouco exigiram dos estadistas do Primeiro Reinado, além dos acordos financeiros desejados pelos Braganças. Comparemos nossa experiência daquela época com as lutas e dificuldades enfrentadas, em situação análoga, pelos Estados Unidos e a Inglaterra e veremos quão enorme é a diferença. Ao contrário do que ocorreu com o reconhecimento da nossa Independência por Portugal, a longa guerra e as penosas negociações que culminaram com a missão de Franklin, Adams e Jay à Europa se arrastaram durante vários anos, tornando-se um dos assuntos palpitantes da vida do Ocidente, naquele declinar do século XVIII.

Depois da Independência, os casos que exigiram ação diplomática nas nossas relações com Portugal foram escassos e de importância relativa. No princípio da República, o surto do jacobinismo antilusitano decorrente, em parte, da atitude assumida por Portugal ao tempo da revolta da Armada, jacobinismo que encontra em Araripe Júnior talvez a sua mais alta e lúcida expressão, era mais um movimento ligado às elites de escritores do que a problemas verdadeiramente populares. O mesmo se poderia dizer do maior ou menor antilusitanismo de Aluísio de Azevedo, Lima Barreto ou Antônio Torres.

Eduardo Prado, quando procura inflacionar a crise surgida com os cônsules italianos em São Paulo, depois da República, fá-lo na sua linha monárquica, isto é, visando ao novo regime de então e de nenhum modo à Itália. Por isto mesmo, tais movimentos de caráter intelectual, quando não literário, deixavam de reclamar uma política de governo, no campo das relações com esses países.

O caso alemão é um pouco diferente, porque as questões suscitadas, desde o principio do século, obedeciam ao esquema voluntário do expansionismo germânico, de tipo prussiano. Ora, o expansionismo prussiano sempre foi muito mais político-militar, isto é, governativo, do que social ou popular. Nossas questões com a Alemanha não surgiam espontaneamente do convívio dos numerosos imigrantes alemães no processo de aculturação social, desenvolvido no Sul do Brasil. Tais questões eram amostras ou tentativas levadas a efeito conscientemente pelo expansionismo político alemão na América Latina, e correspondiam assim, de fato, à fatalidade do desdobramento geográfico do conflito imperialista europeu. O caso do navio de guerra *Panther*, enfrentado com tanta habilidade e energia pelo Barão do Rio Branco, é bem expressivo do que queremos assinalar.

Com o advento triunfal do nazismo o expansionismo tedesco no Brasil tornou-se verdadeiramente sistemático, e, sobre o mesmo, existem estudos interessantes, do lado alemão. Tornou-se então, necessária uma política de governo em face da Alemanha, mas esta política era impossível porque o governo do chamado Estado Novo, embora não padecesse, propriamente, de submissão internacional à Alemanha nazista, era contudo simpatizante com o seu expansionismo, por um fenômeno de simpatia ditatorial. Mas, se colocarmos as nossas relações com a Alemanha fora de ótica deformante do expansionismo estatal, veremos que o processo aculturativo entre as populações se desenvolveu em linha parecida com a que prevaleceu com os demais países de imigração. A este respeito o estudo de Emílio Willems *A Aculturação dos Alemães no Brasil* é magistral.

Situação bem diversa é a decorrente, como já sugerimos, das relações internacionais brasileiras com países que não nos oferecem correntes imigratórias. A razão básica parece ser a seguinte: os países de imigração (os que nos fornecem imigrantes), sem serem necessariamente subdesenvolvidos, são, no entanto, economicamente fracos, ou eram, ao tempo em que nos forneciam correntes imigratórias. Sua industrialização deficiente não absorve os excessos da mão-de-obra, que, precisamente por isto, é levada a imigrar para os países novos. Portugal, Itália, Polônia e a própria Alemanha anterior à era colonial estavam nesse caso, quando faziam para com a América Latina o papel de doadores de sangue. Quando o fascismo quis criar o Império na Itália e o nazismo aspirou ao mesmo fim na Alemanha, um dos primeiros cuidados foi trocar a emigração por colonização. A teoria chamada de *espaço vital* e toda a orientação da geopolítica alemã não tinham outra razão de ser.

A industrialização alemã, a partir do Congresso de Berlim, dividiu a África em colônias, na medida em que diminuía a vinda de alemães para a América.

Os países industriais e imperialistas, como a Inglaterra, antigamente, ou, hoje, os Estados Unidos e a União Soviética, geravam ou geram relações não na base de fornecimento de sangue, mas na do fornecimento de técnica, capitais e produtos industrializados. Por isto mesmo as suas relações são problemas eminentemente político-diplomáticos, e não etapas de aculturação social.

A França se enquadra, sem dúvida — principalmente nos dias que correm —, entre os países cujas relações com o Brasil devem ser orientadas, de nossa parte, por um planejamento diplomático cuidadoso. Com a França não existem problemas de aculturação, mas de governo.

Infelizmente prevalece de longa data, no Brasil (e por isto mesmo não se pode atribuir a culpa precisamente a ninguém), uma errônea impressão a respeito do significado e dos limites das atribuições da nossa missão diplomática em Paris.

De resto, a irradiação intelectual e o fascínio da vida da grande capital latina induzem, não raro, todo o mundo diplomático latino-americano a não apreender exatamente a magnitude política do posto. Isto, também, não é novo, e aí a culpa pode ser atribuída mesmo... a Paris.

O Visconde de Chateaubriand, nas *Memórias de Além Túmulo*, já dizia que a queda de Carlos X foi devida ao fato de o corpo diplomático ter-se recusado, para não deixar Paris, a acompanhar o rei, quando este se afastou da capital nos dias da Revolução de julho. Preferiram os embaixadores estrangeiros mudar de rei a mudar de posto, declara, com malícia, o grande escritor.

Em outros tempos as relações do Brasil com a França ainda podiam existir independentemente de um planejamento diplomático específico e seguro, pois, mestra e modelo intelectual, as relações da França com o Brasil não eram propriamente bilaterais, visto que ela existia para nós muito mais do que nós para ela.

Tão grande era a fascinação que as idéias e a literatura da França exerciam sobre o Brasil, no século passado e no começo deste, que o processo de rebeldia contra os nossos próprios hábitos mentais começava sempre por ser uma rebeldia contra a influência francesa. Os grandes homens que queriam marcar uma liderança original principiavam por se afastar da incrível rotina francesa.

Tobias Barreto foi levado aos seus *Estudos Alemães*, para se destacar do conformismo ambiente. Sua atitude era mais ditada por ódio ao oficialismo intelectual afrancesado do Brasil do que por verdadeira originalidade de espírito.

Com Rui Barbosa a rebeldia antifrancesa era herdada do pai. Mas tanto no amoroso pai como no grande filho ela exprimia o mesmo impulso de resistência ao conformismo intelectual. Quando Rui diz, com vaidade talvez, mas com razão, que ninguém estudava no Brasil as coisas inglesas como ele; e que a sua biblioteca sobre a Inglaterra era a maior do país, estava rendendo preito

— mais um — à memória querida do pai, o dr. João José Barbosa de Oliveira. O próprio Rui recorda como deveu à formação liberal do pai — liberal no sentido inglês — a sua própria formação, e não se esquece de ajuntar que ele se familiarizou, desde a juventude, na casa paterna, com as leituras inglesas, embora fosse o francês o "exclusivo pão espiritual" da mocidade brasileira. Mas estas exceções, mesmo quando da grandeza de um Tobias, de um Rui, e poucos mais, confirmam a regra. E a regra era a vassalagem intelectual à França. Era a existência desta espécie de imigração intelectual que dispensava planejamento diplomático.

De resto tivemos sempre mais em vista as teorias francesas — bem ou mal interpretadas — que os exemplos colhidos na ação direta da França.

Ora, as lições francesas podiam, e ainda podem, variar consideravelmente, conforme as vamos colher nos livros ou na vida da França. Com efeito, raramente a vida política de um país difere tanto das idéias pregadas por seus pensadores do que se dá na França.

Agora, na segunda metade do século XX, é urgentíssimo reconhecer a existência de uma outra França, substancialmente diversa daquela que nos exportava suas idéias durante dois séculos, e de um novo Brasil, inteiramente distinto daquele que se aleitava com as velhas idéias francesas. O Brasil precisa estudar e interpretar esta França que é um dos países mais agressivamente novos do mundo e a França precisa se compenetrar de que existe um também novo e misterioso Brasil, e mesmo um Brasil, simplesmente, ela que não se dava propriamente conta da nossa existência.

Nas minhas duas passagens pelo Itamarati, embora breves, tive tempo bastante para verificar o tipo gritantemente anacrônico em que são mantidas as nossas relações com a França, que hoje não entendemos e que não nos entende. Nós não a entendemos porque aplicamos à sua decifração categorias inteiramente superadas de raciocínio, ainda do tempo da submissão literária, das companhias teatrais, da soberania do Palácio Bourbon, do canhão 75, do champanha e das *cocottes*. Na época do avião a jato nos transportamos politicamente para a França no *bonde de ceroulas* do antigo Municipal. Reciprocamente o Governo De Gaulle olha o Brasil de Brasília com aquela ponta de enfado e bonomia a que seus antecessores se julgavam com direito no princípio do século quando o sorriso protetor de Anatole France fustigava o mimetismo das nossas elites submissas à moda de Paris.

Nesse ridículo jogo de disparates nada se faz. Claro que não culpo ninguém, o que quer dizer que a culpa é de todos.

No entanto, as tarefas são amplas e urgentes. Ao mesmo tempo as possibilidades de entendimento parece que aumentaram, ou podem ser aumentadas, quer pelo fato do indiscutível acréscimo da importância internacional do Brasil — em que pese a dura crise de transformação e desenvolvimento que atravessamos — quer pela circunstância de que as profundas mutações que, por sua vez, ocorrem na França tragam invencivelmente este país para mais perto da América Latina.

O Brasil de hoje se enquadra francamente no grupo das potências de importância média, grupo que, em certos momentos, tem chegado a liderar, tanto nas Nações Unidas quanto em outros recintos internacionais. Nosso desequilíbrio interno (cujas repercussões externas se agravam com o negativismo estreito, sectário ou interesseiro de certas alas direitistas brasileiras, completamente incapazes de apreender o caráter construtivo e prudente, além de inevitável, da nossa política externa), nosso desequilíbrio interno, dizia, não chega a perturbar a lucidez de alguns diplomatas e círculos bem-informados de outros países quanto aos fatores que determinam fatalmente o acréscimo da nossa autoridade na comunidade mundial.

O próprio Presidente De Gaulle que é tão limitadamente (ou ilimitadamente) europeu tem, por várias vezes, manifestado seu interesse especial pelo nosso Continente. Um dos mais prestigiosos diplomatas franceses disse-me no ano passado, em Nova York, que o general lhe dera instruções pessoais para que mantivesse contato direto com a delegação brasileira. Isto se explica. Não se trata de nenhuma atitude romântica, pois De Gaulle vai do pomposo ao dramático, mas nunca passa pelo romântico, porém da conseqüência natural da evolução da França, diante da nossa própria evolução.

A França do século XIX não morreu em 1914-18, como se diz tantas vezes. Ela foi ferida de morte naquela crise, de que havia emergido aparentemente vitoriosa. Ferida de morte, a França do século XIX arrastou, no entanto, uma vida precária até 1958. Entre Clemenceau e De Gaulle se opera a liquidação da França civil, poupada, parlamentarista, cética e colonial. Com De Gaulle — e no movimento estão envolvidos tanto os que o sustentam como os que o atacam — surge a nova França presidencialista, dispendiosa, concentrada no famoso *hexágono*, se não crente pelo menos anticrítica e com uma forma de politização direta, meio popular e meio militar, que logo se desvenda à nossa observação experiente de latino-americanos. Embora correndo o risco de arranhar a certas delicadas suscetibilidades francesas, presas a uma orgulhosa tradição institucional hoje perdida (e que, aliás, sempre funcionou mais na aparência que nos fatos), eu diria que a grande nação latina se latiniza mesmo, isto é, vive, hoje, a tradição latina, digamos romana, da política direta do comício e da caserna.

O parlamentarismo da Terceira República, que se pretendia herdeiro de Montesquieu, era falsamente britânico, tão falsamente britânico como o próprio livro *O Espírito das Leis*. A autêntica tradição francesa era a da Revolução, tradição latina, popular e militar. Foi a Restauração que quis tornar inglesas as instituições democráticas da França, e a Terceira República herdou, um pouco, este equívoco. As crises da Terceira República — caso Dreyfus, caso Boulanger e tantos outros — eram, afinal, o resultado do desajustamento de um regime que a França expunha nos livros e nos discursos, mas que, na verdade, nunca praticou, ou praticou muito imperfeitamente. Hoje, com o seu presidencialismo autoritário e militar a França é mais parecida consigo, e, por isto mesmo, conosco. Esta é a verdade que muitos franceses delicados, freqüentadores esnobes dos clubes políticos britânicos ou escandinavos, ainda não entendem e não gostam muito de ouvir.

Mas esta verdade, se aceita, nos abre perspectivas enormes com a França. Nós nos tornamos mais poderosos, e a França mais autenticamente latina.

Nos planos econômico, técnico, cultural e mesmo institucional, nossas relações devem ser condicionadas pela consciência segura dessa transformação bilateral, consciência que viria aumentar a confiança hoje infelizmente tão abalada de parte a parte. Tudo tende a nos aproximar, mas a inação dos governos nos conserva separados.

França e Brasil se olham, hoje, com reserva e estranheza porque cada qual vê do outro uma imagem que não mais existe, um retrato do passado. Como se estivéssemos, ainda, nos saudosos, gloriosos tempos do Barão e de Delcassé.

2

O ESPÍRITO E O TEMPO

Ouvi de um jornalista francês que Stalin, inquirido sobre a conveniência de se conhecer a posição do Vaticano em face de determinado problema internacional, respondeu com esta outra pergunta: "Quantas divisões pode mobilizar o Papa, para fazer valer a sua opinião?"

Não creio que o atual Chefe do Governo soviético reagisse, diante da questão, com o mesmo primarismo. Em primeiro lugar, a mobilização das divisões não é mais, na era atômica, argumento adequado para sustentar opiniões (e já não o era, ao tempo de Stalin). Depois, a participação marcante de João XXIII nos acontecimentos do seu tempo mostrou bem o que pode ser a influência da Igreja romana na história da nossa época, não tanto pelo fato de orientá-la, de certa maneira, a conduta espiritual de centenas de milhões de homens, mas principalmente porque a tradição multissecular da sua mensagem universal se mostra cada vez mais capaz de coincidir com as esperanças de toda a humanidade, mesmo daquela parte, numericamente predominante, que não se compõe de seus fiéis.

Por isto mesmo, por causa desta participação forçada, embora não procurada, nos acontecimentos do século, é que se sucedem as avaliações sobre a profundidade e a oportunidade da palavra da Igreja, na solução das crises históricas de hoje, avaliação que corresponde, afinal, ao exame, em termos atuais, da posição da Igreja como pessoa de Direito Público, interno e internacional. A reabertura do Concílio Ecumênico do Vaticano abre oportunidade para que procedamos à exposição sumária de alguns aspectos desse problema, extraindo, se possível, algumas conclusões aplicáveis ao Brasil.

Sem perda de substância da sua missão espiritual, antes, mesmo, como um dos processos eficazes de realizá-la, a Igreja Católica, reiteradas vezes, através dos Concílios, tem denunciado os males temporais da sociedade humana, e traçado as diretrizes gerais da sua erradicação.

Se os Concílios da Antigüidade se preocuparam mais com a pureza da fé e a luta contra as heresias, já os medievais registraram, não raro, a resistência da Igreja contra os excessos e injustiças dos grandes deste mundo: imperadores, reis e senhores feudais. No Renascimento, levada pela reforma luterana ao esforço de reunião e revisão, a Igreja, no Concílio de Trento, não deixou de tomar posições importantes no plano civil. Como bem diz um historiador dos Concílios, a Igreja, em Trento, "no meio de uma das mais agudas crises da civilização humana, dilacerada nas mais várias direções pelo turbilhão de ideologias privadas de qualquer visão superior, cientificismo, positivismo, racionalismo... insiste em afirmar, contra as estreitas concepções de Lutero, a esplêndida verdade da liberdade moral do homem".

O presente Concílio Vaticano foi convocado por João XXIII com palavras que soam como substanciosas advertências. Em vez de pontos de doutrina, a reunião foi dedicada, principalmente, por ele, a restaurar a plenitude do viver cristão. "Em face do espetáculo de um mundo em grave estado de indigência espiritual", disse o grande Papa, ele sentiu o dever "de dar à Igreja a possibilidade de contribuir mais eficazmente para a solução dos problemas da idade moderna". Não é possível ser mais explícito, nem mais justo, na maneira de reafirmar o primado espiritual da missão da Igreja e na forma de identificar esta missão espiritual com a participação nos esforços pela solução dos problemas da vida social da humanidade.

Este significado profundo do Concílio foi, na verdade, a maior lição que pude recolher, quando, em companhia do mestre Alceu Amoroso Lima e do embaixador Sousa Gomes, tive a honra inesquecível de integrar a delegação do Governo do Brasil à inauguração da reunião no Vaticano.

Não é este o momento de descrever os diversos aspectos, ao mesmo tempo grandiosos e coloridos, mas cheios de magnífica simplicidade, daquelas cerimônias em que o Papa se desprendia do esplendor majestático da sua função para falar aos estrangeiros, ao povo e às crianças, como um velho pai, um avô camponês. Nem é este o local de analisar as perspectivas e resultados colhidos diretamente do Concílio. Outros, mais capazes, o farão bem melhor que eu. O que me interessa, aqui, é salientar o sentido de fraternidade humana daquele espetáculo, em que a fé religiosa dos fiéis católicos se via acompanhada pelo sentimento de confiança puramente humana dos participantes que não comungavam com a nossa religião; não só os aderentes a Igrejas cristãs separadas, como os adeptos de outras crenças, muçulmanos, budistas, e talvez, mesmo, os fetichistas e panteístas primitivos, que deveria haver entre tantos embaixadores de países distantes da África e Ásia.

Incertos e ansiosos frente aos riscos da vida terrena, era para as dúvidas desta mesma vida que aqueles incréus esperavam uma orientação, a qual sentiam que poderia vir da experiência histórica e da inquebrantável firmeza moral daquela Igreja Romana, cujos dogmas de fé não aceitavam.

É para dar idéia, a um público ledor mais amplo, dos instrumentos e razões com que conta a Igreja para o exercício dessas missões concernentes aos problemas da vida propriamente política, que aqui ajuntarei algumas notas, que nada de novo ensinarão aos estudiosos da matéria.

A ação da Igreja dentro daquilo que o Papa chamou os "problemas da idade moderna" está baseada na sua posição de pessoa jurídica de Direito Público, tanto de Direito Interno, quanto de Direito Internacional. Como pessoa de Direito Interno, ela se auto-organiza, e tem competência para traçar normas jurídicas, ou leis. Como pessoa de Direito Internacional, ela mantém relações políticas com os demais Estados e é capaz de assumir compromissos internacionais.

No magnífico, embora sintético prólogo com que abre a edição, feita pela Universidade Católica de Salamanca, do Código de Direito Canônico, o ilustre canonista D. José López Ortiz (Bispo de Túy) mostra como a atividade normativa, ou propriamente legiferante, sempre acompanhou o ministério católico, desde os tempos apostólicos, e sempre se revelou através dos poderes essenciais de organização da instituição eclesiástica e de jurisdição das autoridades sobre a hierarquia e os fiéis.

Quando, portanto, Lutero veio afirmar que faltava competência jurídica à ação religiosa, a qual deveria ser fundada só em laços de caridade e comunhão espiritual, ele estava avançando uma proposição que se chocava com a realidade da evolução da Igreja, desde os tempos de Cristo. Nem se compreenderia a possibilidade de sobrevivência e expansão de uma instituição que tem uma parte humana (foi esta parte humana a salientada por Cristo a Pedro, quando lhe disse que ele, homem, seria a pedra sobre a qual a Igreja se levantaria), sem que estivesse presente, dentro dela, a capacidade necessária para traçar normas jurídicas sobre a sua própria organização e funcionamento.

A questão, que se apresenta com renovada delicadeza nos tempos de radicalismo, como o de Lutero e também os dias de hoje, está em compreender o sentido verdadeiro da ação da Igreja, tanto no terreno político quanto no jurídico, não esquecendo, nunca, que o seu norte constante é espiritual, e não confundindo a ação temporal, que se deve desenvolver sempre tendo em vista o primado do espiritual, com outros tipos de ação condicionados pelos interesses e paixões do século.

Sem querer entrar no terreno dogmático ou no da exposição da doutrina católica, nos quais confesso desde logo o meu despreparo, procurarei encarar a ação política da Igreja tal como se apresenta e explica no terreno jurídico, com o qual tenho mais familiaridade.

Partamos do princípio de que tanto o Estado como a Igreja se consideram "sociedades perfeitas". Devemos, os juristas, entender esta expressão não no sentido filosófico em que o tomava Hegel, de perfeição moral e racional, mas sim que ambos são sociedades perfeitas porque completas, integradas, totais (sendo que esta última expressão não se confunde com totalitárias).

No plano temporal, o Estado é a mais completa das sociedades, ou, usando de expressão técnica mais rigorosa, o Estado é a mais completa das instituições sociais. O mesmo se pode dizer da Igreja Católica Romana, no plano espiritual.

Para bem compreendermos a coexistência das duas instituições e a autonomia de cada qual, dentro da coexistência, basta atentarmos no fato de que as duas instituições perseguem propósitos humanos diferentes, que devem colaborar em benefício geral, mas que nunca se podem confundir sem malefício, também, geral.

Estes propósitos, cujo conjunto pode ser chamado o bem comum, são procurados pelo Estado em termo de justiça e progresso social, e pela Igreja em termos de aprimoramento espiritual, um visando ao bem-estar nesta vida, e a outra à salvação depois dela.

O que interessa ao jurista e ao homem de Estado é conhecer os difíceis limites das duas condutas; saber até que ponto a procura do bem comum interfere com os valores básicos do espírito, sacrificando a liberdade moral do homem, como nos regimes totalitários; e até que ponto uma defesa falseada destes mesmos valores é um simples disfarce dos privilegiados, para deter a marcha em prol do bem comum. No primeiro caso, o Estado intervém na competência da Igreja; no segundo, a Igreja intervém na competência do Estado.

A fixação prudente de tais limites, ou de tais competências, é que se encontra determinada no texto das concordatas, ou seja, dos acordos jurídicos firmados entre a Igreja e diversos Estados. Já vimos que, sem ser uma Nação, a Igreja é, contudo, uma "sociedade perfeita" de tipo particular, inclusive porque adquiriu, depois dos tratados de Latrão (1929), a configuração jurídica de Estado, embora de tipo também especial e mesmo único. Como Estado, a Igreja tem o seu território que é a Cidade do Vaticano, o seu governo, que é a Santa Sé com todo o respectivo aparelho político e administrativo, e a sua capacidade jurídica interna e externa, perfeitamente definida e reconhecida pelos demais Estados. Os tratados de Latrão foram, afinal, o desenvolvimento da célebre lei interna italiana de 1871, expedida depois da ocupação de Roma por Garibaldi e Vítor Manuel, chamada "lei das garantias", a qual, embora norma de direito interno, foi geralmente reconhecida como ato internacional por todos os povos civilizados, em virtude do seu conteúdo transnacional, destinado a assegurar garantias à sede de uma instituição universal, que era a Igreja Católica. Os acordos de Latrão, seguramente o ponto mais alto da vida política de Mussolini (o único que ficará da sua obra através dos séculos), completaram a lei das garantias e, embora ato internacional bilateral, constituem, também, um corpo de decisões que interessa a toda a humanidade.

Pois é através do direito concordatário, ou da sua capacidade de firmar tratados chamados concordatas, que a Igreja, com admirável sabedoria, tem estabelecido o equilíbrio da sua competência com a dos Estados, atendendo à flexibilidade das circunstâncias do tempo, mas sem nunca perder o fio da predominância do espírito, que é a razão de ser da sua missão terrena.

Um dos juristas italianos especializados no estudo deste problema, o professor Jannaccone, de Pisa, observa no seu livro *La Coesistenza Giurídica della Chiesa con lo Stato*, o seguinte: "A Igreja exclui do âmbito do seu poder as matérias meramente temporais, que não possuem qualquer conexão necessária com as espirituais (*res mere civilis*); mas incluiu no seu poder as relações mistas, isto é, as matérias temporais conexas com as espirituais (*res mixtae*)."

É a definição exata destas matérias mistas, nas quais a ação temporal da Igreja se exige e se justifica *no desempenho mesmo da sua missão espiritual,* que constituiu o grande legado do histórico pontificado de João XXIII, inspirador do Concílio que agora se reabre.

E foi contra tal definição que as forças obscurantistas e reacionárias, em todo o mundo cristão, se mobilizaram para abafar ou desvirtuar o verdadeiro significado da mensagem pontifícia. Tentativa inútil, porque a palavra papal é irreversível e se integrou definitivamente na admirável e incessante evolução do pensamento da Igreja, através da História.

Utilizando uma técnica primária, embora largamente coberta pela rede publicitária sustentada pelos interesses do imobilismo, a herança intelectual e espiritual do grande Papa é apresentada como uma espécie de desvio ocasional, que não acarreta maiores conseqüências, a não ser a conseqüência lamentável de contribuir para abalar a solidez dos princípios de liberdade humana, em favor das teses escravagistas do marxismo. Este, o núcleo da argumentação dos que se servem do *grande medo dos bem-pensantes* (a expressão é de Georges Bernanos), para defender até o fim injustiças e privilégios. Mas a insidiosa argumentação cai por si mesma, para quem conhece a ardente e imaculada tradição da Igreja, na linha de defesa dos socialmente fracos e oprimidos.

Quem queira se informar com segurança sobre esse acervo de atos e atitudes, sem necessidade de nenhuma pesquisa aprofundada, basta ler o notável e instrutivo livro do padre Roberto Kothen, da Universidade de Louvain, livro prefaciado pelo Bispo de Namur e intitulado *L'enseignement Social de l'Église*. Nele o autor compendiou e comentou textos de centenas de documentos pontifícios, a partir de Leão XIII, isto é, a partir da industrialização, do progresso técnico, da urbanização e dos demais fatores que agravaram o desajustamento social moderno. Tais documentos são encíclicas, homilias, cartas pontifícias, alocuções, discursos e decisões de Papas sucessivos, que, em conjunto, constituem um monumento impressionante de coerência, prudência e contínua decisão. Em todos eles o Espírito, sobrepairando o Tempo, não deixa jamais de entrar na ação temporal, quando está em jogo a dignidade do homem, nas suas implicações com o bem comum.

Dentro da mediocridade, da estreiteza e da insensatez dos nossos dias, o radicalismo brasileiro também atingiu os católicos e até, mesmo, a própria Igreja, na pessoa de vários dos membros da hierarquia eclesiástica. Esta situação, lamentável por todos os títulos, em nada contribui para a dissipação das névoas que obscurecem a vida nacional.

Seria altamente conveniente que as autoridades civis e eclesiásticas, entre nós, pudessem estudar a execução de certas medidas básicas, que garantissem a ação do Estado em apoio dos valores ligados à liberdade moral do homem, que a Igreja sempre defende, e que também garantissem a Igreja contra os desvios daqueles dos seus filhos que fazem política sectária, em nome da defesa da fé. O direito concordatário contemporâneo, em tratados levados a efeito pela Santa Sé com numerosos países da Europa, da Ásia e também da América Latina, contém numerosos ensinamentos úteis, que, juntos com a tradição jurídica que nos vem do Império sobre o assunto, bem poderiam ajudar à tarefa acima mencionada.

Precisando melhor meu pensamento eu diria que não seria talvez escusado que o nosso Governo estudasse, com a Santa Sé, nos quadros permitidos pelo Direito Constitucional dos dois Estados, um plano de concordata em que os problemas aqui aflorados pudessem ser equacionados e, quem sabe, se resolvidos no texto de uma possível concordata. Do lado do Vaticano, um diplomata e jurista de alto mérito como o Núncio D. Armando Lombardi seria elemento de grande valor. Do lado do Itamarati não faltaria alguém que pudesse senão substituir, pelo menos seguir a tradição de saber do meu saudoso amigo Hildebrando Acioli. Neste como em outros pontos, o problema se cifra na ação do Governo. Ou na existência de um Governo.

3

DE GENEBRA A NOVA YORK

Os modernos internacionalistas costumam salientar a existência de um movimento continuado de transformação dos congressos e conferências internacionais. Tal transformação não se opera propriamente em termos de mudança dos objetivos e propósitos dessas reuniões, pois os referidos objetivos visam hoje, como no passado, encontrar um equilíbrio que salve a paz através dos conflitos entre os interesses e a soberania dos Estados, de um lado, e a segurança da comunidade internacional, do outro. Assim, pode-se dizer que, quanto à razão de ser, as conferências diplomáticas só variam no sentido em que os dados da conjuntura internacional se alteram. Mas, genericamente, os fins são sempre os mesmos; hoje como ontem: tornar possível a convivência fecunda e pacífica entre todos os povos.

Coisa semelhante não pode ser dita com relação à estrutura e ao funcionamento das reuniões internacionais. A realidade mundial contemporânea introduziu, segundo reconhecem todos os autores que se ocupam do assunto, uma mudança profunda nas conferências internacionais, e esta mudança foi a sua institucionalização.

É familiar aos cultores de Direito Público a chamada teoria da instituição, elaborada pelo grande professor francês Hauriou. Este jurista-filósofo observou que a sociedade humana tem a inclinação invariável de criar o que ele chama de instituições, ou seja, organismos providos de vontade deliberativa e de órgãos específicos de controle, que representam e defendem os interesses do grupo. Interesses coletivos que, muitas vezes, não se confundem com os interesses individuais dos respectivos componentes, ou parte deles.

Hauriou observava a instituição social no campo do Direito Público interno, e acentuava que ela variava de âmbito e importância, desde a associação privada e apolítica, como um clube esportivo, passando pelas organizações profissionais, do tipo dos sindicatos, ou pelas entidades espirituais, como as Igrejas religiosas, até chegar à mais ampla, mais forte e mais abrangente de todas as instituições existentes na sociedade humana, que é o Estado.

O Direito Internacional, desde o princípio do século passado, mas especialmente desde o começo deste século, conhece fenômeno paralelo ao descrito pelo professor de Tolosa.

À proporção que a sociedade internacional foi-se constituindo em um conjunto mais orgânico, mais definido e coerente, graças a numerosos fatores, como o crescimento demográfico, o aperfeiçoamento dos transportes e comunicações, o intercâmbio comercial e a multiplicação dos Estados independentes, o Direito Internacional foi também avançando, não tanto nos seus fins, como nos seus meios instrumentais e na técnica da sua aplicação. E, entre os instrumentos mais poderosos e característicos desta nova idade do Direito Internacional, se acha a sua institucionalização, ou melhor, a criação dos organismos internacionais permanentes e estruturados, em lugar dos antigos encontros diplomáticos de tipo temporário e inorgânico. A este fenômeno chamei eu, em um livro escolar, de Constitucionalização do Direito Internacional. Permito-me transcrever o trecho em questão: "A situação de fato, no que concerne às relações entre os Direitos externo e interno, pode ser resumida no reconhecimento de duas tendências do Direito positivo, que se completam, nos seus propósitos e na sua ação. São tendências que poderíamos chamar de internacionalização do Direito Constitucional e de constitucionalização do Direito Internacional. A primeira é visível na inclusão, em todas as Constituições modernas, de verdadeiros preceitos de Direito Internacional. A segunda se revela pela criação de organismos políticos, a que todos os Estados juridicamente organizados aderem, organismos estes que adotam, à guisa de tratados fundadores, verdadeiras Constituições internacionais, providas de órgãos que muito lembram os existentes nas instituições internas dos Estados." E, mais adiante, assim completei a observação: "Reconhecidas essas premissas, as conseqüências são claras. Na primeira fase, a tendência era trazer para o Direito Interno alguns princípios do Direito externo: era a internacionalização do Direito Constitucional. Hoje visa-se dar ao Direito externo uma estabilidade que se traduz, inclusive, na criação de órgãos permanentes, que, não sendo superestados, procuram indubitavelmente imitar, nas estruturas e no funcionamento, as Constituições estatais. Define-se, desta forma, o período a que chamamos da constitucionalização do Direito Internacional. Por isto mesmo aparecem os estudos que levam, do Direito Constitucional comparado e geral (no fundo simples métodos de verificação e observação) a um verdadeiro Direito Constitucional Internacional, o qual já representa um processo de construção teórica perfeitamente definido." (*Curso de Direito Constitucional Brasileiro*, vol. 1º).

Minha experiência de professor, vivida nas Nações Unidas anos depois da publicação daquele estudo, não fez senão redobrar meu interesse por esse aspecto do problema. Nas leituras a que procedo, quando o tempo me permite, sobre as matérias em questão, observo que talvez a maioria e seguramente os trabalhos mais interessantes, publicados na área do Direito Internacional visam menos aos princípios gerais e à teoria deste mesmo Direito que aos aspectos constitucionais que ele possa oferecer, ou seja, as matérias referentes à estrutura, composição, competências, alargamento de poderes das organizações internacionais de todos os tipos. Desde as Nações Unidas e a Organização dos Estados Americanos, até os pactos do Atlântico Norte ou de Varsóvia, o Mercado Comum, o Conselho da Europa etc. Isto sem falar na série de estudos provocados pelas liberdades humanas e suas garantias, no plano internacional. Creio que não haveria tema mais fascinante para um jurista jovem do que o de traçar um largo painel, largo mas preciso, desse Direito Constitucional Internacional, na sua apresentação contemporânea e nas perspectivas do seu desenvolvimento.

Na vida internacional vai-se dando o mesmo que verificamos na evolução interna das sociedades. O direito de reunião vai sendo substituído pelo direito de associação, e este se vai definindo em termos institucionais, em termos de criação de organismos permanentes e dotados de vida e vontade próprias.

Segundo cálculos recentes, há hoje, no mundo, mais de mil instituições internacionais, das quais seguramente mais de cem são órgãos oficiais e políticos, criados por tratados bilaterais ou multilaterais. Há, assim, tantos órgãos internacionais oficiais quantos são os Estados independentes, na comunidade internacional. Em muitos e importantes casos, estes órgãos agem com mais competência e vigor do que os Estados ou governos que os compõem. Basta isto para dar uma idéia das transformações que sofre o Direito Internacional nos dias de hoje, e de como a técnica da paz exige, invencivelmente, a institucionalização constitucional superestatal, ou, pelo menos, com vida autônoma.

Dentro desta ordem de idéia e neste quadro majestoso é que devemos colocar, como cúpula de todos os demais elementos construtivos, as Nações Unidas. Entre as oportunidades com que o destino tem premiado a minha acidentada vida pública, aquelas que mais corresponderam às preferências do meu espírito e a um processo interior que eu poderia chamar de realização íntima foram as duas vezes em que chefiei a representação do Brasil na Assembléia-geral, em 1961 e 1962. Isto é compreensível, porque, funcionalmente, o trabalho, ali, vinha ao encontro do que há de mais autêntico na minha formação, e, sentimentalmente, porque, na maturidade, eu completara um ciclo iniciado no começo da minha juventude. Lembrando o livro famoso de Sterne, eu diria que a minha "viagem sentimental", começada em Genebra, junto a meu pai, em 1924, terminava em Nova York, junto a um dos meus filhos, quase quarenta anos depois. Aí está a razão, que eu nunca revelava aos meus colaboradores, daquela espécie de paixão lírica e absorvente que me despertava o palácio de vidro do cais nova-iorquino, paixão que, por vezes, os intrigava.

É que as águas daquele rio se misturavam, na minha memória sensível, com as do Lago Leman. No estupendo edifício transparente eu colocava, imaginariamente, o antigo Hotel Nacional de Genebra, sede da velha Liga, e nos corredores cheios de vestimentas exóticas eu introduzia, também, os bigodes, os punhos postiços, os colarinhos engomados e a oratória flamejante dos estadistas europeus da Primeira Guerra, que eu olhava de longe, na velha sala de Reforma, onde se reunia a Assembléia, com a ingênua admiração dos dezoito anos.

Foi por isto mesmo que me emocionei um pouco, quando, convidado para almoçar em Nova York pelo Chanceler Unden, da Suécia, perguntei-lhe se ele era parente do Unden que eu conhecera em Genebra, como delegado do seu país, e ele me respondeu, num riso largo: "Somos a mesma pessoa, e foi por isto que hoje coloquei, aqui a meu lado, o filho do meu amigo Melo Franco." Outra surpresa que tive foi a de saber por Bohlen, o delegado da Irlanda e presidente da Assembléia, que ele também conhecera meu pai na Liga, nos idos de 1925. Que pena eu tive de não contar ali, ao nosso lado, com este admirável jovem que se chama Raul Fernandes! Ninguém mais do que ele, que foi um dos criadores da Corte Internacional de Justiça no distante ano de 1920, representa, hoje, no mundo, o traço de união entre Genebra e Nova York; entre a Liga das Nações e as Nações Unidas; entre os primeiros e incertos passos na linha de uma efetiva organização internacional e a promissora realidade dos nossos dias. Epitácio, Raul Fernandes e meu pai foram os grandes colaboradores brasileiros daquele período.

Falei há pouco em realidade promissora. Medi cuidadosamente as palavras antes de escrevê-las, apesar de conhecer toda a debilidade existente na ação das Nações Unidas e de detestar, como quem mais deteste, os que adormecem o Direito Internacional ao embalo da retórica beatamente otimista, tão de uso de certas reuniões, sobretudo latino-americanas.

Realmente, apesar das dificuldades e riscos da conjuntura internacional — e até certo ponto por causa deles —, as Nações Unidas são um organismo mais forte do que a Liga das Nações, e mais do que ela capaz de atingir os seus altos fins.

Em primeiro lugar a entidade de Nova York tem a seu favor a experiência vivida pela instituição de Genebra, o que lhe traz duas vantagens substanciais: a de não precisar percorrer os mesmos caminhos tateantes em busca da auto-organização e a de evitar, quando possível, os erros que levaram a primeira à impotência e à desmoralização.

A Liga foi o passo de transição entre o Congresso diplomático ao estilo antigo (Congresso de Viena, Conferência de Berlim) e as novas instituições internacionais. Um jurista suíço, o professor Rougier, pressentiu lucidamente o novo papel que representava a Liga, no seu livro sobre a primeira sessão da Assembléia-geral, publicado em 1921. Diz ele: "Não se deve esquecer que a Liga das Nações é uma instituição *sui generis* e que a sua Assembléia, forma nova nas categorias de Direito Público, não é nem uma Conferência nem um Parlamento. A Assembléia se distingue dos Congressos e Conferências porque ela é o órgão permanente de uma pessoa jurídica, a Liga das Nações, enquanto os Congressos e Conferências, reunidos para fins determinados e por tempo limitado, compõem-se de representantes de um certo número de Estados." Vê-se aí como o professor de Lausanne, já naquele tempo, distinguia bem a marcha dos instrumentos do Direito Internacional, a que fizemos menção no início deste artigo. Mas se, na parte instrumental, a Liga das Nações exprimia já as novas tendências do Direito Internacional, nas suas finalidades políticas ela não se conseguiu redimir do grande erro que a levou, afinal, ao fracasso. Este erro foi a sua limitação aos interesses predominantes da Europa. Meu pai compreendeu perfeitamente este risco. Na grande batalha que ele travou para a conquista de um lugar permanente, para o Brasil, no Conselho da Liga (batalha que foi o ponto mais alto de toda a sua atuação internacional) ele declarou, em mais de uma oportunidade, que a falta de universalização da Liga e a sua estreita prisão aos interesses das grandes potências européias eram o calcanhar-de-aquiles do organismo sonhado pelo Presidente Wilson. O grande jurista Georges Scelle dedicou todo um livro ao episódio em que o Brasil foi parte magna (*Une Crise dans la Société des Nations*), estudo penetrante e bem urdido, no qual o ilustre autor retira, do caso da entrada da Alemanha e da retirada do Brasil, as conseqüências lógicas que se impunham. Estas conseqüências eram no sentido de advertir quanto ao processo de regionalização da Liga e de prevenir sobre os resultados fatais a que esta limitação européia, apesar dos disfarces, ia conduzir. A verdade é que os responsáveis pela situação criada foram, em primeiro lugar, os Estados Unidos, ou antes o Senado americano, que, no seu isolacionismo tão estúpido como trágico, deu o golpe de morte na Liga, ao recusar ratificação ao Pacto de Versalhes. Sem os Estados Unidos e sem a Rússia, a Liga deveria transformar-se naquilo que meu pai denunciou em Genebra, com todas as letras: num simples instrumento de regulação dos interesses da Inglaterra e da França. Quando a Itália propôs, em 1933, o Pacto das Quatro Potências, era já o reconhecimento do fatal descrédito da Liga como organismo mundial, e a tentativa de volta franca ao Diretório Europeu do século XIX.

As Nações Unidas venceram definitivamente esta espécie de moléstia infantil, que foi a regionalização continental da Liga. Nascida com meia centena de membros, a entidade de Nova York completou cento e dez países na Assembléia passada. Sem dúvida este universalismo geográfico é neutralizado, até certo ponto, pela influência predominante de umas poucas grandes potências, notadamente duas de entre elas, a União Soviética e os Estados Unidos. Mas também é certo que o impressionante congresso dos povos impõe, mesmo àquelas superpotências, muito mais cuidado nas decisões do que acontecia antigamente. Numerosos são os casos que comprovam esta afirmação. Assim, a primeira grande força das Nações Unidas é a sua verdadeira universalidade, o fato de serem elas, hoje, um fórum mundial, onde respira livremente o sentimento de justiça dos povos. Casos como o da invasão da Hungria pela Rússia tornam-se muito mais penosos, e arrastam um desprestígio tal para o protagonista poderoso, que nenhuma grande potência pode arrostá-los sem prejuízo sério. Basta dizer que a unidade dos partidos comunistas no mundo, com tudo o que isto representa hoje para a Rússia, começou a ser abalada quando da invasão da Hungria.

Outro ponto importante de superioridade das Nações Unidas, em comparação com a Liga, é a luta anticolonial. Nada mais poderá deter a emancipação dos povos outrora sujeitos das raças outrora oprimidas. Todos os artifícios, todas as escapatórias se quebram contra a marcha da História, neste particular. Por isto mesmo é que os esforços de Portugal, no sentido de se colocar à contracorrente da História, estão, fatalmente, fadados ao insucesso, o qual será tanto mais trágico quanto mais demorado. Doloroso é vermos forças ponderáveis, no Brasil, jungidas à obstinação do Governo de Lisboa e recusando qualquer compreensão a uma marcha generosa e prudente para a autodeterminação africana. O pior é que estas forças brasileiras, ou são movidas por mesquinhos interesses, ou por ignaro desconhecimento do assunto em que se metem a opinar. Certos discursos e certos artigos chegam a provocar repugnância a quem os lê ou ouve, por ingrato dever de ofício. A Liga não preveniu a exacerbação do colonialismo, e este foi um dos fatores da guerra, por causa do expansionismo nazifascista. A ONU o está conseguindo.

Outro ponto finalmente, e este é o mais importante, diz respeito à obra das Nações Unidas no campo do desarmamento. Aqui, paradoxalmente, o perigo maior propicia uma maior segurança. No passado, inclusive no tempo da Liga, o equilíbrio internacional ia até o ponto em que as grandes potências preferiam recorrer à prova de força, quebrando a paz em benefício de interesses tão importantes que mereciam esse risco. Hoje, contudo, os riscos são infinitamente superiores a qualquer interesse, e é de crer que nenhuma das grandes potências ousará recorrer à prova de força nuclear que nenhuma solução traria aos seus desígnios, senão que representaria a destruição fatal para todas elas.

As grandes potências, que a princípio pensaram em resolver o problema do desarmamento fora das Nações Unidas, verificaram, por fim, que, se é muito difícil fazer isso dentro da organização, impossível seria tentá-lo fora dela. Daí a Conferência de Genebra, que acaba de obter um resultado preliminar altamente auspicioso, com a suspensão parcial dos ensaios nucleares. Como delegado brasileiro participei, em Nova York e Genebra, das principais negociações que chegaram a tais resultados. Teremos agora, na próxima Assembléia, um novo passo importante, a desnuclearização da América Latina, que propus em nome do Brasil, no discurso com que inaugurei a Assembléia do ano passado. É, portanto, com atenção e interesse muito justificados, que vou acompanhar a atuação do jovem e brilhante Ministro Araújo Castro, que tão bem colaborou comigo nesses trabalhos.

De Genebra a Nova York, da Liga às Nações Unidas, vai um longo caminho, cheio de decepções, mas igualmente cheio de esperanças. É aquele eterno caminho, bordado de urzes e flores que, como disse o filósofo, leva a humanidade lentamente, mas seguramente, a realizar o sonho generoso dos sábios.

4

A INCESSANTE CONQUISTA

O problema, sempre em progresso, da emancipação da raça negra nos Estados Unidos adquire, hoje, no Governo dos Kennedy (neste assunto a ação do Ministro da Justiça, irmão do Presidente, é de primacial relevo), novos contornos e mais amplas e profundas dimensões. Considerada a importância universal dos Estados Unidos, a questão deixa de ser unicamente nacional daquele país e a solução dela passa a interessar a toda a História da humanidade, nas suas sofridas lutas deste atormentado século XX.

Cumpre, aqui, refletir um pouco sobre o sistema de ações e reações que parece ser, no mundo de hoje, uma conseqüência forçada da situação de grande potência, no tocante aos aspectos externos e internos dos problemas nacionais. Quando uma Nação atinge o *status* histórico de grande potência, os acontecimentos da sua vida interna podem influir no panorama internacional: mas é, também, certo, que as responsabilidades que tal país assume no plano internacional passam a influir positivamente nas soluções a serem dadas aos seus problemas internos.

Não é difícil reconhecer, por exemplo, que as responsabilidades especiais que hoje pesam sobre a conduta mundial da União Soviética, como potência líder, terão contribuído poderosamente para as mudanças ocorridas no quadro das concepções políticas existentes na era de Stalin, e na conduta do Estado soviético, nos seus atuais esforços de coexistência e relativo desarmamento. O isolamento da China é ainda uma conseqüência do seu estágio de potência secundária. No dia, porém, em que ela chegar ao primeiro plano — se é que chegará até lá — a inelutável necessidade do equilíbrio, na era nuclear, a levará, provavelmente, a uma adaptação dos rumos atuais da sua política de força. Por isto mesmo é que a solução da questão da entrada da China continental nas Nações Unidas é uma espécie de medida dessa evolução. O meio de se alargar a área dos contatos de Pequim com o mundo, quando oportuno, só poderá ser achado em Nova York, e será encontrado quando o peso da China, como grande potência, não puder ser posto à margem pelas outras do mesmo nível.

Voltando aos Estados Unidos, observarei que a grande luta anti-racista travada pelos Kennedy terá, sem dúvida, causas internas e mesmo eleitorais. A sucessão está à vista, e o jovem Presidente deve alargar e consolidar o seu prestígio nas massas. A perda de alguns apoios no Sul, principalmente em antigas zonas aristocráticas e rurais, será fartamente compensada pelo aumento enorme de prestígio nas grandes cidades e nas zonas industriais.

Mas não terá sido somente o empenho de conservar o governo para o Partido Democrático e para si mesmo que levou o Presidente Kennedy a enfrentar resolutamente os preconceitos anacrônicos e os cegos ódios raciais dos democratas do Sul. Além dessas razões de ordem interna relevantes, outras intervêm, decorrentes da posição mundial dos Estados Unidos. Seria simplesmente impossível à grande República manter o seu padrão de potência líder sem modificar, por mais difícil que isto seja, o comportamento dos seus grupos de governo relativamente à questão racial. Não nos devemos esquecer que a imensa maioria da humanidade não é branca. As raças de cor tinham até a última guerra a superioridade numérica compensada pela falta de maioridade política. Com o movimento geral de independência, posterior à Segunda Guerra Mundial, mais de um bilhão de seres humanos adquiriu diversos graus de consciência nacional e de liberdade política na China, na Índia, na Indonésia, na África, enfim. Seria totalmente impossível aos Estados Unidos participarem da organização desse outro novo mundo (tarefa essencial à defesa dos valores da sua própria vida) sem uma nova compreensão das relações inter-raciais. Hoje, relações internacionais significam, também, relações inter-raciais. Esta situação deve ter participado fortemente na oportunidade da luta anti-racista levada a efeito pelo Governo do Presidente Kennedy.

Ela marcará, provavelmente, como uma das páginas mais brilhantes da sua passagem pelo poder. A outra será o desarmamento, caso ele tenha tempo e possibilidade de chegar até lá.

Segundo depoimentos de observadores qualificados, a fase atual é de forte tensão nos Estados Unidos, em virtude da questão racial. Mas nada impedirá o incessante progresso da luta de libertação, de que os dois irmãos Kennedy se fizeram os mais salientes e gloriosos campeões contemporâneos. A batalha do atual Governo americano é uma etapa num longo processo histórico, cheio de sucesso e reveses.

Desde a fundação da grande República a tese da abolição dos escravos se colocou perante os patriarcas da Independência. Com efeito, ao lado da experiência política haurida na vida inglesa e nas obras de escritores britânicos, a geração de Filadélfia tinha também, diante dos olhos, as doutrinas liberais e humanitárias do enciclopedismo francês, entre as quais, naturalmente, sobressaía a libertação dos escravos, preconizada pela grande Revolução. As condições sociais e econômicas da Confederação Americana, composta de comunidades agrícolas, não permitiam, contudo, imitar a decisão da França, onde a situação era totalmente diversa. Daí a tese que prevaleceu nos Estados Unidos, segundo a qual a escravidão, sendo anterior à Independência, era um fato de Direito Natural, mais ou menos como o que Aristóteles distinguia na escravidão da antiga Atenas. Depois da fase chamada da democracia jacksoniana (do Presidente Jackson), no entanto, o desenvolvimento econômico do Norte e do Meio-Oeste, tendo por centros as cidades de Boston, Filadélfia e Nova York, foi tornando isolados e anacrônicos os centros agrícolas e aristocráticos do Sul. A eleição de Lincoln, um dos maiores homens do seu século, a proclamação da Abolição e a crise furiosa da Guerra de Secessão terminam a fase inaugural dessa grande luta.

Começa então uma outra, ainda em desenvolvimento. Não é mais a fase da luta pelas armas, mas da batalha pelo Direito. As forças armadas, quando nela intervêm, desempenham papel ancilar e secundário. Os instrumentos capitais desta nova luta são os poderes constitucionais da União, funcionando alternadamente, conforme as necessidades, através do Presidente, do Congresso e da Suprema Corte.

Quem inaugurou a segunda fase da luta de libertação do negro foi o Congresso, pouco depois da Guerra de Secessão. Naquele tempo, a Constituição quase não estabelecia limitações aos poderes de auto-organização dos Estados. Baseados nisto, vários estados do Sul, vencidos na guerra, começaram a adotar, depois dela, uma legislação interna que, praticamente, vinha apagar os resultados da abolição. Vejamos alguns exemplos ilustrativos. Por tais leis, aplicáveis aos territórios dos estados que as faziam, os negros libertos pela União não podiam viver nas cidades, a não ser na condição de criados de servir; não podiam ser donos de terras nos campos, só cultivando-as como empregados; não podiam depor em juízo contra brancos, mesmo em defesa própria; se não encontravam trabalho eram processados e condenados a multas; se não podiam pagar as multas tinham os serviços leiloados a quem mais desse; eram proibidos de estudar, e, por serem ignorantes, não tinham o direito de cidadania. Havia outros provimentos no mesmo gênero.

Em face deste restabelecimento disfarçado da escravidão, não restava ao Congresso Nacional senão reformar a Constituição Federal, impondo aos estados limitações ao seu poder de auto-organização. Foi a grande, a heróica tarefa que o Congresso americano enfrentou em 1865, e que nos faz muito pensar nas tarefas equivalentes, que o Congresso brasileiro está chamado a enfrentar quase um século mais tarde. As mesmas resistências que hoje os retrógrados brasileiros levantam, dentro e fora do Congresso, contra o progresso da justiça e da democracia em nosso País, eram então levantadas pela obstinada teimosia dos retrógrados americanos, contudo já vencidos na Guerra de Secessão. Isto é, uma lição de como as elites progressistas dos países devem se forrar de paciência e energia no cumprimento dos seus deveres históricos.

Apresentada em 1865, na Câmara dos Deputados, a famosa Décima Quarta Emenda Constitucional (a primeira que contém limitações aos poderes estaduais) foi aprovada, afinal, pelo Senado, depois de violentos debates, em junho de 1866. O primeiro parágrafo deste glorioso texto de lei constitucional dispunha, essencialmente, o seguinte: todas as pessoas nascidas ou naturalizadas nos Estados Unidos são cidadãos americanos; nenhum Estado pode adotar leis revogatórias dos privilégios e imunidades dos cidadãos americanos; nenhum Estado pode privar qualquer pessoa da vida, liberdade ou propriedade sem o devido processo legal; nenhum Estado pode negar a qualquer pessoa a igualdade perante a lei.

Este o grande texto, sobre o qual foram escritas verdadeiras bibliotecas e que os autores americanos costumam considerar um dos altos momentos do pensamento e da ação política em toda a História do mundo.

A partir da Décima Quarta Emenda vai começar uma nova fase na luta anti-racista dos Estados Unidos. É a fase da Suprema Corte.

Para os que eram favoráveis à emenda, ela devia ser interpretada extensivamente, no sentido de remover todas as diferenças legais entre os americanos de qualquer raça ou situação. Para os que à mesma se haviam oposto, deveria ela ser interpretada da forma mais limitativa que fosse possível. Nos primeiros casos submetidos ao seu julgamento, a Suprema Corte revelou uma tendência liberal de interpretação, isto é, no sentido de diminuir as discriminações praticadas, em certos estados, contra os negros. Mas, em 1896, no caso chamado "Plessy contra Ferguson", envolvendo uma questão de discriminação em meio de transporte, a Suprema Corte criou a doutrina reacionária, chamada de "separação com igualdade".

Esta doutrina, que foi sendo depois elaborada e construída cuidadosamente, baseava-se, como é sabido, na consideração de que o princípio de isonomia (igualdade perante a lei) não fica vulnerado se os poderes públicos oferecem oportunidades iguais, embora rigorosamente separadas, a grupos diferentes de cidadãos. Foi nesta fase que a discriminação, nos Estados Unidos, passou a funcionar verdadeiramente como segregação (separação). Teoricamente os negros tinham as mesmas oportunidades que os brancos, mas segregados. Separados nos transportes, nos hotéis e restaurantes, nos divertimentos e logradouros, como se fossem doentes contagiosos. Eu ainda conheci este triste costume, em certa viagem que fiz ao Sul dos Estados Unidos, há alguns anos. Lembro-me de que chegando de Nova York, de trem, a uma grande cidade do Sul, a primeira coisa que me chamou a atenção, na estação ferroviária, foi o letreiro indicando a sala de espera dos negros. Isto fazia uma impressão penosa sobre um espírito de brasileiro, formado em outro ambiente cultural mais terno e humano.

Foi exatamente quando eu me encontrava em Nova Orleans que a Suprema Corte dos Estados Unidos, pelo voto admirável do seu presidente, o ilustre Juiz Earl Warren, nomeado para a

Corte em 1953, pelo Presidente Eisenhower, iniciou a nova era do problema negro. Warren havia sido governador da Califórnia e se destacara por seus sentimentos anti-segregacionistas, inclusive confirmados em atos de sua administração. A questão que deu oportunidade à Corte de firmar a sua nova e grande doutrina foi de fundo educacional, e se exprimiu no chamado caso "Brown contra o Conselho de Educação".

No voto vencedor, com admirável coragem e extrema lucidez, o Juiz Warren enfrentou diretamente a questão negra, e os desvios que vinha sofrendo, no seu tratamento judicial, a Décima Quarta Emenda, através do subterfúgio da doutrina da igualdade separada. Depois de um histórico da questão, a Corte acentuou que era necessário reconhecer que a igualdade jurídica não se podia exprimir somente em termos de igualdade material, ainda mesmo quando esta existisse, o que, freqüentemente, não era o caso. Diz o voto: "As escolas para negros e brancos são equivalentes com respeito a edifícios, currículos, qualificações e salários de professores, bem como outros elementos tangíveis. Nossa decisão, no entanto, não pode girar sobre a mera comparação desses fatos tangíveis das referidas escolas de negros e brancos.

Devemos, em vez disso, encarar os efeitos da separação sobre a educação pública." E a decisão procede a uma notável análise destes destruidores efeitos, quer no campo da psicologia social, quer no da igualdade política, assegurada pela Constituição. Vem, então, o trecho capital, com a pergunta decisiva, seguida da sua simples mas também decisiva resposta: "Chegamos, assim, à questão apresentada: pode a segregação das crianças nas escolas públicas em função exclusiva de razões raciais, ainda quando as facilidades físicas e outros fatores tangíveis sejam iguais, privar o grupo minoritário de iguais oportunidades educativas? Nós acreditamos que sim." Estava dada a sentença, aplicada a Constituição, condenado o crime. Prudentemente a Corte não exigiu a aplicação imediata e indiscriminada da decisão. Previa uma fase de acomodação, para a qual traçou sábias e prudentes normas gerais. (V. a decisão em Dowling, *Cases on Constitutionol Law*, 6ª edição, 1959.)

De então para cá, a luta anti-racista se vem travando, sobretudo no campo educativo, especialmente o universitário. Lembro-me da formidável repercussão que a decisão da Suprema Corte provocou em Nova Orleans, onde, por sinal, existe magnífica universidade negra. No seu voto, aliás, Warren explica por que o campo da educação esteve tanto tempo alheio à luta em favor da integração. A Décima Quarta Emenda era pouco invocada, a princípio, em casos ligados ao ensino porque a população negra, depois da Guerra de Secessão, era praticamente toda analfabeta, não lhe interessando, pois, esse aspecto do problema. Mais tarde, porém, à medida em que, nos estados do Norte e depois nos do Sul, a instrução pública foi-se alargando e vulgarizando, a reivindicação chegou à raça negra. Hoje é especialmente no campo educativo que a batalha se trava.

Depois da histórica decisão do caso "Brown contra o Conselho de Educação" (maio de 1954) a luta deixou o terreno judiciário para se concentrar em providências de governo, isto é, do Executivo. O direito está traçado na emenda constitucional pelo Congresso e declarado pelo Judiciário. Cumpre, pois, ao Executivo aplicá-lo. É isto que vem sendo feito, com extraordinário vigor, pelo Presidente Kennedy, apoiado pelo seu irmão. Não devemos esquecer, aliás, que antes deles Eisenhower não hesitou em lançar mão da energia para cumprir o seu dever constitucional, no caso de Little Rock. Mas aquilo foi um episódio limitado. O democrata Kennedy resolveu travar a luta geral, numa frente verdadeiramente nacional, tanto de ação como de idéias. Aí o seu modelo mais ambicionado parece ser o republicano Lincoln.

A batalha, não tenhamos dúvida, está longe do fim. Os governadores racistas, os senadores e generais fascistas existem nos Estados Unidos e se parecem com certas réplicas nacionais, no seu louco desejo de instalar o imobilismo pelo terror. Ainda há pouco me diverti lendo as impressões africanas de um general nosso, que andou em viagem de pseudo-observação por certos pontos da África. Suas idéias sobre independência dos povos e colonialismo se parecem muito com as de um outro general reformado, este americano, chamado Walsh, cujas surpreendentes manifestações eu acompanhava pela imprensa e a televisão, em Nova York, quando ele se pôs à frente da horda amotinada contra a matrícula do estudante negro Meredith na Universidade do Mississippi. (Observemos, de passagem, que este estudante chegou, há dias ao fim do curso universitário). Mas essas resistências (sinceras ou interesseiras, pouco importa) não conseguirão deter, nos Estados Unidos nem no Brasil, a marcha para o futuro. Lá, o impedimento mais forte que a democracia encontra na sua evolução é, ainda, a desigualdade racial. Aqui é a desigualdade econômica, que gera um explosivo desnível social.

Lá, os poderes constitucionais, cada um a seu tempo, têm sabido cumprir o dever que lhes é inflexivelmente apontado pela História. Aqui isto nem sempre acontece e, muitas vezes, como agora, sentimos que o Congresso se omite, quando não deserta, acuado pelas forças organizadas do obscurantismo e da reação. E a etapa atual, no Brasil, é do Congresso. Não temos, no entanto, motivos para descrer. Também nos Estados Unidos a luta pelo progresso sofre recuos e pausas, às vezes longos. Nos momentos precisos surgem os homens, os condutores, os Lincolns, os Warrens, os Kennedys. No Brasil, dentro e fora do Congresso, eles deverão surgir, para que o país continue a sua marcha.

É com fervor e esperança que, como brasileiro que teve alguma atuação na luta anti-racial do seu próprio País, acompanho o desenvolvimento da ação do atual Governo americano em defesa da liberdade e da igualdade entre os homens. É o fascinante aspecto de uma incessante conquista.

5

VIAGEM À ARGÉLIA
(Notas de um diário)

Quando o nosso Caravelle decolou de Orly havia ainda sol, mas, neste outono avançado, é muito rapidamente que, como diz o verso de Raimundo Correia, "fecha-se a pálpebra do dia". A noite já havia caído quando sobrevoávamos a região de Marselha, a uma hora de Paris, e apenas um crescente maometano brilhava sobre o Mediterrâneo no momento em que iniciamos a travessia do velho mar homérico, rumo à costa africana. Cruzamos as Baleares passando sobre a Minorca, ilha esquecida onde mal se distinguem algumas pobres luzes, e deixando à direita a Maiorca, com a sua famosa estação de Palma, hoje um dos sítios preferidos pelos turistas ricos. Mais um pouco e divisávamos as luzes do aeroporto de Argel-a-Branca. O convite que eu recebera, por intermédio do embaixador e meu amigo Roberto Assunção, para proferir conferências na universidade local sobre aspectos modernos do Brasil foi completado com a missão que me deu espontaneamente o nosso Governo (só fui informado dela quando convocado pelo Ministro Araújo Castro) de levar a efeito entendimentos com o Presidente Ben Bella sobre assuntos de interesse comum dos dois países.

O prestígio do Brasil nesta parte do mundo é grande e terá levado o Presidente argelino a reservar-me o acolhimento especial que me dispensou. Recebeu-me (foi ele quem mo disse, como Chefe de Estado, hospedando-me no Palácio do Governo — Palais du Peuple —, antiga residência dos governadores franceses, construída em sofisticado e algo postiço estilo mourisco, sobre os restos de uma morada nobre dos tempos dos *deis* de Argel. De passagem lembrarei que o *dei* era a autoridade local superior, durante a ocupação otomana. Sobrepunha-se ao *bei*, autoridade local subordinada. Assim os *deis* de Argel, como representantes da Sublime Porta, tinham jurisdição sobre os *beis* de Túnis, imortalizados, entre nós, pela página satírica de Eça de Queirós.

O palácio atual é lindo e aprazível, cercado de grande parque com árvores antigas, abrindo vista sobre o mar. Seus pátios com colunas e repuxos, suas escadarias nobres cercadas de azulejos maravilhosos, seus salões de aparato misturam um conjunto impuro mas agradável à vista, a tradição árabe e o gosto francês. Burle Marx, que aqui se encontrava também, incumbido pela municipalidade de estudar o arranjo de um jardim público, apareceu uma manhã e ficou deslumbrado com as árvores e as flores do parque.

Pude conversar com as principais figuras do país, a começar pelo presidente, com quem me entretive durante hora e meia, em entrevista que me causou grande impressão. Aos 45 anos, Ben Bella é dos mais velhos de entre os governantes argelinos, entre os quais não é raro encontrar-se ministros e outras autoridades elevadas com menos de 30.

Esta extrema juventude dos dirigentes — fato que também se observa em Cuba pelas mesmas razões — decorre de duas causas: a ausência anterior de quadros, devida ao espírito discriminatório da administração derruída, e a origem revolucionária do poder, fundado na guerra revolucionária. Quando o poder é alcançado pela ação de um partido doutrinariamente estruturado, como foi o caso da Rússia com os bolcheviques, então os líderes são mais amadurecidos e idosos, como Lenin, que vinha de anos de preparação e luta dentro do partido. O mesmo se dá na China de Mao Tsé-tung. Mas, quando o processo de conquista é, desde logo, a guerra revolucionária, então os líderes civis são os mesmos jovens combatentes militares, como na Argélia ou em Cuba.

A extrema juventude da geração dirigente é uma situação que encerra vantagens e inconvenientes, não só inegáveis como inevitáveis.

As vantagens provêm das virtudes naturais de uma mocidade forjada na luta comum: fraternidade, vigor, entusiasmo, audácia, confiança. Não se arrisca muito a hesitar quem desconhece a opção; quem não concebe a hipótese de haver acerto e erro dos dois lados. No fundo o ceticismo dos velhos não é descrença, mas sim uma forma de certeza: a certeza da relatividade de tudo.

A primeira impressão que me causa o contacto com os governantes argelinos, em todos os setores, desde o Presidente e os Ministros, até os prefeitos de departamento (ficou mantida a organização administrativa francesa), os dirigentes partidários (que aqui, como em todas as democracias de partido único, tem grande importância), funcionários, professores e estudantes, é o senso de responsabilidade, o fraternal espírito de equipe e a confiança quase religiosa com que unanimemente encaram a difícil tarefa de construção nacional.

A França, desde a conquista ao fim da Restauração dos Bourbons e através das fases sucessivas da ocupação (Monarquia de Julho, Segunda República, Segundo Império, Terceira e Quarta Repúblicas), empreendeu na Argélia uma obra imensa, visível no adiantamento da agricultura, nas cidades esplêndidas, nas estradas, nos edifícios públicos e escolares, na organização administrativa e, enfim, na penetração cultural, de que é exemplo a utilização generalizada desta maravilhosa língua francesa, falada por toda parte e, freqüentemente, entre os próprios argelinos árabes. Mas o espírito que dominou a presença francesa, durante 130 anos, foi o da superposição colonial e nunca o da integração transacional. A diferença entre a dominação francesa na Argélia e a portuguesa no Brasil é completa e explica a desigualdade de situações entre os dois países, o africano e o americano, no decurso dos respectivos processos de Independência e depois deles.

No caso brasileiro a tenuidade da civilização indígena autóctone e a sujeição dos africanos transplantados fizeram com que, no amálgama de influências, predominasse largamente, como diretora e orientadora, a luso-européia. As modificações sofridas pelo caráter europeu da nossa formação se deram na medida em que a coexistência das três raças, sem propriamente eliminar a predominância européia, enriqueceu-a de novos elementos, enrijeceu-a e flexibilizou-a, acomodando-a às condições e tornando mais seguro o seu êxito final.

Porém, ao mesmo tempo em que isto se dava, os colonizadores do Brasil se integravam mais íntima e amplamente no complexo meio étnico e geográfico, plasmando, aos poucos, esta milagrosa civilização mestiça, em todos os sentidos, que é a nossa, na qual, contudo, se alteiam e mantêm, dominadores e inquebrantáveis, os elementos cristãos e europeus, tanto no terreno político quanto no religioso, cultural e social.

Na Argélia a evolução foi diferente. A multissecular civilização árabe, se não conseguiu se impor pelas armas na Europa ibérica, devido à sua incapacidade de autêntica inter-relação, foi, por isto mesmo, capaz de resistir irredutivelmente à aceitação, na África muçulmana, de certos valores ocidentais superficialmente impostos pela dominação francesa. Pode-se adaptar, a respeito disso, a frase da Capistrano de Abreu sobre a conquista holandesa no Brasil: a ocupação estrangeira foi sempre um fato, mas nunca chegou a ser um fato consumado. Aliás, a tradição orgulhosa dos berberes e dos cabilas, desde os tempos romanos, é a resistência obstinada a qualquer predomínio estrangeiro neste velho campo de lutas que é a Argélia.

A religião muçulmana é a cortina de ferro que impede e ainda impedirá por muito tempo uma verdadeira fusão cultural com o mundo transmediterrâneo, fusão sem a qual um caso como o da evolução brasileira se torna historicamente impossível. Prova convincente do que acabo de escrever se encontra na repugnância de todos os Estados de formação muçulmana (inclusive os da Ásia) em se integrar realmente no bloco soviético. O socialismo afro-muçulmano, tanto o do Egito quanto o da Argélia, é anticomunista, considerado o comunismo como um sistema coordenado de pensamento europeu, fundado filosoficamente nos princípios anti-religiosos do materialismo histórico. A resistência árabe à ortodoxia marxista vem menos de posições sociais antagônicas que de convicções incompatíveis no que toca ao problema religioso, com todas as conseqüências daí decorrentes para a vida das massas muçulmanas.

A generalização, nesse terreno, é sempre aventurosa, mas, prosseguindo no raciocínio, fica-se tentado a concluí-lo com sua aplicação ao caso chinês. A aceitação dos princípios filosóficos marxistas pelas elites intelectuais e políticas chinesas (princípios de que Mao Tsé-tung e seus amigos se dizem hoje os mais puros representantes) provirá, talvez, de que a doutrina de Confúcio é uma filosofia e não uma fé. Não se tratou, na China, de trocar uma religião por uma filosofia, como seria o caso da Argélia, mas de substituir uma filosofia da vida por outra. Na Argélia, uma fé monoteísta enraizada e global como a maometana será sempre impenetrável a um imperialismo estrangeiro, ainda que oficialmente leigo, como o da Terceira República, mas moldado, de fato, ética e socialmente, na tradição cristã.

Parece-me que foi em grande parte por isto que a ingente construção francesa na Argélia nunca deixou de ser frágil. Erguia-se em belas linhas, mas era justaposta ao terreno e não penetrava profundamente nele. Esta falta de assimilação obedecia, sem dúvida, também, às conhecidas causas da exploração colonial, que força uma espécie de desenvolvimento adjetivo da Colônia, em benefício da Metrópole, mas que impede sempre o seu desenvolvimento substantivo. Porém ela provinha, talvez em primeiro lugar, da impossibilidade de integração cultural, devido à diferença de religiões. Inútil seria a conquista deste instrumento de comunicação intelectual, que é a língua francesa, porque a integração entre os povos se faz por meio de laços mais profundos do que os que a razão pode estabelecer através do intercâmbio lingüístico, e esses laços profundos eram impossíveis com a oposição religiosa que implicava concepções e práticas diferentes para todos os atos da vida.

Jurisdições judiciais paralelas, legislações distintas em certos casos, colégios eleitorais diferentes, ensino só na aparência integrado, mas de fato também separado, tudo isto (que era, reconheçamos, muito difícil de se evitar) levou o milhão de franceses da Argélia, apesar da sua influência na vida do país, a ser uma casta inassimilável, o que acentuava os aspectos injustos do seu predomínio. Visitando a Universidade, onde tive excelente impressão do nível de ensino e da qualidade intelectual dos meus colegas professores (todos franceses ainda hoje), chamou-me logo a atenção o espírito com que eram professadas as diversas disciplinas. Faltava o impulso nacional no ensino dado em tão elevado nível intelectual. Parece inevitável, agora, o esforço argelino pela progressiva nacionalização da cultura, e creio que os mestres franceses serão os primeiros a reconhecer isto, auxiliando a formação dos futuros quadros docentes. Ainda aqui o exemplo brasileiro é instrutivo. No século XVIII a Escola Mineira deu um grande passo na formação de uma consciência cultural brasileira, sendo que outros ensaios, como o de Gregório de Matos ou Gabriel Soares, lhe são anteriores. E, logo após a Independência, foi com prata da casa que fundamos as faculdades de Olinda e de São Paulo. Prata da casa cinzelada na Europa, coisa que os portugueses facilitaram entre nós e os franceses impediram na Argélia.

Na Argélia são os dirigentes políticos e não os intelectuais que se formaram no exterior, por motivos óbvios. Isto deu em resultado que os melhores elementos dos quadros dirigentes têm relativamente pouco contacto com o ambiente nacional, nos seus vários aspectos. E isto é explicável. A guerra de emancipação da Argélia foi preparada e dirigida do exterior. O seu grande instrumento (o atual partido único PLN) não passou, durante muito tempo, de uma associação secreta e terrorista, com sede principal em França e núcleos ramificados em vários países do mundo. Os líderes iam-se afirmando, forjados na luta, desde os mais velhos, como Ben Bella, que ainda não tem 50 anos, até os mais jovens, como ministros e outras autoridades de menos de 30. Mas estes jovens estadistas, diplomatas e generais argelinos, improvisados na luta, tiveram muitas vezes a sua formação fora do país, de onde resulta aquela situação aparentemente paradoxal a que me referi. Conscientes da sua tarefa, apaixonados pela sua pátria e o seu povo, cheios de fé no futuro, politicamente amadurecidos, nota-se-lhes no entanto uma certa falta de intimidade com os problemas a cuja solução dedicaram a vida. Alguns falam melhor o francês que o árabe. Quase nenhum sabia responder às minhas perguntas sobre a história e a cultura nacionais, nos seus vários aspectos. Aliás, eles manifestam sempre esta falta de informação com encantadora simplicidade. "Nós tivemos de aprender sobre nós mesmos", disse-me um jovem ministro, dos mais inteligentes do grupo governante.

O que eles têm na ponta da língua são os dados factuais de hoje: estatísticas, planos, possibilidades, cifras. Os jovens dirigentes argelinos reconstroem o presente e projetam o futuro. O problema que aqui se coloca é o de todos os movimentos políticos modernos, fundados na fé nacionalista. Trata-se de saber se os métodos heterodoxos, empregados para a vitória na guerra revolucionária, são adaptáveis aos desígnios da reconstrução nacional e capazes, por si sós, de resolver os problemas que ela coloca. Minha impressão é que a ação dos estadistas deve ser, neste ponto, extremamente prudente e desprendida de preconceitos. Sem dúvida os países considerados atrasados têm mostrado uma surpreendente capacidade de inovar soluções. A própria Argélia é um brilhante exemplo disto, pois na verdade enfrentou, com êxito, servindo-se de combatentes mal armados e sem tradição militar, o mais poderoso exército convencional do mundo, o francês, o qual chegou a contar, no país ocupado, quatrocentos mil homens bem armados e com os melhores quadros de oficiais.

Sem dúvida, também, muitos métodos preconizados pelos adiantados para resolver os problemas dos atrasados são inaplicáveis a estes, e traduzem, algumas vezes, simples processos de dominação disfarçada. Mas estes fatos indiscutíveis devem ser distinguidos, pelos governantes avisados, da necessidade de aplicação da técnica, da ciência e da experiência internacionais naqueles assuntos em que elas são insubstituíveis. Esta acomodação dos princípios gerais do nacionalismo às conveniências particulares do progresso nacional (que hoje não pode ser obtido, em nenhum país, sem o intercâmbio com outros países) é a grande questão dos povos em vias de desenvolvimento, como o Brasil ou a Argélia. E na Argélia a questão se coloca com especial acuidade neste momento, porque lá, por motivos peculiares, a desconfiança dos dirigentes nas grandes potências é grande, e a confiança dos nacionais neles mesmos é talvez maior. Creio que uma acomodação destes dois fatores seria muito necessária. De resto, em forma bem atenuada, esta é a mesma situação no Brasil. Há entre nós um nacionalismo negativo, como há uma esquerda negativa. As duas posições exageradas são devidas às mesmas razões de primarismo, sectarismo e demagogia. Somente um grande descortino e uma grande autoridade moral, por parte dos governantes, poderão estabelecer o equilíbrio entre o nacionalismo, como base, e a cooperação internacional como processo.

Aliás, este desajustamento da geração revolucionária, formada no estrangeiro com a realidade nacional, depois da vitória da revolução, não é peculiar ao caso argelino. Ocorre, logicamente, em todas as guerras revolucionárias, dirigidas desde o exterior.

Na Argentina temos um exemplo conspícuo disto, na geração de Alberdi e Sarmiento e na longa luta contra Rosas. Os autores das *Bases* e de *Facundo,* que, com o *Martín Fierro* de Hernández compõem o tríptico mais argentino possível, deviam ter feito muito esforço para se readaptarem à vida platina.

A geração bolchevista de Lenin é outro exemplo, sem dúvida o maior. Profundamente russo, Lenin estava desabituado da Rússia. Muitos dos erros e desastres ocorridos na fase de vagarosa confirmação do poder soviético (fatos que nunca serão historicamente bem apurados) são devidos, talvez, ao desajustamento daquela geração formada no estrangeiro.

É curioso que o nacionalismo radical possa ser o fruto dessas formações internacionais. É curioso, mas inegável. O estudo deste e outros aspectos da política dos países em desenvolvimento deve ser feito sistematicamente a fim de que respostas adequadas possam ser dadas a tantas e tão angustiantes questões. Enquanto não se fixarem critérios estáveis e válidos que permitam o equilíbrio entre o nacionalismo, que assegura a existência, e a cooperação internacional, que permite o progresso, as crises internas e as fricções internacionais em países como a Argélia (e em certa medida também o Brasil) continuarão entravando a marcha para o futuro.

6

RACISMO E NACIONALISMO

A primeira vez que ouvi falar em sionismo foi em conversa com o romancista francês Jean Cassou, a quem encontrei na bela casa do escritor suíço Robert de Traz, nos arredores de Genebra. Eu chegava, então, aos vinte anos e o meu interlocutor devia beirar os trinta. Explicando melhor o que dissera, e surpreso, talvez, com a minha pergunta, Cassou precisou que o sionismo era o movimento de união política e cultural dos judeus dispersos pelo mundo. Ajuntou que o assunto lhe interessava bastante e que tencionava escrever a respeito. Para um jovem francês daquele tempo, a ignorância total de um rapaz, quase no fim dos estudos universitários, sobre o problema judeu devia ser tão surpreendente como a existência deste problema para um estudante brasileiro não-semita.

É inegável que, no Brasil, existia já então um problema judeu, como também um problema negro. Mas ambos tão atenuados pela milagrosa capacidade de coexistência do nosso povo mestiço, que, a bem dizer, podia passar despercebido a um rapaz de vinte anos, principalmente a um — como era eu então — mais mergulhado nos livros do que na vida.

Foi por pura imitação ideológica que a questão judia entrou depois nas cogitações da minha geração. Os escritores europeus anti-semitas, de entre as duas Guerras Mundiais, vieram oferecer alimento teórico aos plumitivos da direita brasileira, sobretudo aos simpatizantes do integralismo. Esta influência cerebrina e postiça chegou a ponto de levar um pesquisador esforçado e honesto como Gustavo Barroso a escrever um livro como a *História Secreta do Brasil*, exemplo de como do enlace de alguns fatos verdadeiros pode-se compor uma vasta urdidura historicamente falsa.

No caprichoso roteiro que tem sido a minha já longa formação, eu próprio, que então torcia um pouco para a direita o leme do meu barco, não deixei de sofrer o impacto das idéias em moda. O meu livro *Preparação ao Nacionalismo*, escrito faz trinta anos, se ressente bastante disso. O curioso (e, se me permitem a confidência, algum tanto constrangedora) é que, vez por outra, ainda me acontece encontrar algum leitor benévolo daquelas páginas esquecidas, salientando conceitos de que não encontro o mais tênue eco dentro de mim.

Passada a onda artificial do anti-semitismo direitista (onda afinal limitada ao meio literário e talvez subliterário), creio que dele nada restou de significativo no Brasil, onde o preconceito existente se confina a algumas vagas senhoras sobreviventes dos salões imperiais ou a freqüentadores de boates, em mal de perspicácia e eloqüência.

Não creio, mesmo, que no seio das comunidades brasileiras de origem árabe seja presente o sentimento antijudeu. Talvez nas camadas mais altas dessas comunidades, nos seus meios financeiros elevados, tal se dê. Mas não, seguramente, na massa das colônias sírio-libanesa e israelita, porque, se tal ocorresse, os incidentes resultantes não deixariam de vir a público.

Precisamente por não participar dela é que a opinião brasileira parece desprevenida diante do agravamento da questão racial em todo o mundo. A idéia de nação confunde-se hoje, cada vez mais, com a de raça, e o mito racial adquire uma importância cada vez maior em certos aspectos da ideologia nacionalista. A este propósito convém não esquecer que o nacionalismo é uma força política moderna, que não corresponde à noção de nacionalidade que tanta influência teve no pensamento político do século passado.

A tese do Estado fundado no princípio das nacionalidades sucedeu, como é sabido, à Revolução Francesa e coincidiu com a fase do liberalismo econômico e do romantismo literário. No fundo, o princípio era de muito difícil aplicação em um continente de geografia histórica tão caprichosa e confusa como a Europa, mas valeu para a libertação e unificação da Itália e da Alemanha, sem falar nos monumentos literários e jurídicos imperecíveis, que nos legou. Aplicado sempre incompletamente, quando não contraditoriamente, o princípio das nacionalidades determinou afinal, no crime de Sarajevo, a eclosão da Primeira Guerra Mundial, que, como sempre acontece, adquiriu logo uma extensão muito maior do que a causa que lhe dera origem, e no espaço entre as duas guerras é que o nazismo descobriu a importância do mito racial como base e força propulsora da idéia de nação. Como todos os mitos políticos, o nacionalismo racista não se fundava em qualquer realidade científica, nem, a rigor, verdadeiramente sociológica. O nacionalismo racista (ou racismo nacionalista, como quiserem) era, como todo mito político, um ponto de convergência de paixões capazes de coordenar e deflagrar a ação violenta de grupos sociais organizados. A história do mundo sempre conheceu situações desse tipo.

O fato inconteste, porém, e até certo ponto surpreendente, é que, passada a Segunda Guerra Mundial e esmagado o criminoso racismo nazista, surge de novo o mito racial como elemento coadjuvante no processo de afirmação nacional dos povos recém-nascidos para a liberdade política.

O Secretário Geral da ONU, U Thant, em oportunas declarações, advertiu sobre o grave perigo que representa o recrudescimento do racismo mundial. U Thant é autoridade particularmente bem qualificada para depor a respeito, em virtude do amplo campo de observação que lhe faculta a alta função que exerce.

Em todos os pontos sensíveis do planeta, em todas as suas áreas de fricção, as crises de afirmação nacional se misturam, até certo ponto, com lutas de supremacia racial. Nas questões internas (árabes e cabilas na Argélia; turcos e gregos em Chipre; árabes e outras raças em Zanzibar; brancos e negros na África do Sul, na Rodésia, em Tanganica), bem como nas divergências internacionais, cujo exemplo mais forte se situa na crise latente de Israel com os países da comunidade arábica, o conflito de raças está presente, às vezes como elemento predominante. E mesmo, como lembram certos observadores credenciados, não se pode excluir, sem maior exame, uma possível influência do fator racial nas raízes do conflito ideológico que separa o marxismo russo do chinês. Recentemente eu ouvi, em Paris, de pessoa informada e responsável, que o Presidente De Gaulle considerava importante o fator racial como elemento, senão de integração, pelo menos de aproximação da Rússia com a Comunidade Européia.

O antigo princípio das nacionalidades, vindo do século XIX, que se pretendia integrativo de Estados e colaborador do equilíbrio internacional, transformou-se desta maneira, desde que colorido pelo racismo, em princípio de desagregação de certos Estados e de subversão da ordem internacional.

Outro dado que merece exame neste processo de desvirtuamento, senão de degenerescência, do velho princípio das nacionalidades, é a significação que foi tomando, nos nossos dias, o fenômeno do nacionalismo.

O nacionalismo moderno pode ou não se fundar na questão racial. Nas antigas colônias africanas, onde a exploração colonial se manifestava, além do campo econômico, também pela discriminação racial, nacionalismo e racismo aparecem como círculos concêntricos, embora o primeiro de raio maior que o segundo.

Já em outros países em vias de desenvolvimento, como o Brasil, o fenômeno nacionalista não aparece interligado com o racista. No nosso caso esta situação se explica pela complexidade da nossa formação étnica, onde a divisão das raças não existe de forma nítida, e também pela nossa tradição de pacífica coexistência racial. Porém o mesmo não se pode dizer de outros países na América Latina, nos quais o nacionalismo se ajusta claramente às reivindicações de libertação social das raças indígenas pré-hispânicas.

A diferença principal entre nacionalismo e princípio de nacionalidade é que este, na sua tradição, representava uma força de aglutinação de determinado povo, tendo em vista a formação de um Estado independente, ao passo que aquele, muito ao contrário, representa um elemento de divisão horizontal de um povo determinado, no sentido da radicalização de reivindicações econômicas e sociais. Este fato, que entra pelos olhos, é que explica a presença do Partido Comunista na vanguarda de todos os nacionalismos atuais. A pretensa contradição, ou a proclamada hipocrisia dos comunistas, notoriamente adeptos de uma teoria revolucionária internacional, ao se apresentarem como vanguardeiros do nacionalismo, na verdade não existe. Pois o nacionalismo revolucionário coincide mais ou menos com o que antigamente se chamava luta de classes, e, conseqüentemente, pode o nacionalismo ser transformado num mito político capaz de levar grupos sociais organizados à violência, tal como o mito racista ou o mito da luta de classes.

Não há dúvida de que, para os Estados Unidos, a súbita manifestação dessa espécie de furunculose no corpo do mundo, que é o racismo, foi um acontecimento alvissareiro. Até pouco, a grande República figurava solitária no pelourinho da opinião mundial como detentora única da chaga racista. Hoje, já os delegados do seu governo nas reuniões internacionais adotam a posição inteligente de reconhecerem a existência do problema interno ao mesmo tempo em que reclamam autoridade para denunciá-lo em outros países e continentes.

Seria irrisório negar a importância do problema racial no encaminhamento das soluções para as crises internacionais. Ele é um mal presente, tal como a corrida armamentista e o conflito ideológico. Longa será — longa e dura — a luta da nossa geração para atenuar os funestos efeitos que tais males causam à humanidade.

O fato de sermos, até certo ponto, imunes à questão racial não implica que o Brasil se desinteresse dos passos que devem ser dados para sua atenuação. Dizer o contrário seria o mesmo que pretender que, pelo fato de sermos uma potência desarmada, não nos interesse a questão do desarmamento.

O prestígio de que o Brasil desfruta nas regiões mais atingidas pelas paixões raciais, em virtude da fama que conquistou o nosso povo de ser alheio a elas, só pode ser avaliado por quem percorre tais regiões com ânimo de observar.

Pessoalmente pude observar o que digo na recente viagem que fiz à Argélia e a Israel. Dos dois lados do que poderíamos chamar cortina racial, verifiquei o ambiente de confiança com que se apreciava o que era chamado o exemplo brasileiro. O fato de ser de minha autoria o projeto de lei anti-racista brasileira, fato conhecido por muitos interlocutores, tornava ainda mais interessantes as informações que eu podia colher. Na apresentação que precedeu às aulas que dei na Universidade argelina, foi enfatizado especialmente o espírito de coexistência racial do brasileiro, e, em Israel, antes da conferência que pronunciei sobre a política externa do Brasil, foi exibida a lei anti-racista brasileira em edição das Nações Unidas, publicação cuja existência eu próprio ignorava.

Acredito, por ter observado estas coisas, que nenhum país tem as condições do Brasil, hoje, para se tornar centro dos debates e negociações em prol da erradicação do racismo como fator da perturbação da paz e da segurança internacionais. Refiro-me a uma conferência internacional com estes propósitos.

Nossa ação nesse sentido teria importância interna e internacional. Internamente, no exame das relações entre racismo e nacionalismo, poderíamos caracterizar bem o nacionalismo brasileiro dentro dos quadros orientadores da nossa política externa independente. Esta caracterização teria sobretudo o efeito benéfico de acentuar o caráter predominantemente e majoritariamente democrático do nosso nacionalismo, com exclusão das forças extremistas que dele queiram fazer uma bandeira de luta. A revelação do caráter democrático do nacionalismo brasileiro exige o trabalho pela inclusão, nele, de todas as forças sociais, e, portanto, exige a condenação da radicalização que divide horizontalmente a nação. Esta posição anti-radical (o radicalismo é antinação), que já foi por mim definida em artigos aqui publicados no ano passado, é que explica a minha atitude política e condicionará a minha posição, que sei modesta, no futuro próximo. Para mim o radicalismo é a desagregação do espírito nacional. O futuro dirá quem tem razão.

Internacionalmente a jornada anti-racista encontrará o Brasil na liderança que lhe cabe dentro do assunto. Na verdade, se o Brasil tem uma contribuição concreta a oferecer, no momento, no campo das relações internacionais e da solidariedade humana, ela será no problema racial. Sem dúvida as nossas tradições gerais de pacifismo e apego às soluções jurídicas dos conflitos internacionais são autênticas e valiosas. Mas, como não pode deixar de ser, elas se cifram em manifestações de princípio. Enquanto isso, na questão racial, as nossas tradições parecem mais concretas, ou, pelo menos, oferecem ao mundo uma visão menos teórica da nossa condição de povo pacifista.

A jornada anti-racista, na qual o Brasil tem tão genuíno e sincero papel a representar, pode servir também, aos olhos do mundo, como uma espécie de mensagem definidora e reveladora de certas atitudes dos países subdesenvolvidos. Se os círculos dirigentes e intelectuais mais elevados dos países ocidentais compreendem, no seu verdadeiro sentido, a significação do nacionalismo democrático, os grupos menos informados destes mesmos países tendem a considerar quaisquer manifestações daquele tipo como esquerdismo, jacobinismo ou subversão.

Sem dúvida, uma grande conferência anti-racista, em que tivesse lugar uma definição democrática do nacionalismo dos países em desenvolvimento, as noções básicas, muitas vezes turvadas, ficariam esclarecidas.

Foi pensando nisto e em coisas conexas, que tomei a decisão de me dirigir ao Secretário Geral U Thant, solicitando sua atenção para a possibilidade de se reunir em Brasília, em época apropriada, e depois de adequada preparação, uma conferência mundial contra a discriminação racial, sob os auspícios das Nações Unidas, a exemplo daquela outra que se reuniu em Genebra, no começo de 1962, sobre a aplicação da técnica e da ciência ao desenvolvimento dos povos atrasados.

Penso que, a ser levada a efeito a reunião a que aludo, seu caráter marcante deve ser político, e não científico. Com efeito, o problema racial é quase exclusivamente político, e os antropólogos sociais, os etnógrafos, os economistas são os primeiros a dizer que só por via política é que o racismo pode funcionar historicamente.

Deveríamos nos conformar, por outro lado, com o fato de que uma reunião mundial anti-racista, de caráter político e diplomático, teria como resultado muito mais a colocação do problema do que a sua solução. Aliás, as conseqüências dessa simples colocação seriam as mais profundas. Na etapa atual da questão, não seria possível que as soluções, todas elas decorrentes de legislação e comportamento governativo internos nos diferentes países, pudessem vencer as resistências, cuja força dominadora é precisamente reconhecida pela necessidade da Conferência. Porém o papel mais importante das Nações Unidas é este mesmo, de colocar os problemas difíceis e as situações ameaçadoras da vida mundial em debate franco e aberto perante o mundo, servindo, assim, como uma espécie de fórum universal, no qual as forças retrógradas internas não mais podem apelar para o velho pretexto das prerrogativas da soberania, ou dos famosos e misteriosos "interesses exclusivos" nacionais, tantas vezes referidos nos tratados e discussões diplomáticas do século passado e que, pela sua vaguidão e elasticidade, tão freqüentemente comprometiam a paz internacional e os direitos humanos, fins verdadeiros do Direito Internacional.

A colocação do problema em termos de uma tomada de posição mundial teria, repetimos, influência consideravelmente benéfica na prevenção de conflitos internacionais, do tipo do árabe-israelense, e na correção de situações nacionais, como as que se verificam nos Estados Unidos ou, em piores condições, na África do Sul.

Não posso prever qual será a reação do Secretário Geral das Nações Unidas à sugestão que, em caráter pessoal, lhe enderecei tendo em vista as suas notáveis declarações a respeito da matéria. Se eles fossem favoráveis, seria o caso de, já então, o Governo brasileiro, e não mais um simples particular, prosseguir no encaminhamento do assunto, dentro das Nações Unidas.

7

POLÍTICA EXTERNA

I

Ao saudar a mais recente turma de diplomandos do Instituto Rio Branco, o Presidente da República formulou conceitos, interpretou posições e traçou rumos relativamente à política externa do país. Não foi uma fala convencional nem evasiva, mas, ao contrário, refletida e substanciosa, que denotou, no seu autor, segurança de informação e hábito de estudo e de meditação sobre a matéria. Coisa, aliás, presumida por quem conhece os estudos da Escola Superior de Guerra. A firmeza de certos princípios orientadores aparece ali matizada pela noção da relatividade conjuntural das suas aplicações, o que é, exatamente, a característica de qualquer ação política, tanto no plano interno (a conhecida definição da política como *arte do possível*) quanto, e muito especialmente, no plano internacional, porque, se internamente o Estado soberano faz política por via de decisão, externamente o encontro de outras soberanias o leva a só poder agir politicamente por via da composição. É claro que a vida internacional conhece também, e até demais, o espetáculo da imposição, mas aí a ação impositiva de um Estado sobre outro deixa de ser fundada no Direito e elimina, pelo menos no episódio em causa, a soberania do Estado que se deixa impor. Voltando ao discurso presidencial eu diria que, tanto quanto me recorde, é a primeira vez que um chefe de Estado, no Brasil, se manifesta com força e clareza sobre alguns aspectos básicos da política externa, desde o artigo escrito pelo ex-Presidente Jânio Quadros para a revista americana *Foreign Affairs*.

É, portanto, com prazer, que atendo ao convite da direção do *Jornal do Brasil* de comentar os pontos principais do discurso presidencial.

Esta oportunidade, aliás, vem ao encontro de uma intenção que eu desde algum tempo abrigava, mas que adiava sempre para um momento que me parecesse mais adequado: a de trazer um testemunho que, ao mesmo tempo, desfizesse as falsidades e os equívocos acumulados, por ignorância ou má-fé, a respeito da política externa brasileira, a partir do Governo Jânio Quadros. A este propósito cumpre reconhecer que nada há de mais fácil — quase se poderia dizer de mais natural — do que incorrer em julgamentos equivocados sobre determinada linha de política externa, desde que correntes interessadas se disponham a levantar falsidades sobre ela. A razão disto é que, atualmente, a política internacional passou a interessar a todo mundo, devido à aproximação forçada que a técnica moderna impõe aos mais distantes Estados e ao fato de que os conflitos da era nuclear ameaçam por igual a todos os povos, o que torna as multidões sensíveis às mais longínquas possibilidades de guerra. Sem esquecer, finalmente, que divisões ideológicas, radicalizando imensas massas humanas, trouxeram novo contingente à carga emotiva hoje inseparável da observação da vida internacional. Mas se, pelas razões apontadas, o interesse direto de todos os habitantes do globo leva-os a acompanhar o desenvolvimento da política mundial, também a verdade sobre os fatos, as intenções e o curso dos entendimentos da vida diplomática ficam muito acima do alcance da opinião média, não só pela natural reserva que os cerca, como pela sua habitual complexidade. Instala-se, em virtude desses fatores antagônicos, uma contradição cujos resultados são freqüentemente graves: a opinião pública se apaixona por assuntos que desconhece, e torna-se presa fácil de interpretações errôneas sobre a ação dos governos, interpretações forjadas sobre falsidades partidas de setores nacionais ou estrangeiros, contrariados nos seus interesses. Fatos inverídicos, intenções deturpadas, condutas desfiguradas, ideologias conflitantes conscientemente articulam-se e compõem-se na formação de uma imagem totalmente infiel da realidade. Às vezes — a História o demonstra — constroem uma realidade diferente. Sentimento de insegurança das elites, paixão jacobina das massas, conforme o caso, são sabiamente despertados e levados à exaltação por um mecanismo de propaganda a serviço de interesses ocultos, sob a capa de pressões *democráticas* ou *nacionalistas*, umas e outras tentando impor linhas de ação externa não coincidentes com os interesses nacionais. Só quem já viveu o problema sabe até que ponto estes métodos (aliás copiosamente estudados e conhecidos pelos especialistas) podem ser eficazes. Foi exatamente por ter vivido o problema que nunca dei importância às deturpações voluntárias, feitas em torno da chamada *política externa indepen-*

dente. Recusei-me até agora, depois da revolução, a qualquer explicação sobre suas diretrizes e métodos, por duas razões: primeiro porque não encontrava nenhuma autoridade nos que a atacavam e conhecia as razões, muitas vezes pessoais, dos ataques; segundo porque, mais recentemente, servindo o assunto de ameaças contra o meu mandato (embora partidas de elementos secundários e, até, desclassificados), um sentimento elementar de dignidade me impedia de dar explicações que poderiam parecer justificativas feitas sob coação.

Agora, porém, a situação é diversa. Em primeiro lugar não se trata de ataque a uma orientação que (sem nunca esquecer a relatividade conjuntural) é a única que atende à soberania do Brasil e serve aos interesses do seu povo, mas, ao contrário, na exposição do Presidente, patenteia-se uma concepção da política externa que em nada de substancial se afasta da que tentamos praticar.

Iniciando a parte substancial do seu discurso afirma o Presidente: "A formulação de nossa política externa, norteada pelos objetivos nacionais, busca também o robustecimento do poder nacional e, em particular, o dos instrumentos que nos permitam alcançar o pleno desenvolvimento econômico e social. Além desses objetivos visamos a outro que os condiciona: a existência da paz mundial. A consistência entre todos os objetivos nacionais só pode ocorrer se houver autodeterminação... A sua legitimidade se origina nos pronunciamentos eleitorais do povo e no voto dos seus representantes." Estas idéias básicas, às vezes com palavras semelhantes, senão as mesmas, constituíam o cerne da orientação do Itamarati, no entanto tão criticada por motivos de ordem partidária ou pessoal. Política externa visando à afirmação e ao desenvolvimento do país, paz (com ênfase no desarmamento) e autodeterminação democrática, era também o que sempre propugnamos. Aos afoitos, ou incientes, que, quisessem objetar agora com a questão de Cuba, poderemos dar cabal explicação. Vou fazê-lo, pela primeira vez, porque agora não me curvo às ameaças de ninguém. Como toda a América (inclusive os Estados Unidos), o Brasil considerou a revolução cubana como uma das grandes páginas da História continental. Foi um movimento lidimamente popular, sem o habitual caráter militarista das revoluções dos outros países latinos, e, ao mesmo tempo, nacional, porque visava libertar a ilha da incontestável dominação política e econômica dos Estados Unidos, vinda desde a guerra da independência, em fins do século passado. Por motivos que não compete investigar aqui, mas nos quais aparecem culpas dos dois lados, Cuba começou a se desprender dos laços continentais para deixar-se enlear por outros; a princípio políticos; mais tarde claramente ideológicos, com o mundo comunista. Os primeiros sintomas desta evolução já eram sensíveis em 1960, quando, em companhia do então candidato Jânio Quadros, estivemos em Havana, sendo ali embaixador o atual Chanceler Leitão da Cunha. Depois de um jantar oferecido pelo Presidente Osvaldo Dorticós, em reunião reservada na qual, do lado cubano, estavam o presidente e o Chanceler Roa, e, do lado brasileiro, Jânio, Leitão da Cunha e eu, fui incumbido de responder ao Presidente sobre a sugestão de que o Brasil, no primeiro ano do Governo Quadros, apoiasse uma reunião de governos neutralistas em Cuba, compreendendo todos os Estados afro-asiáticos. Declarei, então, que o Brasil não concordaria com tal reunião, porque a liderança e até a personalidade de qualquer país latino-americano se veriam submergidas em uma conferência na qual o nosso Continente seria minoritário, em face dos numerosos estados da Ásia e da África, cujo recentíssimo processo de independência muito divergia do nosso, e havia determinado a adoção de uma filosofia política diferente. Lembro-me bem de que Dorticós declarou reconhecer a procedência da objeção, e também me recordo com nitidez de que, ao sairmos, Jânio deu caloroso assentimento ao que eu dissera.

Quando ocupei o Itamarati nossa posição não diferiu. Seguindo instruções do Presidente Quadros, preparei, para que ele assinasse, uma carta a Fidel Castro, de que devia ser portador o Embaixador Leitão da Cunha, que viera ocupar, a meu convite, o posto de Secretário-geral. Possuo o rascunho manuscrito dessa carta e a cópia datilografada que entreguei ao Presidente, com notas marginais deste. A carta era uma espécie de advertência amistosa em relação ao desvio totalitário da revolução cubana. Porque, com efeito, na sua primeira fase, ela procurou nitidamente tender para a democracia social e a independência nacional, sendo aí extremamente graves os erros da política norte-americana, francamente influenciada pelos interesses econômicos que dominavam a Ilha e que se julgaram feridos pelos esforços de recuperação nacional do Governo revolucionário. Chegado havia pouco ao poder, que conquistara por estreita margem de votos, o grande Presidente Kennedy cometeu o erro de se deixar envolver pela aventura da agressão à Ilha, contra a qual, diga-se de passagem, o Presidente Quadros e o seu Ministro havíamos advertido diplomatas americanos que dela nos haviam prevenido. Sob o impacto da agressão repelida, o Governo fidelista cometeu por sua vez o grande erro de se deixar envolver pelo jogo da guerra fria, aprofundando suas ligações com a União Soviética, sem perceber que trocava uma dominação, de que se estava libertando, pelo isolacionismo e outra dominação de que seria muito mais difícil libertar-se. Ainda na XV Assembléia da ONU, o Chanceler Roa fizera um discurso, em sessão plenária, condenando em bloco, em nome da filosofia do seu Governo, tanto o comunismo escravizador quanto o capitalismo predatório. Quem consultar esse discurso verá que Roa apresentava a linha do seu Governo no sentido do que ele chamava *humanismo* ou *humanismo social,* designação que procurou definir teoricamente. A agressão da Baía de Cochinos ajudou a atirar a revolução cubana para a órbita soviética. Foi no sentido de prevenir isto que preparei o texto acima referido. Nele, o Presidente diria que a revolução cubana, expressão autêntica e avançada do processo histórico latino-americano, estava-se desfigurando, porque se aproximava visivelmente de uma linha rígida, política e doutrinariamente; linha esta correspondente a uma ideologia fechada e a condições específicas de um imenso país completamente diferente dos nossos. A conseqüência fatal seria o isolamento de Cuba e a descaracterização da sua revolução, com grande perda para o nosso Continente. Eis, em resumo, o que continha o texto proposto.

O Presidente brasileiro disse-me que concordava plenamente com a colocação da questão, mas que preferia não mais enviar a carta, porque não estava seguro do bom acolhimento dela, e receava que o destinatário a utilizasse contra o nosso Governo, acusando-o de intervencionista e submisso a interesses do capitalismo internacional. De minha parte concordei com essas reflexões, e, então, o Presidente determinou que o Embaixador Leitão da Cunha, de volta de uma viagem à Jamaica, fosse a Havana e transmitisse verbalmente ao Governo local nossas apreensões. O Embaixador cumpriu a sua missão. Mais tarde, quando passou pelo Brasil o sr. Carlos Olivares, Subsecretário das Relações Exteriores de Cuba e, depois, Embaixador em Moscou, na conversa que tivemos, sempre na presença do Embaixador Leitão da Cunha, reiterei, em nome do governo, minhas advertências e apreensões. Lembro-me de que, ainda naquele momento (meados de 1961), Olivares contestou formalmente que o seu Governo tendesse a tornar-se comunista. Eis por que, quando de meu longo depoimento perante a Comissão de Relações Exteriores da Câmara, sem citar as fontes de informação, eu disse que não era seguro que Cuba viesse a ser comunista, mas que, se tal se desse, seria levada a romper com os Estados do Continente. A exposição está publicada no *Diário do Congresso*.

Depois da lamentável renúncia do Presidente Quadros, estava eu chefiando a delegação do Brasil na XVI Assembléia da ONU, quando, em novembro (creio) de 1961, Fidel proferiu o seu sensacional discurso, afirmando que o seu Governo se integrava na linha do marxismo-leninismo. Deve constar dos arquivos do Itamarati o longo despacho que então enviei, fazendo reparos e sugestões sobre a nova situação criada.

No ano seguinte, durante a XVII Assembléia, na qual também representei o Brasil, tive oportunidade de marcar tão nitidamente quanto me foi possível a posição da nossa política com referência ao problema. No discurso que proferi, na Primeira Comissão, enunciei os seguintes pontos de vista: 1) a Carta de Bogotá, que é o texto constitucional da Organização dos Estados Americanos, determina expressamente que a democracia representativa é o sistema de governo dos Estados do Continente; 2) o marxismo-leninismo, fundado em concepções amplamente conhecidas de Marx e Lenin, é um sistema que não apenas diverge, mas decididamente se opõe aos princípios e métodos da democracia representativa; 3) por conseguinte, o Estado que adota oficialmente esta forma de governo afasta-se, *ipso facto*, da organização que se assenta na prática da democracia representativa; 4) à provável alegação do representante de Cuba (que era o Embaixador Lechuga) de que vários outros países do Continente não praticavam, tampouco, o sistema estabelecido pela Carta de Bogotá, mas viviam sob ditaduras, eu respondia antecipadamente que a situação destes países era diferente da de Cuba, pois eles não condenavam deliberadamente a adoção da democracia representativa, sistema que procuravam sempre estabelecer, senão que não se encontravam em condições históricas ou sociológicas que tornassem possível a aplicação do tipo preferido de governo; 5) que, em conseqüência, Cuba se excluíra a si mesma do sistema continental.

Esta, em resumo, a primeira parte do meu discurso. Dela marchei para as necessárias conclusões, cuja síntese passo a expor: 1) o fato de Cuba se haver excluído da Organização dos Estados Americanos, por condenar a adesão a princípios nela considerados básicos, não determinava a exclusão de Cuba das Nações Unidas, e as Nações Unidas, regidas pela Carta de San Francisco, não impõe aos seus membros uma forma determinada de governo, senão que existe precisamente para garantir a paz e a segurança internacionais entre todos os povos e Estados, quaisquer que sejam os regimes internos sob os quais vivam, 2) portanto, o dever das Nações Unidas, na situação criada, era o de garantir a paz e a segurança na América, e isto só se poderia conseguir por meio dos métodos inerentes às Nações Unidas, ou seja, por meio de fórmulas jurídicas e negociações políticas que resolvessem a questão sem apelo à guerra e sem sacrifício dos princípios de autodeterminação e não-intervenção; 3) não se podia aplicar sanções a um país porque ele havia adotado determinada forma de governo, a não ser que ele próprio vulnerasse, em outros países, os princípios da Carta de San Francisco que defendem a soberania de todos. O discurso está publicado nos trabalhos da Primeira Comissão. A secretaria da delegação brasileira fez um relatório especial, de que possuo cópia, das dezenas de vezes em que a nossa maneira de colocar a questão foi objeto de referência por parte de outros delegados, de países democráticos ou não, no prosseguimento do debate.

Em entrevista pessoal com o Presidente Dorticós, então em Nova York, realizada na presença do Ministro Geraldo Silos, da delegação do Brasil, reafirmei ao Presidente que o Brasil defendia o sistema democrático representativo da Carta de Bogotá e se esforçaria pela sua consolidação no Continente.

Creio que a posição então assumida era a mais correta. A existência de um país insular comunista no Ocidente democrático é um fato da vida internacional, como a existência de países insulares anticomunistas, como Japão e Formosa, no Oriente comunizado. A proximidade geográfica não é aspecto essencial, nem representa risco invencível, numa época em que os foguetes providos de ogivas nucleares podem atingir, em minutos, com precisão, os alvos assinalados além dos mares. Internamente os países democráticos devem combater o comunismo praticando a democracia, o que implica realizar as reformas necessárias ao bem-estar dos povos, no caso de países do tipo do Brasil, e não comprometendo a democracia com a manutenção de estruturas econômicas e sociais que só podem aprofundar os perigos de luta de classes. Externamente a luta pela democracia é inseparável da luta pela paz. Nada demonstrou melhor isto do que a ação ao mesmo tempo enérgica e prudente do Presidente Kennedy no trágico episódio da instalação dos foguetes soviéticos em outubro de 1962. A atuação do Brasil naquele momento, tanto em Nova York, na ONU, quanto em Washington, na reunião de chanceleres, a que tive de comparecer a pedido do Governo, foi clara: apoio às medidas de solidariedade continental contra as ameaças caracterizadas de agressão, defesa da liberdade de decisão de cada país e porfiado esforço de cooperação por uma solução que evitasse a violência capaz de nos levar ao cataclismo nuclear. Tenho comigo a carta que o ilustre Embaixador Adlai Stevenson, com quem sempre entretive, nas Nações Unidas, as melhores relações de amizade, me enviou, agradecendo em nome do seu Governo a atuação do Brasil no seio da ONU. A idéia de que se pode eliminar o comunismo na América mediante um ataque armado contra Cuba é igual à de que se pode liquidar a democracia na Ásia por meio de uma agressão comunista a Formosa. Os Estados Unidos sempre recusaram tal solução, desde o episódio de Cochinos. Hoje a liberdade interna depende da paz externa e esta do fortalecimento da ONU. Não conheço as razões mais recentes que terão determinado nosso rompimento com Cuba. Do ponto de vista formal, a decisão tomada em Washington ajusta-se aos termos do Tratado do Rio de Janeiro; por isto mesmo parece-me que seria mais próprio para o nosso País adotar a decisão na reunião de Washington, em face dos elementos de fato e de direito apresentados. A decisão antecipada ficou parecendo uma imposição de alas internas radicais, pois não foram tornados públicos os atos praticados diretamente contra nós que justificassem a decisão unilateral, que, no entanto, poderia ser tomada coletivamente, mediante as provas de ataques ou infiltração subversiva em outros países, segundo os princípios da segurança coletiva, estabelecidos no Tratado do Rio. De qualquer forma o Brasil deve manter sempre firme seu poder de decisão e atuar na sua linha tradicional (esta sim, realmente tradicional) de defesa da paz e da solução pacífica dos dissídios. Não devemos estimular agressões que arrisquem a catástrofe nuclear nem muito menos participar delas. Aliás, a participação do Brasil em movimentos desta natureza está condicionada, não só pelos termos da lei internacional, como pelos da lei interna. Com efeito o Tratado do Rio deixa ao arbítrio de cada Estado o uso da força armada nos casos em que ele possa ser necessário. Além disto uma lei do Congresso (aliás de minha autoria) submete à aprovação do Legislativo qualquer decisão de remessa de forças brasileiras para o exterior, no cumprimento dos dispositivos do Tratado do Rio, isto é, nos casos em que, sem estarmos diretamente engajados, se trate de aplicar o princípio da solidariedade coletiva, ou se cuide de manter a segurança internacional. Foi nos termos desta lei que mandamos o nosso contingente a Suez.

Já vai longo este artigo. Em outros abordarei as questões do neutralismo, da interdependência, do colonialismo e do desarmamento, igualmente abordadas no discurso do Presidente da República.

8

POLÍTICA EXTERNA

II

Seguindo a ordem de assuntos adotada no discurso do Presidente da República, prosseguiremos na análise dos conceitos nele contidos.

Política de independência

Apresenta o Presidente o princípio da autodeterminação nacional dentro da comunidade internacional como submetido, na prática, à alternativa seguinte: "uma política de independência ou uma posição neutralista". Partindo desta premissa e da consideração de que o princípio da solidariedade coletiva se impõe especialmente nos dias atuais, o Presidente chega à conclusão de que a política independente "é um objetivo e não um método", conclusão enfatizada, em seguida, neste trecho: "A independência é, portanto, um valor terminal. Instrumentalmente é necessário reconhecer-se um certo grau de interdependência." Deixa também claro que a interdependência decorre da aplicação do princípio da solidariedade coletiva.

Nas duas vezes em que chefiei o Itamarati e nas missões que exerci no exterior, nunca desvinculei a política de independência do reconhecimento da necessidade de interdependência de posições. De resto, a aceitação da interdependência se confunde com a própria existência de uma política internacional, mesmo antes da formulação do princípio jurídico da solidariedade coletiva. Desde a fundação dos Estados nacionais, na época do Renascimento, ficou patente que nem sempre um Estado poderia defender sozinho a sua existência soberana, dada a possibilidade de ser esta posta em risco por forças isoladas ou coligadas, muito mais poderosas. Surgiu, naturalmente, então, a instituição da aliança defensiva entre governos, aliança que, no tempo das monarquias hereditárias, tornava tão importante o casamento de herdeiros das cortes reinantes. O Império napoleônico fez com que, no início do século passado, essas alianças políticas procurassem se estruturar juridicamente. Foi este o papel do Tratado da Santa Aliança, que organizou o equilíbrio de poderes na Europa, até à fase revolucionária de 1848. Em meados do século XIX esta expressão "equilíbrio de poderes" (às vezes se dizia "balança de poderes") se confundiu, mesmo, com a própria política internacional européia (e fora da Europa, naquele tempo, não havia uma autêntica política internacional), mas o certo é que tanto a fase das alianças como a da balança de poderes não eram senão o reconhecimento da solidariedade coletiva, ou seja, da interdependência de interesses e objetivos, embora o princípio não houvesse sido ainda estruturado juridicamente, nem na doutrina nem nos tratados ou convenções.

Essa expressão "solidariedade coletiva" se vulgarizou depois da Primeira Grande Guerra, e, gradativamente, foi sofrendo uma construção jurídica cada vez mais aprimorada, visível na série de tratados, em todo o mundo, que hoje lhe servem de instrumentos. Hoje se reconhece que a interdependência é o propósito final, tanto político quanto jurídico, da comunidade internacional. Não se pode, com efeito, conceber um mundo livre e pacífico na era nuclear sem ser composto de Estados que, embora soberanos, reconheçam a inevitabilidade da coexistência. Assim eu colocaria a questão com o seguinte desenvolvimento: na base, a política de independência, que decorre da soberania do Estado; em seguida a prática da solidariedade coletiva, que deriva da interdependência de interesses e objetivos; e, enfim, a paz e a segurança internacionais, garantidas pela coexistência de todos. Como se vê, no meu modo de pensar, não é a interdependência (coexistência) um instrumento para se atingir a independência, mas sim o contrário, isto é, no mundo nuclear a independência é que se torna um método para melhor se atingir a coexistência, sem a qual a humanidade marcharia para a servidão ou a destruição. Portanto, o Brasil deve praticar a política independente como meio de assegurar a sua liberdade de movimentos no quadro móvel da política mundial, e também tornar possível a sua contribuição positiva na manutenção da paz e da segurança internacionais. Não devemos esquecer os princípios da solidariedade coletiva que nos levam a defender certas posições ideológicas que consideramos afinadas à nossa maneira de ser; nem certas posições geográficas ou econômicas que se identificam com a nossa formação. Mas só nos moveremos, com autenticidade, dentro do quadro da solidariedade coletiva, na medida em que o fizermos com independência, sem subserviências nem aceitação de imposições, porque o fato de um Estado ser o mais forte não significa nem que os seus interesses se coadunem inevitavelmente com os nossos, nem que a sua maneira de conceber a solução de certos problemas gerais não seja errada. A política independente é exatamente aquela que, dentro da solidariedade, assegura o direito de defender interesses básicos nacionais e opinar com franqueza sobre soluções internacionais.

Neutralismo

A outra alternativa lembrada pelo Presidente para a nossa política, além da independência, seria o neutralismo, que ele considera, com razão, como uma política não-condizente com a opção brasileira. Neste ponto estamos de pleno acordo. Para bem dimensionarmos o chamado neutralismo de hoje, devemos ter presente que ele é um conceito fortemente marcado de conteúdo político, e, portanto, bastante diferente da idéia de *neutralidade*, que era, e ainda é, predominantemente jurídica. O caso clássico de neutralidade, que é o da Suíça, foi de fato uma solução senão imposta, pelo menos apresentada à Confederação Helvética, precisamente quando se constituiu, em 1815, com a Santa Aliança, o sistema da balança de poderes na Europa. Depois é que os princípios gerais da neutralidade jurídica foram sendo melhor elaborados, tanto na própria Suíça quanto em outros países, como na Bélgica, também declarada neutra quando de sua independência da Holanda, em 1831. Só depois da Primeira Guerra Mundial se reconheceu o desaparecimento jurídico da neutralidade belga. Mais modernamente o direito de neutralidade vem sendo matizado com uma série de noções intermediárias, como, por exemplo, a de não-beligerância, outra figura jurídica, forma especial de neutralidade simpatizante com um dos lados em conflito. Foi na base da não-beligerância que o Presidente Roosevelt pôde prestar tão grande auxílio a Churchill, mesmo antes de os Estados Unidos entrarem na guerra. Diversamente da neutralidade, o neutralismo não tem nenhuma conceituação jurídica válida. É, de fato, uma forma de oportunismo político que reúne certos Estados contemporâneos no propósito de tirar vantagens dos dois campos da guerra fria. Por isto mesmo, o neutralismo não é uma posição política realmente independente, nem se confunde juridicamente com neutralidade. Corresponde mais ao que, há alguns anos, se convencionou chamar "terceira posição". Além disso, o neutralismo não possui vinculações nem compromissos militares, o que de forma nenhuma repugna à política independente. Quando se verificou, em 1961, a reunião neutralista de Belgrado, o Governo brasileiro foi instantemente solicitado a comparecer. No Itamarati sempre expliquei ao embaixador da Iugoslávia que não o poderíamos fazer, porque, partidários de uma política realmente independente, não nos poderíamos comprometer com teses ou interesses que podiam não ser nossos. Consultei a respeito o Presidente Quadros, que concordou. Foi por isto que nos fizemos representar por um observador diplomático e não por um delegado. Penso que esta tem sido e deve continuar a ser a nossa atitude, porque, em certos casos, a verdadeira independência só é mantida pela solidariedade contra o opressor, e não pelo neutralismo indiscriminado.

Colonialismo

Também para termos uma idéia clara do problema colonial, focalizado pelo Presidente, não podemos deixar de fazer um pequeno retrospecto dos pontos mais marcantes da sua evolução. O colonialismo, hoje em agonia, foi o resultado fatal da fase da expansão capitalista conhecida sob o nome de imperialismo, ou seja, a criação de novos impérios, no século XIX: Lenin, em estudo ainda válido sobre as causas do imperialismo, embora completamente superado quanto às previsões que fazia a respeito, mostrou que a expansão colonial imperialista resultou da supersaturação do mercado de capitais e da produção industrial nos países mais avançados, principalmente a Inglaterra, a França e a Alemanha. O Congresso de Berlim, em 1885, foi o reconhecimento oficial da expansão colonialista, que tentou organizar, embora o tenha feito imperfeitamente, de tal forma que hoje, na África, as divisões territoriais decorrentes daquele Congresso ainda provocam lutas, por não se ajustarem às realidades populacionais. De qualquer maneira, entre 1870, que marca o auge da Revolução Industrial, e a Primeira Guerra Mundial, a Inglaterra se apoderou de 4 milhões e meio de milhas quadradas de território no além-mar; a França de mais de 3 milhões e a Alemanha de quase 2 milhões de milhas quadradas. Hoje a Inglaterra deu independência a nove décimos do seu Império. De 600 milhões de pessoas, que em 1939 eram governadas desde Londres, fora da Europa, restam hoje menos de 50 milhões. A França não entendeu quanto era acertada a política de liberação inglesa. Preferiu lutar pela manutenção do seu Império. E sofreu derrotas terríveis desde a Indochina até a Argélia. Foi precisamente um dos maiores soldados da história francesa, o general DeGaulle, que sentiu a necessidade de mudança, liberando a Argélia. Não se pode saber até que ponto os erros do tardio desengajamento francês na Indochina terão contribuído para a dramática situação atual do Vietnã, guerra fluida que os próprios EUA não sabem como vai terminar. O mesmo ocorreu no Congo, adquirido pela Bélgica, comensal retardado do banquete colonial, em virtude do Congresso de Berlim. Até que ponto a negativa belga de seguir oportunamente o exemplo inglês terá ajudado a criar a situação que lá está também não se pode dizer.

 Originariamente a situação de Portugal é distinta, pois ele se encontra em África desde o século XVI. Seu império colonial não foi contemporâneo da expansão imperialista, nem Portugal, pelas suas condições internas, poderia ser um país imperialista. Mas o fato é que, se a situação originária do império português é peculiar, o quadro atual das suas colônias não difere do resto do problema colonial. Nunca desconheci nossas relações especiais com Portugal. O Embaixador Negrão de Lima poderá testemunhar sobre o tom das conversas que tive, como ministro, com o meu colega português, e, também, com Salazar, que me sensibilizou com um convite para uma conversa com ele, a qual durou hora e meia. Não tive a impressão de ter deixado mal interpretados, pelo velho e experiente estadista, os pontos de vista do Brasil. O fato de termos ligações afetivas indestrutíveis com o povo português não pode obrigar o Brasil a seguir a linha da política africana portuguesa nas Nações Unidas; da mesma maneira que o fato de considerarmos Salazar uma marcante figura da História do século XX não nos obriga a estar de acordo com as suas idéias sobre o Estado e os regimes de governo. Sempre recusei, nas Nações Unidas, aceitar sanções ou avalizar injúrias contra Portugal. Meu discurso, feito em plenário, sobre o problema colonial português, ressaltava nossas afinidades, mas era, ao mesmo tempo, um esforço de cooperação para levar Portugal ao cumprimento dos deveres que assumiu ao entrar nas Nações Unidas. A liquidação do colonialismo é um fato inevitável. Os expedientes do salazarismo para conservá-lo terão a duração que tiver o regime português, o que vem a dizer que correspondem talvez à duração de uma vida humana. O exemplo dos demais países da Europa mostra o erro grosseiro da profecia de Lenin, segundo a qual o fim do colonialismo seria o fim do capitalismo, pelo colapso econômico das metrópoles. Ao contrário, nunca a Europa esteve mais rica e mais próspera do que depois que abandonou as colônias. Inglaterra, França, Holanda, Alemanha, Bélgica e a própria Espanha aí estão como povos irretorquíveis de que o sonho colonial junta a injustiça às dificuldades internas. O exemplo disto é, precisamente, Portugal. Não é só por amor ao povo português que o Brasil deve cumprir seu dever de membro da ONU, apoiando o fim do colonialismo. É também pelas suas responsabilidades de país novo, e pelo respeito que a sua posição independente e a correção das suas atitudes infundiam nos povos africanos e asiáticos. Nossa amizade com Portugal não deve interferir com nossos interesses e responsabilidades. A comunidade atlântica, de que falou o Presidente, só pode ser erguida tendo como objetivo a democracia e a liberdade para todos os povos dela participantes. Só pode ser voltada para o futuro, e nunca para o passado, por mais belo que seja este. Leiamos Camões, mas pratiquemos Antônio Vieira, que escreveu uma *História do Futuro*.

Paz e desarmamento

Nem sempre a luta pela paz se identifica ao que se chama *pacifismo*, assim como a independência não se confunde com neutralismo. O pacifismo é uma aparência tópica do neutralismo. Por exemplo, a abstenção neutralista ou pacifista no caso dos foguetes ofensivos soviéticos colocados em Cuba não conduzia nem à independência nem à paz.

Mas, se as responsabilidades do Brasil não lhe apontam o caminho do neutralismo pacifista, no tocante aos deveres de consolidar a paz e a segurança internacionais, não há dúvida de que tais responsabilidades só poderão ser desempenhadas através de uma posição independente (sempre no sentido aqui atribuído a esta expressão) no Conselho de Segurança das Nações Unidas e na Conferência do Desarmamento de Genebra. A prova do prestígio mundial brasileiro na prática da sua política independente pode ser apresentada exatamente pela sua eleição, em 1962, para o Conselho, com o maior número de votos do pleito e pela sua escolha para integrar o grupo de potências incumbidas de discutir o desarmamento em Genebra. A ingente tarefa cometida a esta Conferência não permite progressos rápidos nas negociações, mas o fato de ela não se ter dissolvido, apesar de tantas dificuldades, mostra que sua existência é uma garantia. Ora, o aspecto novo trazido pela Conferência, em comparação com o órgão anterior das Nações Unidas que se ocupava com o desarmamento, é exatamente a presença, no seu seio, de países capazes de seguir, quando necessário, uma linha independente. Existem oito, escolhidos pelos dois lados (Ocidente e Bloco Soviético) para tal fim e, entre eles, estava o Brasil. Nos anos de 1961 e 1962, em que chefiei a delegação brasileira, pude avaliar a importância que impregna o nosso papel naquela reunião. Pode-se, mesmo, assegurar que o principal progresso da Conferência, situado no problema da cessação dos ensaios nucleares, não seria atingido se não fosse a participação enérgica e hábil dos oito países: Brasil, Birmânia, Egito, Etiópia, Índia, México, Nigéria e Suécia. E, dentro da ação deste grupo, o trabalho brasileiro pode ser acompanhado com citação objetiva dos arquivos do Itamarati. Também nos estudos referentes ao tratado geral de desarmamento, que é a segunda tarefa cometida à Conferência (parte mais difícil e de negociação muito mais demorada), a ação brasileira se fez sentir em várias das decisões já adotadas.

O que importa assinalar é que a posição independente dos oito países, escolhidos exatamente para este comportamento, se impõe, em benefício dos dois lados e de todo o mundo. Os problemas do desarmamento são tão enormes e complicados, que não é raro a verificação de que as duas superpotências tendem a se aproximar, para evitar soluções que facilitariam a tarefa da Conferência. Nestes momentos é que a colaboração livre dos países não-comprometidos, através de entendimentos com os dois lados e sugestões hábeis, se faz sentir e se torna mais útil do que qualquer outra forma de ação. A imprensa mundial, pelos seus representantes em Genebra, várias vezes reconheceu isto, e quem compulsar as atas dos trabalhos da Conferência não tardará a se convencer do mesmo.

Ao longo desta exposição, portanto, pudemos verificar que a independência da nossa política externa nos termos afirmados pelo Presidente não difere em nada de substancial daquela que procuramos praticar. Os pontos de divergência situam-se, antes, na técnica de aplicação, a qual, na minha opinião, deve ser revista pelo governo, nos pontos assinalados. Tal política é uma imposição inexorável das condições atuais do Brasil, e o será cada vez mais, para o futuro. A não ser que prefiramos atender a imposições de grupos a serviço de interesses antinacionais ou assaltados pelo furor ditatorial e soldemos nós mesmos as grilhetas da nossa servidão, sem nenhum proveito para o mundo.

ÍNDICE ONOMÁSTICO

A

Abranches, Dunshee de – 213
Abreu, Capistrano de – 317
Acioli, Hildebrando – 297
Adams, John – 282
Agripino, João – 247
Aguiar, Eurípedes de – 227
Alberdi, Juan Bautista – 321
Alberto, Álvaro – 225
Alberto, João – 114
Aleixo, Pedro – 191, 247
Alkmin, José Maria – 259
Alves, Aluísio – 57
Alves, Rodrigues – 9, 152, 219, 220, 222, 223, 229, 230
Alvim, Cesário – 156, 211
Amado, Gilberto – 237
Andrada e Silva, José Bonifácio de – 42, 151, 152, 260
Andrade, Carlos Drummond de – 9
Andrade, Doutel de – 263
Andrade, Mario de – 229
Andrade, Rodrigo Melo Franco de – 9
Angelopoulos, Angelos – 188
Arantes, Altino – 229, 230
Araripe Júnior – 282
Arinos, Afonso – 9-13, 15-18, 21
Assunção, Roberto – 150, 314
Azeredo, Antônio – 221
Azevedo, Aluísio de – 283

B

Babeuf, Gracchus – 134
Bandeira, Manuel – 9
Barbosa, Rui – 56, 96, 116-120, 146, 151, 152, 178, 214, 216, 217, 221, 224, 230, 237, 244, 261, 272, 273, 285
Barcelos, Ramiro – 215
Barrès, Maurice – 47, 48
Barreto, Lima – 283
Barreto, Tobias – 285, 286
Barroso, Gustavo – 322

Bastos, Tavares – 55
Batista, Fulgêncio – 51
Battle y Ordoñez, José – 30
Bella, Ben – 319
Bernanos, George – 234, 295
Bernardes, Arthur – 12, 114, 120, 122, 156, 184, 185, 200, 230, 231
Bettelheim, Charles – 188
Beveridge, William Henry (lord) – 188
Bittencourt, Ribeiro – 227
Bocaiúva, Quintino – 220, 223
Bodin, Jean – 47
Bonaparte, Napoleão – 130, 163, 253
Botelho, Oliveira – 224, 226, 227
Boulanger, Georges Ernest Jean-Marie (general) – 253, 288
Braga, Odilon – 177
Brandão, Silviano – 156
Brás, Venceslau – 224, 226, 228, 229
Brasil, Assis – 55, 90, 117, 120, 237, 244
Brizola, Leonel – 140, 234
Brown – 311, 312
Bulhões, Leopoldo de – 116, 244
Burdeau, Georges – 164

C

Cabral, João – 237
Caeté, visconde de (José Teixeira da Fonseca Vasconcelos) – 156
Café Filho – 60, 94, 200, 226, 233, 234
Cairu, visconde de (José da Silva Lisboa) – 178
Calógeras, João Pandiá – 156
Camões, Luís de – 346
Campos, Bernardino de – 218, 222
Campos, Milton – 12, 177, 180, 184, 186, 195, 240, 269
Campos, Olímpio de – 222
Campos, Sales – 49
Cândido, João – 131, 225
Capanema, Gustavo – 177, 255
Cardoso, Fausto – 222
Carlos X – 285
Carlos, Antônio – 44, 119, 123, 156, 161
Carvalho, Antônio Gontijo de – 23
Carvalho, Leitão de – 115
Carvalho, Nunes de – 114
Cassou, Jean – 321, 322
Castelo Branco, Humberto de Alencar – 174, 181, 188, 192, 193, 198, 247, 252, 255, 256, 260, 262, 275
Castilho, Augusto – 216
Castilhos, Júlio de – 116, 178, 215, 218
Castro, Araújo – 305

Castro, Fidel – 82, 333, 335
Castro, Monteiro de – 96
Chagas, Carlos – 9
Chamberlain, Neville – 97, 100
Chateaubriand,
　François-René – 84, 285
Che Guevara, Ernesto – 11
Churchill, Winston – 97,
　100, 342
Cipião Emiliano – 162
Clemenceau, Georges – 288
Coaracy, Vivaldo – 115
Cocteau, Jean – 45
Comte, Auguste – 81, 143, 144
Coolidge, Calvin – 103
Cornélia – 161, 162
Correia, Raimundo – 314
Correia, Rivadávia – 224
Corwin, Edward S. – 103, 104
Costa, Antônio – 227
Costa, D. Rezende – 143
Costa, filho, Odylo – 9, 10
Cristo – 162, 292
Cruz, Osvaldo – 220
Cunha, Euclides da – 229
Cunha, Gastão da – 221
Cunha, Leitão da – 333, 335

D

Dantas, San Tiago – 54, 57, 139
Dante – 162
De Gaulle, Charles – 52, 239,
　240, 287, 288, 324, 344
Disraeli, Benjamin – 173

Doriot, Jacques – 149
Dorticós, Osvaldo – 333, 337
Dowling, Noel T. – 311
Dreyfus (caso) – 288
Duarte, Manuel – 221
Duarte, Paulo – 115
Dutra, Eurico Gaspar – 49, 66,
　233, 234

E

Einaudi, Luigi – 59, 188
Eisenhower, Dwight D. – 104,
　311, 312
Engels, Friedrich – 79, 86
Erasmo de Roterdam – 80

F

Ferguson, John Howard – 310
Fernandes, Raul – 301
Ferrari, Fernando – 134
Ferreira, Ascenso – 101
Fonseca, Deodoro da – 212,
　213, 215, 217, 223, 227
Fontoura, João Neves da – 44,
　115, 119, 154
France, Anatole – 287
Franklin, Benjamin – 282
Furtado, Celso – 56

G

Gallois – 36, 39
Gama, Saldanha da – 215
Gamelin, Maurice-Gustave,
　(general) – 253

Garibaldi, Guiseppe – 294
Gibbon, Edward – 28
Goldwater, Barry – 239
Gomes, Eduardo – 66, 120
Gonzaga, Tomás Antônio – 9, 70
Goulart, João – 11, 18, 21,
    53, 60, 66, 99, 101, 104, 108,
    127, 133-136, 165, 233-236,
    265, 267
Graco, Caio – 162
Grant, Ulisses S. – 104

H
Hanna, Mark – 79
Hauriou, Maurice – 297, 298
Hegel – 293
Henri, Patrick – 60
Hernández, José – 321
Hitler, Adolf – 38, 68, 124
Holmes, Oliver – 143
Hugo, Victor – 163

I
Inocêncio III – 78
Isabel, (princesa) – 146

J
Jackson, Andrew – 308
James, Herman – 187
Jannaccone, Costantino
    (prof.) – 294
Jay, John – 282
João VI, dom – 130
João XXIII – 58, 78, 241,
    289, 290

K
Kennedy, John – 39, 57, 58, 85,
    87, 150, 152, 239, 305, 306,
    307, 312, 313, 334, 338
Kerenski, Alexander – 30
Kothen, Roberto – 295
Krieger, Daniel – 247
Kruschev, Nikita – 36, 39, 40, 82
Kubitschek, Juscelino – 234

L
La Rochefoucauld – 258
Lacerda, Carlos – 60, 140
Ladário, barão de (José da
    Costa Azevedo) – 151
Lamartine, Alphonse de – 86
Leão XIII – 240, 295
Lechuga, Carlos
    (embaixador) – 336
Lenin, Vladimir – 36, 38, 81, 82,
    164, 321, 336, 343, 345
Lessa, Pedro – 225, 244
Lima, Alceu Amoroso – 154,
    241, 291
Lima, Augusto de – 156
Lima, Azevedo – 115
Lima, Barbosa – 223
Lima, Hermes – 54
Lima, Negrão de – 255, 344
Lincoln, Abraham – 312, 313
Lobo, Aristides – 41, 211
Locke, John – 72
Lombardi, d. Armando – 296
Lott, Henrique Teixeira
    (general) – 95, 234

Luís, Washington – 124, 185, 230, 231, 233
Lutero, Martinho – 47, 80, 290, 292
Luz, Carlos – 200, 233, 234

M

Macedo, António Sousa de – 70
Machado, Pinheiro – 221, 223, 225, 229, 244
Magalhães, Agamenon – 12, 200
Mamede, Jurandir Bizarria (coronel) – 234
Mangabeira, João – 208
Mangin, Léon (general) – 253
Mannheim, Karl – 188
Manuel, Vítor – 294
Maquiavel – 42
Marinho (padre) – 156
Martins, Silveira – 116, 215
Marx, Karl – 38, 79, 81, 86, 336
Marx, Burle – 314
Matos, Gregório de – 319
McKinley, William – 104
Medeiros, Borges de – 122, 123, 230
Mello Franco, Afrânio de – 9, 10, 227, 228, 301
Melo Franco, Virgílio de – 48, 49, 114
Melo, Custódio de – 213, 215
Meredith, James – 313
Mill, John Stuart – 117
Moacir, Pedro – 154, 228
Monteiro, Góis – 253
Montesquieu – 288
Morais, neto, Prudente de – 9
Morais, Prudente de – 212, 217, 218
Moreira, Delfim – 228, 230
Murtinho, Joaquim – 221
Mussolini, Benito – 38, 87, 294
Myrdal, Gunnar – 188

N

Nabuco, Joaquim – 10, 130, 143, 146, 216
Nagy, Imre – 265
Napoleão III – 30, 163, 253
Nasser, Gamal Abdel – 181, 194
Nava, Pedro – 9

O

Olivares, Carlos – 335
Oliveira, João José Barbosa de – 286
Ortiz, d. José López (arcebispo de Túy) – 292
Otaviano, Francisco – 154, 157
Otoni, Teófilo – 223
Ouro Preto, visconde de (Alfonso Celso de Assis Figueiredo) – 210, 215, 217

P

Pais, Totó – 222
Paiva, Manso de – 227
Pascal, Blaise – 81
Paulo VI – 58, 241

Peçanha, Nilo – 116, 212, 223, 224, 227
Pedro, São – 292
Pedro I, dom – 130, 147
Pedrosa, Jônatas – 228
Peixoto, Amaral – 254
Peixoto, Carlos – 156, 179, 224
Peixoto, Floriano – 213-217
Pena, Afonso – 222, 223, 226
Pereira, Cesário – 225
Pereira, Nuno Marques – 154
Pessoa, Epitácio – 114, 122, 228, 230, 301
Pétain, Philippe (marechal) – 253
Pilla, Raul – 10, 11, 199, 200, 203, 204, 255, 256
Pinheiro, João – 156
Pio XI – 241
Pisa e Almeida – 214
Plessy, Homer – 310
Plutarco – 161-163, 169
Pollock, James – 76, 77
Porciúncula, Tomás da – 217
Prado, Eduardo – 283
Prestes, Luís Carlos – 119, 125

Q

Quadros, Jânio – 16, 18, 30, 33, 51-53, 60, 66, 99, 132, 134-136, 153, 205, 233, 234, 330, 334
Queirós, Eça de – 314
Queirós, Edviges de – 224

R

Ramos, Nereu – 60, 95
Reed, John – 29
Rio Branco, barão do (José Maria da Silva Paranhos Júnior) – 10, 223, 225, 283
Rio Branco, visconde do (José Maria da Silva Paranhos) – 146
Rippert, Georges – 164
Roa, Raul – 333, 334
Roosevelt, Franklin – 104, 150, 239, 342
Rosa e Silva – 116, 212
Rosas, Juan Manuel – 321
Rougier, (prof.) – 302
Rousseau, Jean-Jacques – 86, 134
Rusk, Dean – 137

S

Sanvemini, Gaetano – 87
Saint-Hilaire, Auguste de – 154
Salazar, António de Oliveira – 343, 345
Saldanha (almirante) – 216
Sales, Campos – 218, 219
Salgado, Plínio – 125
Sansão – 102
Santos, Arthur – 12, 20
Santos, Wanderley Guilherme dos – 15
Saragat, Giuseppe – 82, 84
Saraiva, José Antônio – 151

Sarmiento, Domingo
    Faustino – 321
Scelle, Georges – 303
Schiller – 140
Senghor, Leopold – 48
Shakespeare, William – 163
Silos, Geraldo – 337
Soares Filho – 177
Soares, Gabriel – 319
Soares, Raul – 156
Sodré, Feliciano – 227
Sodré, Lauro – 221
Souza Gomes, Henrique
    de – 291
Sousa e Silva, Celso – 235, 236
Spengler, Oswald – 28
Stäel, Madame de – 86
Stalin, Josef – 48, 81, 82, 289
Sterne, Lawrence – 300
Stevenson, Adlai – 338
Story, Joseph – 178

T
Tavares, José Faria – 240
Távora, Juarez – 114, 120
Thomas, Albert – 82
Tibério – 161
Tito, Josip Broz – 80, 82
Torres, Alberto – 55, 118, 119
Torres, Antonio – 283
Toynbee, Arnold – 28
Traz, Robert de – 321

Trigueiro, Osvaldo – 96
Trotsky, Leon – 48, 81, 82
Truman, Harry S. – 104
Tsé-tung, Mao – 80, 82,
    315, 316

U
U Thant, Myanmar – 324, 328

V
Vampré, Leven – 115
Vargas, Getúlio – 16, 66, 73,
    105, 109, 115, 121-126, 131,
    132, 232-235, 263, 265-267
Vasconcelos, Bernardo Pereira
    de – 43, 156, 159, 223,
    225, 261
Viana Filho, Luiz – 186
Vieira, Antônio – 346
Vitorino, Manuel – 217

W
Walsh (general) – 313
Wandenkolk (almirante) – 215
Warren, Earl – 310, 311, 312,
    313
Willems, Emílio – 284
Wilson, Woodrow – 303

Z
Zama, César – 116, 212
Zola, Émile – 71

Impresso nas oficinas da
SERMOGRAF - ARTES GRÁFICAS E EDITORA LTDA.
Rua São Sebastião, 199 - Petrópolis - RJ
Tel.: (24)2237-3769